HUMAN HACKING

CHRISTOPHER HADNAGY with Seth Schulman

クリストファー・ハドナジー
依田卓巳 訳

人の心をハックする

（善い目的のために）他人を動かし、望みのものを手に入れる方法

光文社

人の心をハックする

（善い目的のために）他人を動かし、望みのものを手に入れる方法

HUMAN HACKING
by
Christopher Hadnagy

Published by arrangement with Harper Business,
an imprint of HarperCollins Publishers,
through Japan UNI Agency, Inc., Tokyo

生涯の恋人であるアリーサへ。きみは親友であり、私が出会ったなかで最高に美しい人だ。

コリンへ。きみがいまのような大人になるのを目にして、かぎりない希望を抱くことができた。とても誇りに思っている。

アマヤへ。きみへの愛情の深さはことばでは言い表せない。その美しさと能力には驚かずにいられない。

本文をお読みになるまえに

　本書で説明するツールは強烈です。毎年、世界各地で犯罪者が人の心を操って指示にしたがわせ、企業や個人から大金を奪ったり、何百万人もの生活を破滅に追いやったり、一国の政治的運命を変えたりしています。これらのテクニックを伝授するにあたり、読者のみなさんが邪悪な目的ではなく、善良な目的に使っていただけるものと信じます。自分のためのみならず他人のために用い、人に害を及ぼすような行動は慎んでください。これは真剣なお願いです――命にかかわる問題なのです！　ゆえに、この先を読むまえに、次の誓約書に目を通し、署名してください。

誓約書

私は、自分だけが利益を得る目的で本書の技術を使って人を操らないことを誓います。これらの技術を自分のために使う場合には、やりとりする相手にも利益をもたらし、彼らの利益が損なわれないようにします。また、相手のプライバシーも尊重し、自分を厳しく見つめて、よきパートナー、家族、友人、同僚、隣人になれるように努力します。とりわけ、私と出会ったことで人々の気分がよくなるようにこれらの技術を用いることを約束します。そうできないこともあると思いますが、その場合には経験から学び、次にはよりよい行動がとれるようにします。

（日付）　　年　　月　　日

（署名）

目次

本文をお読みになるまえに——誓約書　4

はじめに——いま手にするスーパーパワー　15

◆厳戒態勢の施設に忍びこむ　15
◆私たちは何者で、何をしているのか　21
◆人の心をハックする　23
◆日々の暮らしにおけるヒューマン・ハッキング　29
◆本書について　34

1　まず自分のことを知ろう　39
自分と「関心相手」とのかかわりをもっと意識する

◆特殊フィッシング詐欺の手口　39
◆あなたのコミュニケーション・スタイルは？　42
◆コミュニケーションの4つのタイプ（DISC）　49
◆簡易DISC診断をやってみよう　54
◆他人をDISCで診断する　62

2 必要な役柄を演じる

人とのやりとりを成功させる状況や「背景設定」を生み出す　69
◆背景設定と犯罪心理　72
◆日々の背景設定のテクニック　76
◆プロさながらの背景設定には準備（PREPARE）が必要　83
◆PREPAREに取り組む　90
◆うまい会話の糸口　97

3 アプローチを成功させる

どんな相手とでも即座にラポートを築く 100
◆ボーダー野郎とオキシトシン 102
◆信念を曲げずにラポートを築く 107
◆ラポート構築に取り組む 113
◆他人とラポートを構築するための8つのテクニック 115
テクニック1 時間の制約があるふりをする 115
テクニック2 話す速度を調節する 116
テクニック3 共感か援助を求める 117
テクニック4 エゴを抑える 118
テクニック5 相手を認める 120
テクニック6 お返しを引き出す 121
テクニック7 得るために与える 121
テクニック8 期待しすぎない 123
◆服装について 124

◆ハッカーをハッキングするには　126

4 影響力を手にする　130

何気なく相手に同調をうながし、行動させることで、望みを果たす

◆人に影響を及ぼす7つの原則　134
原則1「恩返し」を誘う　135
原則2「譲歩」してみせる　137
原則3「不足」をアピールする　140
原則4「一貫性」を保つ　140
原則5「社会的証明」を与える　143
原則6「権威」を使う　145
原則7「好意」を示す　147
◆相手に影響を及ぼす「力」をつける　148
◆究極のガードマン　153

5 相手を話したい気分にさせる 158
心を開かせ、頼まなくても望みの情報を得る
◆相手が誰でも、なんでも話させる 160
◆真実の投げ縄はみんなに必要 166
◆効果的な「誘出」への7つのステップ 169
①めざす目標をはっきりさせる 169
②関心相手をよく観察する 170
③会話に「誘いこむ」質問と出口戦略を考える 171
④会話をまえに進める 172
⑤積極的に聞く 173
⑥詳細を憶える 174
⑦相手の気分をよくする方法とタイミングで会話を終える 175
◆「誘出」のテクニックを次のレベルへ 176
1 明らかに真実と異なるか論理的でない発言をする 176
2 範囲を与える 177

3　こちらが何か・誰かを知っていると思わせる　178
4　疑うふりをする　180
5　確認ずみの事実を引き合いに出す　181
◆より深い関係への道のり　183

6 邪悪な心理操作を阻止する

心理操作の仕組みを理解、認識することで、悪党から身を守る

186
◆心理操作をやめる　189
◆「影響されやすさ」の原則　194
◆「影響されやすさ」につながる4つの道　198
1　環境のコントロール　198
2　見直しの強要　201
3　無力感を高める　204
4　罰　205
◆私の転換期　208

7 体に語らせる

ことばを超えることで関係を改善する 213

◆まずは相手の癖を観察する 218

◆感情の「ビッグ・セブン」 219

感情1 怒り 223

感情2 恐怖 225

感情3 驚き 228

感情4 嫌悪 230

感情5 侮蔑 231

感情6 悲しみ 232

感情7 喜び 233

◆「ビッグ・セブン」を活用する 235

◆もっと敏感に 240

8 見せ方に磨きをかける 244

会話の精度を上げ、相手とのやりとりを「本物らしく」する

◆「本物らしさ」がなくなる5つの大きな失敗 247

失敗1　あからさますぎる 248

失敗2　「フレーム」を台なしにする 250

失敗3　完璧すぎる 251

失敗4　どこかずれている 253

失敗5　「頼む」のに押しが強すぎる 257

◆ターゲットを知れ（ただし考えすぎないこと） 260

◆うまく頼めば多くが得られる 264

まとめ――テクニックを総動員する 271

事前に計画して重要な会話を成功させる

◆「会話のアウトライン」を作る 274

ステップ1　下調べをする 275

ステップ2　目的を明確にする　276
ステップ3　「背景設定」を決める　277
ステップ4　「ラポート構築」を想像する　278
ステップ5　「影響」のテクニックや「感情」のテクニックを選ぶ　279
ステップ6　心理操作をしていないか、すばやく確かめる　281
ステップ7　ノンバーバルの表現をふくらませる　282
ステップ8　本物らしさを確認する　282
ステップ9　不測の事態に備える　283
ステップ10　得たものを確保する　285

◆「会話のアウトライン」を仕上げる　286

◆共感が人の心を動かす　293

謝辞　398

原注　312

参考図書　313

はじめに――いま手にするスーパーパワー

厳戒態勢の施設に忍びこむ

夜中の一時、私たちはレンタカーの黒いシボレー・サバーバンに乗り、ヘッドライトを消したまま、荒地の道なき道を進んでいる。私は月明かりのなかで目を細め、大きな岩や藪や、ときおり現れる低木を避けて車を走らせる。助手席で座席をつかむ相棒のライアンの手の関節が白くなっている。彼は数分ごとに首をめぐらして、尾行されていないか確認する。私は落ち着こうと深呼吸する。どちらもことばは発しない。車が大きく揺れたり、岩にぶつかりそうになったりしたときに、たまにどちらかが悪態をつくだけだ。

時速一〇キロ以下で、車は強力な投光照明や点在する産業施設用照明に皓々と照らされた箱型の平凡な建物群へと近づいている。そのまえに立ちはだかる、てっぺんにレーザーワイヤー［訳注／かみそりの刃に似た四角い金属片が並ぶ頑丈なワイヤー］のついた高さ三メートルの防犯用フェンスが見える。

そのとき、コヨーテが車のまえを横切り、私は思いきりブレーキを踏む。これをやっちゃいけない、と胸につぶやく。

フェンスまであと四〇〇メートルほどのところで、左側の地面に大きな深い溝があるのに気づき、「あそこは?」と訊く。

「ああ」とライアン。

両側の乾いた茂みに車体をこすらないように気をつけながら、溝へと車を進める。ほこりっぽい荒地を歩きまわっている警備員や作業員に見つからないように、溝のなかにおりて車を停める。ここからは歩いていくことになる。「誰かいるか?」私はエンジンを止めながら訊く。

「いないようだ」とライアンは答える。

「行こう」

私たちは車からおり、そっとドアを閉める。このへんにはガラガラヘビやサソリがうじゃうじゃいるので、ほんのわずかな動きにも注意して慎重に車のうしろへまわると、ハッチを開けてアルミニウム製の梯子とロープを取り出す。梯子以外に大きな荷物はない。急いで逃げる必要が生じるかもしれないからだ。「よし」と私は言って、フェンスの一角を指差す。「あの暗くなっているあたり。どうやら照明が切れているから、あそこがいちばんよさそうだ」

ふたりで梯子を抱えて歩くが、あたりは不気味に静まり返っている。建物群から聞こえるブーンという低い音と、たまにカチャカチャ鳴る梯子の音だけだ。最寄りの町からでも八〇キロは離れていて、武器もなく、招かれて来たわけでもない。私たちの身に何かあったとしても、誰も知ることはないだろう。そしてその何かは起きるかもしれない。捕まって頭に銃を突きつけられたことはこれまでにもあるが、それでも、今回のこれよりは楽な仕事だった。

ここがどんな類いの施設か明かすわけにはいかない。どこに位置しているのかも。ひとつだけ言えるのは、このレーザーワイヤーのフェンスの向こうで、強力な組織が非常に貴重な何かを守っているということだ。その「何か」はあまりにも貴重なため、組織は施設の設計、建築に何千万ドルもかけ、地球上でもっともセキュリティの厳しい「完全に侵入不可能」な場所にしていると聞いた。有刺鉄線のほかにも、高度な訓練を受けた何十人もの警備員が、夜間ずっと交替で銃を持って敷地内を見まわっている。高い監視塔で見張りについた警備員もいる。強力なスポットライトが定期的にフェンスを照らし、何百台もの監視カメラが敷地内やその周辺の異変を探っている。何と明かすわけにはいかないが、やはり高価な精密機器も設置されている。すべてはたったひとつの目的のため――ライアンや私のような人間の侵入を防ぐためだ。

この施設のセキュリティをこれほどくわしく知っているのは、何週間もかけて任務遂行の準備をしてきたからだ。遠く離れた場所から、**フィッシング**や**ビッシング**（電話を使ったフィッシング）を駆使して詳細な情報を大量に集めた。なんの害もないように思える会話のなかで、レーザーワイヤーの向こうで働く人々と、この組織が維持する別の施設で働く人々は、業務計画や細かいスケジュールだけでなく、ここで働く従業員や役員の名前まで明かしてくれた――おかげで組織の役職序列の大半を類推することができた。

ここ数日は情報収集を続けながら、施設のまわりも偵察している。組織はこのそばに新たな施設を建設予定で、今週、起工式がおこなわれることがわかった。オンラインではその新たな施設の場所に関する情報は得られなかったが、われわれはあきらめなかった。地元のジャーナリストが施設の建設について記事を書いていることに気づき、そのジャーナリストと同じニュースサイトの同僚になりすます計画を立てた。施設の場所を知るために、ジャーナリストのアシスタントを装ったわれわれの同僚のデブラが、施設の本部に電話をかけた。「もしもし」デブラは明るい声で言った。「こちらＷＸＴＴ（テレビ局の実名ではない）のサマンサです。ピート・ロビショーの秘書をしております。ピートは土曜一〇時半の起工式の取材にうかがうことになっていまして、二、三、細かいことをお訊きしたいんですが」

「少々お待ちください」電話に出た男性は、おそらくは来賓のリストにピート（これも仮名）の名前があるかどうか調べながら言った。「どうぞ」

「ええ、まず、ＩＤはどんな種類のものを持参すればいいですか？　写真つきの政府発行のＩＤが必要ですよね？」

「ええ。運転免許証でけっこうです。パスポートでも」

「よかった。それからもうひとつ。彼は自分のカメラ機材を持っていくつもりですが、かまいませんか？　持ちこめないものがあるとか？」

「それはかまいません」電話の相手は言った。「ただ、入るまえに身体検査をさせていただきます」

「もちろんです」デブラは言った。「それと、最後の質問……念のための確認ですが、どうやら招待状をなくしてしまったようなので、施設の場所と、彼がどこへ行けばいいのかをもう一度教えていただけませんか?」

「いいですよ」と相手の男性は言い、われわれが必要としていた情報を教えてくれた。

三〇秒ほどの取るに足りない会話に思われた。電話の向こうの男性はおそらくなんの疑いも抱かなかっただろう。しかし、このやりとりの裏にはいくつかのテクニックがあった。デブラが求めていたのはたったひとつの情報――住所――だったが、ウォームアップとして、電話の向こうの男性が答えても問題ないであろう基本的な質問をふたつした。われわれの業界で「容認《コンセッション》」と呼ばれるテクニックだ。ウォームアップの質問は、デブラの質問に答えてもかまわないと男性に「容認」させる役割を果たした。最初のふたつの質問に答えたことで、男性の脳は、三つ目の質問にも(疑いを抱くほど奇抜でないかぎり)答えようという気になったのだ。デブラは最初の質問に答えまで用意していた。自分が何をしているかきちんと理解していて、まえにもしたことがあり、おかしなことなど何もないとほのめかしたのだ。

しかし、デブラが用いたテクニックはそれだけではなかった。三つ目の質問をするときに、すでに知っていることをただ「確認」したいと言って、それが理にかなったごく自然な質問であるように見せかけた。また、そのまえに、上司が持ちこんではいけないものはあるかと訊き、少々鈍いふりをして、教えてほしいと電話の相手ににおわせた。男性の権威を認めることでエゴをくすぐり、もっと話そうという気分にさせたのだ――同性より異性間で用いると有効なやり方だ。

この会話を含む情報収集のおかげで、私たちは式の前日に施設を訪ね、もう少しでなかに入れるところだった。怪しんだ警備員にすぐさま止められたが、警備員がどのくらい訓練を積んでいるか、どんな武器をたずさえているか、何に注意するよう指示されているか、施設でどんな防犯カメラを使っているかなど、警備体制についていくつもわかったことがあった。

そしていま、ライアンと私は再度施設内へ入ろうとしている。ずっと危険な方法であるのはまちがいない。真夜中に、全身黒ずくめの正体不明のふたりがフェンスに忍び寄れば、不安に駆られた警備員が誰何《すいか》するより先に発砲することもありうるからだ。身長一八八センチの私はターゲットとして小さいとは言えない。フェンスへと近づきながら、そんな考えを頭から払いのけようとするが、たやすくはない。何か音がするたびに脈が速まり、息を止めずにはいられない。こんなことをしてはいけないのだ、と再度心の声がする。

フェンスの闇に包まれた部分に達し、あたりを見まわす――誰もいない。梯子をフェンスの金網に立てかけると、ロープを使ってレーザーワイヤーを引き下げる。ライアンが携帯電話で動画を撮り、私は梯子をのぼってフェンスを越える。見つからなかったか確かめるためにあたりをうかがうが、幸い誰にも見つかっていない。

それからの一時間、ライアンと私は敷地内を歩き、ふたつの建物と大きな機械に侵入し、目にしたものを写真と動画におさめる。警備員が近づいてくることは一度もない。どうやら侵入されているとは思ってもいないようだ。それでもこの一秒一秒は、こめかみが脈打ってアドレナリンが体を駆けめぐる苦行である。

充分な資料を手に入れたと感じ、私たちは車に戻って業務終了とする。これから数日のあいだに、ローテクな道具と心理的なテクニックを用いて、別の入口からこの施設に再度侵入することになる。警備員に呼び止められ、銃を頭に突きつけられるかもしれないが、私たちはすでに何時間も建物の内外を歩きまわり、施設のもっとも警備が厳重で機密性の高いエリアへ足を踏み入れている。

「完全に侵入不可能」？　私はそうは思わない。

私たちは何者で、何をしているのか

あなたはライアンと私のことを、政府のスパイか、有能な犯罪者か、ユーチューブのフォロワーをあと一〇〇万人増やそうとしている命知らずのスリル探求者と思ったかもしれない。しかし、ちがう。どれもはずれだ。

私たちはハッカーだ。

ハッカーと言えば、マウンテンデューを飲みながらコンピュータを操作してデータを盗み、ウェブサイトを破壊してバイアグラについてのスパムメールをまきちらすような、コンピュータオタクの若い犯罪者を思い浮かべる人がほとんどだ。しかし、なかには善良なハッカーもいる。たとえば、政府や企業が悪いやつらの攻撃を防ぐために雇う最高峰のセキュリティ専門家。そういういいハッカーのなかに、かぎられた数だが、コンピュータに侵入するような技術ではなく、少々ややこしい人間相手の技術を専門とするハッカーがいる。このハッカーの亜種は、どれほど厳重なセキュリティだろうと、**人間をハッキングすることで突破する。**本質的に詐欺師と変わらず、口がうまく、疑いを抱かせることなく人々を納得させてコンピュータに侵入したり、セキュリティの厳しい現場に入りこんだりできる。なかでもトップクラスの人間は非常に有能で、**望みのものを手に入れるだけでなく、出会ってよかったとターゲットに思わせることさえできる。**

　ライアンと私はこの人間《ヒューマン》のハッカーだ。でも心配無用。ふたりともいいやつだから。とはいえ、悪いハッカーと同じように考えをめぐらし、サーバーや実際の場所に侵入するために、高度の心理的な原則やテクニックを用いる。それに成功すると――ほとんどの場合、成功するのだが――今度はクライアントが自分たちの弱点を理解し、修正する手助けをする。そうすることで、彼らの顧客や社会全体がより安全になるのだ。あの晩、荒地で私たちがしていたのはそういうことだ――超がつくほど厳重と見なされている施設のセキュリティを探り、弱点を見つけて、悪い連中に侵入されて大惨事となるまえにクライアントが修正できるようにする。私たちは、まったく面識のない人にこちらの望みどおりの行動をとらせて、生計を立てている。

　私は一〇年以上、このテクニックに磨きをかけ、それらを使って世界でもっともセキュリティの厳しい施設やコンピュータ・ネットワークに侵入できるようになった。セキュリティ業界が専門のあるジャーナリストが、私のことを「アメリカでもっとも危険な人間」と名指ししたほどだ。[1]私は危険人物ではないが、真に危険な悪人たちに対して先手を打てるよう、世界じゅうのスパイや軍関係者やセキュリティ専門家にわれわれの手法を教えている。本書では、読者のみなさんが家庭や職場で使えるように、その秘密を明かすつもりだ。ボディランゲージから相手の気持ちをうまく読みとる方法や、的確なことばを発して相手を即座に味方につける方法、ポジティブな反応を得られる確率が劇的に上がる要求のしかた、こちらを操ろうとする人を見つけてそれを防ぐやり方、成功の確率を高めるために重要な会話全体を計画する方法などを知ることができるだろう。昇進をめざす人、無料で物をもらいたいと思っている人や、相手の本当の気持ちを知りたい人、よりよいコミュニケーションを学んで人間関係を改善したい人にとっても、われわれの方法は新たな秘密兵器になるはずだ。本書を読み進めればわかるように、ヒューマン・ハッキングは、友人を得たり、人々に影響を与えたり、自分の目的を果たしたりするのに役立つ。あなたの助けになる方法なのだ。

人の心をハックする

コンピュータではなく、人間をハッキングするという考えは奇妙に聞こえるかもしれない。昔の私も、それが役に立つとは思っていなかった。一九九一年に私は小さな騒ぎを起こし、入学からほんの二カ月ほどで大学を退学になった。その騒ぎは実際にはそれほど小さくなかった――大学で使われていた原始的なモデムにいたずらをし、フロリダ州サラソタの電話通信システム全体をまる一日ダウンさせてしまったのだ。

その後は漂流の日々だった。大学を退学になってから一年ほどすぎ、新聞配達の仕事をしていたときに、二五世帯が暮らすアパートメントの管理室に入っていき、そこのオーナーと話を始めたことがあった。それまで会ったこともない人物だったが、ほんの数分で、彼が心の奥底に隠していたもっとも暗い秘密を聞き出していた。その人物は個人的な用事で州を離れなければならず、二時間後、私は経験などまったくないのに、アパートメントの賃貸管理をする大家の代理という高給の仕事を手に入れていた。それがまだ二〇歳前のころだった。

そこにはしばらくいたが、飽きてしまったので辞めた。ふと、シェフになるのもかっこいいかもしれないと思いつき、高級レストランにずかずかと入っていって、料理などしたこともなかったが、仕事をくれと頼んだ。二時間後、信じられないことに、私は仕事を得ていた。

それにもやがて飽きたので、またことば巧みに未経験の別の仕事についた。そしてまた別の仕事、さらにちがう仕事に。二〇代後半には、こともあろうにステンレス鋼の工業製品を製造している会社の渉外担当となり、世界じゅうを駆けまわって交渉し、大きな利益をあげていた。しかしそのころには、愛する女性を口説いて結婚し、子供もできていた。家ですごす時間を増やしたかったので、会社を辞めてほかの仕事を探すことに決めた。

大学を退学になった経緯を考えれば、自分はコンピュータのハッキングに向いているかもしれないと思った。ネットで検索すると、セキュリティ会社によるハッキングの講座が見つかった。私はそれを受講し、その会社のもっともセキュリティの堅固なサーバーに史上初めて侵入した人間になった。会社の経営者は私に、その技術を使ってコンピュータ・ネットワークに実際に侵入する仕事を手伝ってくれないかと提案してきた。

ひとつ問題があった。講座を受けたとはいえ、私は技術的にさほど能力が高いわけではなかったのだ。それまでに役に立ったのは、**世渡りのうまさと巧みな話術だった。実際の仕事に必要なのはそれだけだった。**その後数年、私は予期しなかったかたちでチームの力となった。同僚たちはソフトウェアやハードウェアの脆弱性を見つけてシステムに侵入しようと、コンピュータのコードと格闘していた。三〇時間、四〇時間、五〇時間と格闘が続いたあとで、私が助け舟を出した。「その人に電話をかけて、パスワードを聞き出してみようか？」

みな肩をすくめて言った。「まあ、やってみなよ」

一〇分後、私たちはシステムへの侵入を成功させていた。

こういうことが何度もくり返された。電話をかけて情報を引き出すこともあれば、メールをフィッシングしたり、堂々と施設に入って従業員からサーバーへのアクセス方法を聞き出すこともあった。既存のやり方ではなく、もっぱら直感的な「人たらしのスキル」と機転に頼った。それでもうまくいったのだ。会社でこの方法を教える講座を作ったらどうかと上司に進言するほどに。驚いたことに、上司はやってみろと私に言った。「冗談ですよ」と私は答えた。「講座の作り方なんてまったく見当もつかない。大学だって終えていないのに」

「簡単さ」と上司は言った。「関係がありそうな心理学の理論や研究結果の本をありったけ見つけて、日々きみが業務としてやっていることを検証してみるんだ。それをすべて書き出して、人に教えられるような単純な枠組みにまとめればいい」

その助言は理にかなっていたので、やってみることにした。研究や思考にほぼ一年を費やしたあと、二〇〇九年に自分なりの枠組みを作った。それをオンラインに投稿し、ほとんど忘れていたのだが、数カ月後、ある出版社がいきなり電話してきて、私の投稿を見たと言い、セキュリティ業界向けに技術的な本を執筆しないかと持ちかけてきた。当初私は、自分のようにいかがわしいハッカーが書いた本など誰も読みっこないと言って断った。上司もいっしょにおもしろがってくれるだろうと思い、そんな提案があったことを話すと、彼は席から飛び上がらんばかりに驚いて言った。「きみはどうかしてるのか？　早く彼らに電話して本を書くんだ！」

　またも私は上司の助言にしたがい、『ソーシャル・エンジニアリング』が二〇一〇年に出版される運びとなった。ヒューマン・ハッキングの方法について書かれた初めてのハウツー本で、一〇万部以上売れた。オタクっぽい技術系の本にしてはありえない数字だ。私は自分がしていたことを「ソーシャル・エンジニアリング」と呼んだが、それは一九世紀に生み出され、一九九〇年代から二〇〇〇年代に著名ハッカーのケヴィン・ミトニックが広めた用語だ。本のなかでも説明したが、「ソーシャル・エンジニアリング」とは、「ターゲットの利益になろうとなるまいと、行動を起こすようにその人を操作すること」だった。[2] 私はいまその定義を改良して、相手に影響を及ぼして望みどおりに行動させたり考えさせたりすることと、それを強制する危険な人心操作とのちがいを明確にしている。私のようなヒューマン・ハッカーの大半は、善良なハッカーが守る倫理的制限にもとづきながら（これについてはすぐに説明する）、人々に影響を及ぼすことで目的を達している。相手に気取られないように重要な情報を引き出すのであって、それを強要することは、ほぼいかなる状況でもない。

面と向かってであれ、電話やオンラインであれ、われわれと交わった人はみな、ささやかな楽しい出会いがあったと考える。ほんの少しであっても、出会えて気分がよくなったと感じるはずだ。しかし、われわれは周到に用意したことばを用い、相手の反応に注意を払って、会話を巧妙に組み立てるので、相手はほとんどの場合、パスワードや社会保障番号など、こちらが必要とする情報を教えてくれる。じつのところ、よく訓練されたヒューマン・ハッカーは、相手を操作する必要もない。「**影響**」のテクニックはそれほど強力なのだ。

昨日、感じのいい老婦人が電話をかけてきて、慈善活動への寄付を頼みつつ、しばらくおしゃべりしなかっただろうか？　あるいは、宅配業者の愛想のいい配達員が道を訊きながら、あなたがかぶっている会社の帽子に気がついて、冗談を言い、何気なくあなたの仕事について訊いてこなかった？　怖がらせるつもりはないが、その老婦人はただの感じのいい人ではなく、配達員は何気なくあなたの仕事を訊いたのではないかもしれない。こうした知らない人たちが悪意あるハッカーで、あなたから情報を聞き出そうとしたのかもしれないのだ。もちろんそうでないことがほとんどだが（心配しすぎはよくない）、その可能性は皆無ではない。何気ない会話を装った「影響」のテクニックによって、犯罪者に操られる人は無数にいる。被害者は、ある日誰かが自分の名前で少額の事業貸付を受けていたり、コンピュータをロックされたうえ、身代金を要求されたりして、初めてそれを知るのだ。

『ソーシャル・エンジニアリング』では、ヒューマン・ハッキングの基本原則とテクニックを紹介し、セキュリティの専門家がそれを利用して攻撃を防ぎ、セキュリティを守れるようにした。

ただ、思い返してみると、あの本についてはあまり自慢できない——まだ説得力に欠けるからだ。それでも、ヒューマン・ハッキングを世に知らしめたのは確かで、個人的な転換点にもなった。セキュリティの世界で反響が大きかったことに勇気を得た私は、冒頭で語ったような「侵入テスト」を実施することで企業の脆弱性を評価し、セキュリティの専門家にヒューマン・ハッキングの手法を伝授する会社を興した。

起業後一〇年のあいだに、私の会社はヒューマン・ハッキングの原則を用いて、一四〇〇万通のフィッシング・メールを送り、四万五〇〇〇回以上の電話フィッシングをおこなった。何百ものサーバーに侵入し、**世界でもっとも厳重に警備されている企業や政府の何十もの施設に実際に忍びこんだ。そのなかには銀行や、企業の本部、製造施設、倉庫、防衛施設などもあった。**私たちが本物の泥棒だったら、高度な国家機密を手に入れ、ひそかに大金を奪い、身分をかたったり、もっともデリケートな情報をもらしたりして、多くの人の人生を混乱に陥れたことだろう。会社は大きな成功をおさめ、最近では、ＦＢＩ行動分析課の新人捜査官の訓練も依頼された。法執行機関とも連携し、私が設立した非営利団体イノセント・ライブズ基金（ＩＬＦ）と、ヒューマン・ハッキングのテクニックを利用して、オンラインで小児性愛者を捕まえたりもした。

ヒューマン・ハッキングのテクニックは強大な力を発揮する一種の心理的な武術である、と私のチームは考えている。それを用いれば、相手にほぼ望みどおりのことをさせながら、その過程で相手は——われわれも——気分がよくなる。ある意味、人をだましているわけだが、基本的には、自分たちに有利になるように、研ぎすました共感力や社会的判断力を駆使しているにすぎない。心理的洞察によって人の考えや感情を見きわめ、その情報を使って、彼らが進んでこちらの要望に応じるようにうながすのだ。正しく誘導すれば、相手は幸せで心穏やかになり、強くなったと感じ、協力したことで気分がよくなる。私たちからささやかな感情の「贈り物」を受け取るので、自然にそのお返しとしてこちらの望むものを与えてくれるのだ。**すべてはほんの数分の好ましい会話のなかで達成される。**

日々の暮らしにおけるヒューマン・ハッキング

これらのスキルを公私ともに活用できるようになったと想像してみてほしい。少しまえ、私は妻と娘とともにロンドンのヒースロー空港で飛行機を待っていた。荷物を山と積んだカートを押していて、チェックインカウンターに近づいたときに、カートが何かにぶつかって荷物がいくつか落ちてしまった。ロンドンにM5という主要な高速道路があることを思い出し、私は冗談を言った。「ああ、M5でアメリカ人が大事故を起こしたよ」カウンターの女性係員が笑ってくれたので、私は胸の内でつぶやいた。「ああ、よかった。少なくともこの女性の気分はよくなった」

妻は何分かその女性とおしゃべりをした。「チェックインのまえに、ちょっといい？　あなたのメイク、完璧ね。そのスカーフにすばらしく合ってる。そのスカーフ、ぜひ買いたいわ。どうにかして買えないかしら？」

その女性は褒めことばを聞いて気をよくした。おそらくそれまでシフト勤務のほとんどの時間を、ストレスと不満を抱えた乗客の要望を聞いてすごしていたからだろう。私の妻とさらに何分かスカーフとメイクの話をするうちに、見るからにリラックスしてきた――顔には笑みが浮かび、眉間のしわは消え、肩から力も抜けた。妻はおべっかを使ったわけでも、むやみに褒めたわけでもない。純粋に彼女のメイクが気に入り、それを伝えたくてたまらなかっただけだ。カウンター係の女性は妻のことばに嘘がないことを感じ取れたはずだ。

私はといえば、これはチャンスだと思った。そこで身を乗り出し、腕を妻にまわしてにっこりしながら首をわずかに傾けた。「あの、チェックインついでに……たぶん、私たちには払えないとは思うんだけど、エコノミークラスからアップグレードするのにいくらかかるか教えてもらえないかな？　そう、たとえばプレミアムエコノミーあたりに？」

女性は私ではなく妻を見て、小声で言った。「誰にも言わないでくださいね」そう言ってあわただしくキーボードを叩いた。「ご家族三名様全員をファーストクラスにアップグレードしておきます」

「え？？？　ありがとう」私たちは言った。「それはすごい」

ここで何が起きたのかくわしく見ていこう。誰かに初めて会う場合、かならず四つの基本的な疑問が頭に浮かぶものだ。

1　この人は何者？
2　何を求めている？

3　どのくらいの時間やりとりする？
4　脅威となる？

最近誰かに会ったときのことを思い出してほしい。きっとこれらの疑問が湧いたはずだ（意識の奥底だったとしても）。初めて会った人に何かをしてもらうためには、すばやく巧みに相手のこの四つの疑問に答えて、リラックスさせ、快適な気分にしなければならない。それができなければ、何を言っても相手は警戒し、進んで何かをしてくれることはないだろう。

私がチェックインカウンターに着いたところで、その場の状況や私の外見から、チェックイン係の女性には、この四つの疑問のうち三つの答えがすぐわかった。荷物を積んだカートを押しているからには乗客で、チェックインしようとしているのもほぼまちがいない。通常どおりなら、われわれのやりとりもほんの数分で終わる。唯一答えの出ていない疑問は、四番目だけだった――私は脅威となるか？　なりそうもなかったが、チェックイン係の女性に確信はなかったはずだ。もしかすると酔っ払っていて、通路側の席が取れなかったら大声で騒いで暴力をふるうかもしれない。酔っていないにしても、彼女の航空会社を忌み嫌っていて問題を起こそうとしているけんか好きの嫌なやつかもしれない。あるいは、コロナウィルスに感染していて、目のまえで咳きこんで彼女を感染の危険にさらすかもしれない。

あのささやかな冗談を口にしたときに、図らずも私は四番目の質問にうまく答えたのだった。じつは私たちが「ことばのソフトボール」と呼ぶものを投げていた。私は誰が反応してソフトボールを「受け取って」くれるかわからないまま、チェックイン係にもほかの乗客にも聞こえるようにその冗談を発した。誰が受け取ってくれるにしろ、その人が私の「**ターゲット**」、もしくは本書で言う「**関心相手**」となる。チェックイン係の女性が反応してくれたのは好ましい展開だった。私の望むものを持っているのは彼女だったからだ。あの冗談によって私は彼女とのあいだにほんの小さな最初の**ラポート（協調関係）**を築くことができた。彼女が冗談に笑い、私と目を合わせたことで。彼女にとって私はもはや脅威をもたらしかねない他人ではなくなり、自分の失態を笑い飛ばせる愉快なアメリカ人になった。私たちはいいスタートを切った。

そしてありがたいことに、私の妻がとくに意識せず驚くべきことをしてくれた。その女性を褒めたいと思ったのだ。打算からではなく、相手の反感も買わずに、われわれが「**好意」の原則**と呼ぶものを発動した。すなわち、私たちはみな、自分に好意を抱いている人間を好きになる、ということだ。チェックイン係の女性は、私を目にし、私の家族が脅威ではないことがわかったうえに、私たちを（少なくとも妻を）好きになった。妻と彼女とのあいだにはメイクとスカーフをめぐって心のつながりもできた。褒められた女性の脳が、信頼を生むオキシトシンと、喜びを感じさせるドーパミンという化学物質を放出した。

この化学反応が起きて、心のつながり、満足感、喜びの小さな嵐が吹き荒れているあいだは、途方もないものでないかぎり、だいたいどんなことを要望しても好意的な反応を引き出せる。そう考えれば、チェックイン係の女性にとって私の要望をかなえるのはたやすいことで、事実、かなえてくれた。そしてさらに大きく一歩踏み出し、料金も請求しなかった。私たちが「贈り物」

をしたことにお返しをしてくれたのだ。

私の教えを学んだ人たちも、私自身も、こうしたテクニックを使って、座席やレンタカーをアップグレードしてもらい、予約がとりにくいレストランを予約し、その他多くの恩恵を得ることに成功してきた。また、それらを用いて家族関係を修復し、職場で昇進し、むずかしい同僚とつき合い、新しい友人を作り、カクテルパーティなどの社交の場で以前より心地よくすごしたりもした。もちろん、私たちを操ってためにならない行動をとらせようとする人々から身を守るために用いることもあった。

ヒューマン・ハッキングにおいては、とくに共感が欠かせない要素だ。多くの大衆文化において、共感は本質的によいものとされる。たとえば、心理学者サイモン・バロン＝コーエンはその考え方から、残忍さは多かれ少なかれ共感の欠如から生じるという理論を立てた。[3]一方で、共感を残忍さや部族主義のようなネガティブな現象に結びつける学者もいた。[4]私は共感を、ほかの誰かが経験した感情を想像力で自分の心に呼び起こす行為と定義し、良くも悪くもない概念と見なす。犯罪者のハッカーや詐欺師は、驚くほど巧みに、共感の核にある他者の視点を獲得し、それを自分のために不当に用いる。相手が何を考えているかということに非常に敏感で、その敏感さを活用して他者を操るのに必要な行動をとるのだ。

私たちも同じく共感を利用するが、相手を操作して無理に何かをさせるのではなく、もっと好ましいやり方をする。影響を与え、進んで力になってもらうのだ。本書を読めばわかるとおり、目標がなんであれ、共感力を磨けば、達成するのがずっと簡単になる。共感を示すことで、同時に相手の要望にも応えることができ、会えてよかったと思ってもらえるのだ。

ヒューマン・ハッキングの基本原則
望みのものを手に入れるために相手に影響を与えたいなら、共感力を磨くこと。自分の考えから離れて、相手が考えていることを想像し、相手の要望や信念や感情を尊重して、それらに添ったつき合いをすることを習慣にしよう。

共感（そこに親切心や敬意や寛容も必要であることは後述する）のように善良なものが、ハッキングのように一見有害なものの基本になっているというのは、意外かもしれない。しかし、それはまぎれもない真実である。いまよりもっと人を理解し、人と交流し、人に親切にすることによって、あなたの望みをかなえる可能性も高くなるのだ。**ヒューマン・ハッキングとは、感じよく頼み、そつなくふるまい、相手の心を読んでその要望を重んじ、社交上の常識を実行するスキル**と考えてほしい。それらをどんな目的をかなえるときにも意のままに使えるようになるのだ。

本書について

この本を書く必要があると最初に認識したのは、数年前、私の講座に、一般の人が何千ドルもの受講料を払っていることに気づいたときだった。セキュリティの専門家向けであることを明示した講座だったにもかかわらず、より効果的に商品を売りたい営業担当者や、個人的な人間関係を改善したいダンスのインストラクター、生徒と実りある関係を築きたい高校教師、自分の殻を破ってわが子ともっといい関係を結びたい母親といった人たちも受講していた。彼らは友人から私の講座のことを聞き、自分の生活ですぐに使えると考えたのだ。

好奇心に駆られ、講座が終了したあとでこうした人々を追跡調査したところ、誰もがヒューマン・ハッキングによって並はずれた、ときには人生が変わるほどの成果をあげていた。職場で昇進したり、安定した恋愛関係を結んだり、子供にとってよりよい親になったり——成果はさまざまだ。多くの受講者が、最初は気の毒なほど内気で引っこみ思案だったのに、一週間後には、私の指示でみな街じゅうを駆けまわって、まったく知らない人に大胆な質問をしていた。その後何週間、何カ月とたつうちに、新たな友人を作り、同僚と仲間のネットワークを築き、想像もしていなかった方法で世界とつながっていた。

いまの時代、人間らしく生きるのはむずかしい。テクノロジーのせいで互いに距離ができ、かつてないほどギクシャクした社会になっている(新型コロナウィルスのパンデミックもそれに拍車をかけた)。私たちはすぐそばにいる人々とだけ気乗りしない関係を結び、閉ざされた小さな世界で生きている。自分と異なる種類の人々はみなかけ離れているように思え、交流など不可能な気がする。一方で、長く守られてきた社会行動のルールは目のまえで消滅し、職場の同僚や、社交の集まりで出会う人、異性、自分の子供たちとさえ、どう交流していいかわからなくなっている。

こうした状況のせいで、私たちは他人と交流するときに、自分を無力でふがいなく感じ、不安になる。しかし、ヒューマン・ハッキングの手法を学べば多少の力を取り戻すことはできる。人々の心や感情を察するのがうまくなり、相手とのやりとりで賢く立ちまわれるようになるからだ。不和が生じたときにもうまく対処でき、そもそも不和を防ぐこともできる。相手に反感を起こさせることなく、チャンスが生まれたときに理にかなった自然なやり方でこちらの望みや必要を伝えられる。悪意あるハッカーや詐欺師から身を守るすべを学び、どんな状況に置かれても穏やかで自信に満ちた態度をとれる。そしてこれが何より重要だが、自分のコミュニケーション方法について、ずっとしっかりと自覚できるようになる。人とのやりとりで失敗しても——これから紹介するように、もっとも卓越したハッカーでも失敗することはある——そこから学んでまえへ進むことができる。

本書の各章では、ヒューマン・ハッキングの専門家ならみな心得ている項目について説明する。まずは、人とのコミュニケーションのパターンを理解するのに役立つ強力なツールから始めよう。人生で出会う相手の反応を理解して正しく予測できれば、状況に応じて効果的にコミュニケーションの方法を変えることができる。その後の章では、次の項目を学ぶことになる。

・ラポート（協調関係）を築く
・会話を効果的に始める「**背景設定**」を考える
・人に影響を与えて望みをかなえる

・人があまり明かしたくない情報を明かしてもらう
・心理的に操ろうとしてくる人から自分を守る
・うまく望みをかなえられるように会話の枠組みを作る
・ボディランゲージをうまく使う
・本書で紹介する数多くのツールを組み合せて、重要なやりとりの計画を事前に立てる

各章で用意した「課題《ミッション》」を活用して、技術を磨いてほしい。こつこつと訓練すれば、ほんの数週間でコミュニケーターやインフルエンサーとしての能力に改善が見られるはずだ。願わくは、どれほど上手になっても、武術や楽器の場合と同様に、練習と改善を続けていただきたい。決して「終わり」はないのだ。

読者のみなさんに、ひとつだけお願いがある――邪悪な目的でこのテクニックを使わないでほしい。本書を読んで練習しはじめると、身についていくこのスーパーパワーの可能性がすぐに理解できるはずだ。どんなスーパーパワーにも言えることだが、ヒューマン・ハッキングの能力も、善悪両方の目的で用いることができる。邪悪な目的に用いれば、相手が個人であれ、社会であれ、効果は破滅的になりうる。それを忘れないために、私やチームの面々は公式の倫理規準を設け、厳格に守っている。そこには数多くの条項があるが、基本となるのは、法を犯さないということだ。*暴いた弱点を世間にもらすこともない。誰かを脅したり、人に害を及ぼすような心理操作術を用いたりしない。どんなやりとりをするにしろ、私たちと出会ってよかったとかならず相手に

思わせるようにしている。

私の講座では、本書の内容を教えるまえに、この倫理規準への同意を求めている。ここでそれを伝授するにあたって、読者のみなさんにも本書冒頭の倫理規準を守ると約束してもらいたい。完璧な人間などいないが、読者の大多数が、相手の利益となるかたちでヒューマン・ハッキングを実践してくれるものと信じている。われわれのハッキング技術を広く伝えることで、世界をいまよりやさしく、思慮深く、共感に満ちた、寛容な場所にできるはずだ。

＊ 実質的には、建物に侵入したり、フィッシング・メールを送ったりすることで法を犯しているが、クライアントが契約書にそうした行動を許可すると明記した場合、容認している。われわれが決してしないのは、クライアントとの契約で認められていない違法行為だ。

1 まず自分のことを知ろう

自分と「関心相手」とのかかわりをもっと意識する

ヒューマン・ハッキングの技術と理論をマスターするまえに、まずは自分をハッキングしなければならない。つまり、自分のコミュニケーションのパターンを理解して、よくない癖を直す必要があるのだ。自分自身に敏感になれば、相手の性格を見きわめ、相手が好むコミュニケーション・スタイルを考えるという次の段階に進むことができる。人生で出会う「関心相手」ごとに――上司、配偶者、子供、偶然会った他人など、誰であれ――その人に合わせたことばを用いることで、どんな目的でも達成に大きく近づくことができる。

特殊フィッシング詐欺の手口

二〇一八年、あるペテン師がカナダのオタワ市の出納係マリアン・シムリックをことば巧みにだまし、架空の業者に約一〇万ドルを電子送金させた。そのペテン師はフィッシング詐欺の方法を用い、市政管理官でシムリックの上司だったスティーヴ・カネラコスからの送金依頼のメールを偽装した。組織のなかの重要人物を利用した特殊な種類のフィッシング詐欺だ。メールの内容はこうだった。

　ところで、個人的にお願いしたいことがある。少しまえから内密に交渉を進めてきた売買について、国外の新規の納入業者から、合意した条件で提案を受け入れるという連絡が届いた。ただし、手付金として総額の三〇パーセント、つまり九万七七九二ドル二〇セントを支払う必要がある。公告は現在草案を作成中で、契約が成立すれば来週にも発表されるが、現時点でこれ以上くわしくは明かせない。購入の正式発表があるまで、オフィスの誰にもこのことは話さないでほしい。質問があれば、私にメールしてもらいたい。国際電子送金を今朝できるかどうか、確認してもらえるかな？[1]

あなたはこの詐欺にだまされるだろうか？　よく練られたメールで、本書でのちに紹介する非常に効果的なテクニックをいくつも用いている。それについて考察するまえに、このメッセージがシムリックを想定してどれほど巧妙に作られたか検証してみよう。何百万ドルという税金の取り扱いを託された市の出納係である。おそらくは勤勉で良心的な人物だろう——秘密や規律を守る几帳面な人だ。いかにもステレオタイプの人物像だが、たいていのステレオタイプは多少の真実を含んでいる。詐欺師にとっては、その程度の真実があれば充分なのだ。

この件で、詐欺師は勤勉で良心的な人物の心に訴えるメッセージを書いた。ことばは正確で、特定の取引について明確で信頼に足る事実を伝えている。口調はまじめで事務的だ。子供たちに関する雑談や絵文字もない。慎重を要する取引の交渉をカネラコスが「内密に」おこなっているという詐欺師の嘘は、几帳面で控えめで内気な人間であれば容易に信じてしまう。メールの最初の一行でシムリックに「個人的にお願いしたい」と頼んでいることから、目下の問題がきわめて繊細であり、個人の裁量と判断を必要とすることがわかる。カネラコスがこういう依頼をしてくること自体、まわりの誰よりも出納係としての彼女の判断を信頼している証拠だ。メールの後半では、シムリックに思慮深さを求め、この機密案件について「オフィスの誰にも」話さないようにと頼んでいる。彼女がまじめな人間であることを知っていて、それを評価しているのだ。詐欺師は（カネラコスを装って）シムリックにいつでもメールしてくれと言っているが、「現時点でこれ以上くわしくは明かせない」と断りを入れている――彼も几帳面で、プロ意識が高く、まじめだからだ。

　詐欺師は出納係がとくにまじめな人間だとは知らなかったかもしれない。彼女に会ったこともなければ、過去にやりとりをしたこともなかった可能性が高い。事実、ＦＢＩがこの詐欺師を捕まえてみると、何千キロも離れたフロリダに住む男だった。[2] おそらくこの男は以前、出納係のようなタイプの人に会ったことがあり、そこから類推したのだろう。その類推がまちがっていて、シムリックがとくにまじめでも、内気でも、勤勉でもなかったら、このメールはおかしいと感じ、詐欺だと見抜いたかもしれない。しかし結局、詐欺師の見こみどおり、彼女はそれにひっかかってしまった。

この種の攻撃がいかに強力か考えてみてほしい。シムリックは新米の出納係ではなかった。勤続二八年のベテランで、新聞によると「高く評価された上級管理職」だった。また、このメールの少しまえに、市の図書館長と見せかけて送金を求める別のメールを受け取り、それについては詐欺だと見抜いていた。それなのに、今回はまんまとひっかかってしまったのだ。この詐欺が早々に露見したのは、詐欺師が欲を出しすぎたからだった。電子送金の数日後に、シムリックにさらに送金を求めるメールを送った。彼女はあとから来たメールを見て、市政管理官と話してみようと思い、だまされたことを知った。

ここにはわれわれみんなにとって大事な教訓がある。まず、何よりも明らかなのは、**メールで求められた送金にすんなりとしたがわないこと。**かならずじかに確認すること。そして逆に、誰かに何かを求めるときには、**かならずその人のコミュニケーションのスタイルや好みを見きわめ、それに添ったかたちで依頼すること。**

あなたのコミュニケーション・スタイルは?

私の会社はセキュリティ業界向けの新たな相談会を発足することになっていた――当社にとって大きな仕事である。準備期間は何カ月もあったが、社員全員の協力、とくに私のアシスタントのシェイナの協力が必要だった。かつての私は人とやりとりするときには、きわめて率直な態度で鬼軍曹よろしくあれこれ命令しがちだった。まわりの人の感じ方など考えず、ただ自分の考えを吐き出してしまう。人々は私を強引だとか、自信家だとか、ぶっきらぼうと言い、それでも寛容に接してくれていた。「嫌なやつ」呼ばわりされているのを耳にしたこともあった。今回も、シェイナのデスクに行ってこう言っていたかもしれない。「なあ。この相談会は成功させなきゃならない。だから、ほかのみんなと同じように必死でがんばってもらうよ。つまり、必要なら残業して、週末も働いてくれ。やってくれるね？　私をがっかりさせないでくれ！」

たいていの人にとって、こんなふうに求められてもやる気は起きないだろう。逆に反感を抱くかもしれない。幸い、私はこんなふうにはシェイナに頼まなかった。

一〇年ほどまえに、自分の性格やコミュニケーション・スタイルについて、いいところや悪いところ、ひどいところを自覚していたからだ。私がソーシャル・エンジニアリングについて初めて一週間の訓練をおこなったときには、じつを言うと、鬼軍曹さながらに講義に臨んだ——怒鳴ったり命じたりして、権威をひけらかしたのだ。私自身もへとへとになったが、受講生も不快な思いをしただろう。友人のベストセラー作家で元ＦＢＩ行動分析官のロビン・ドリークが、この講義を共同で受け持っていたが、終わったあと私を脇に呼んで言った。「なあ、訓練のやり方を変えないといけないな。きみはただあちこちに大声で命令を発しているだけだ」最初はその意見に賛成できなかったが、彼のことは尊敬していたので、アドバイスにしたがって大声で命令するのをやめた。それがどれほどのちがいを生んだことだろう。受講生が講義のあいだに笑みを浮かべることもあった。みなまえより熱心に訓練に取り組み、講義内容もしっかり吸収しようとしているように見えた。ああ、これはすごい、と胸でつぶやいたものだ。

時とともに、私は自分のコミュニケーション・スタイルを調整するようになった。鬼軍曹をやめ、もっと友好的で、愉快で、陽気な人間になった。自分の発する一言ひとことや、それをどう発し、相手がどう受け入れているかをもっと意識するようになった。まわりの人の個性を理解し、それに合わせてコミュニケーションの方法を変えることに力を入れるようにもなった。ヒューマン・ハッカーとしてもっと成果をあげられるようになったか？　もちろん！

今回シェイナに最大限の努力をしろと命令する代わりに、私は彼女の性格について考え、彼女の心に訴えかけるコミュニケーション・スタイルを考えた。オタワの事件の詐欺師がターゲットについてしたことと同じだ。シェイナとは長いつき合いだったので、さほど想像力を働かせなくてもよかった。彼女もまじめで、とてもきちんとしていて、内気だ。端に控えて目立たないでいることを好む人なので、私のほうでも、とても控えめに内々のことという態度をとるのがもっとも効果がありそうだった――人前で大いに褒めて精いっぱい協力してくれと頼むのは逆効果である。

私はシェイナのために、彼女が好きな店のギフトカードを買い、会社に貢献しているプロ意識と、その大きな業績に感謝する個人的なメモをつけた。そして、相談会が近づいているので、これまでどおりすばらしい働きをしてもらわなければならないと話した。

シェイナはそれを非常に喜んだ。私の態度が心に響き、引きつづき仕事に励もうという気になってくれた。**これらすべては、私が自分の最悪の衝動を認識して、意志の力で回避し、「関心**

相手」の個性を考慮して、それに合ったコミュニケーション方法をとったおかげだった。

少なくとも、自分のコミュニケーションの傾向――強みと弱み――をいくらか認識し、影響を与えたい相手の個性を探る習慣を身につけないかぎり、ヒューマン・ハッカーとして成功することはできない。大企業の本部に侵入を試みる場合に、鬼軍曹のぶっきらぼうなやり方でいけば（たとえば、支社の上級役員のふりをしたり、入場証もつけていないのに、なかに入れろと警備員に命じたりすれば）、それに慣れた警備員なら対応してくれるかもしれないが、慣れていない警備員のほうが多く、裏目に出る可能性が高いはずだ。成功の可能性は即座に五〇パーセント（以下）に下がってしまう。また、私がいつもの流儀で単刀直入なコミュニケーションをとったとしたら、それは本書で紹介するツールを使って利益を得る方法を、まるで考えていないということになる。愚かなまちがいの危険を増やすだけだ。

日常生活で自然に人とどう交流しているのかを意識せずにいると、大きな問題につながることもある。私の会社に以前勤めていた社員――カミラとしておこう――と私は、長年緊密に連携して仕事をしていたが、ほぼそのあいだじゅう、関係がぎくしゃくしていた。なぜかはわからなかったが、やがて私たちのコミュニケーション・スタイルがまったく異なっていることに気づいた。私は誰に対しても率直で、カミラは私を嫌なやつと思うことが多かった。一方の彼女は口に出すまえによく考えて慎重にコミュニケーションをとるほうで、私はよく自分の言うことに即座に反応してくれないカミラを、仕事や会社にまったく関心がない人だと考えていた。

来る日も来る日も、私たちの会話は嚙み合わなかった。あるとき、社員のための健康維持プランを選ばなければならなくなり、私は少し調査して、選ぶべきプランについてかなりの確信を得た。そこでカミラにそれを説明し、意見を求める短いメールを送った。数分後、電話をかけてメールを受け取ったかどうか尋ねると、彼女は「ええ」と答えた。「いま読んでいるところです」

「それで、どう思う?」

しばしの間。

「なあ」私は言った。「これを選ぶつもりなんだが、いいよね?」

「そうですね……(間)……どうしてもそうしたいなら」

「よかった。それを聞きたかったんだ」

ガチャ。

その日の遅く、彼女が私に腹を立てているのを知った。理由はわからなかった。意見を求めたときに、そうですねと答えたではないか。腹を立てた理由を彼女に訊くと、メールを読んで充分考えたうえで決断する時間を与えてくれなかったからだと言う。「私は、そうですね、どうしてもそうしたいなら、と言ったんです」

「どうしても……の部分は聞こえなかった」私は言った。

「いつも聞こえていませんよね」

彼女の言うとおり、聞こえていなかった。それに、彼女が本当に会社のことを思って正しい判断をしようとしていたことも私にはわからなかった。考えを口に出すまえに、彼女にはもっと時間が必要だったのだ。

配偶者や同僚や友人とやりとりするときには、誰しもできるだけ誠意を見せるはずだ。うまくコミュニケーションをとって最高の会話をしようと努める。それなのに、うまく伝わらず、相手にわかってもらえなかったり、ともすれば怒らせたりする。相手の機嫌がよくなかったのかもしれないし、彼らの経験や事情をよく知らなかったために怒らせてしまったのかもしれないが、それに加えて、コミュニケーションの方法が彼らの方法と一致しなかった可能性はある。そうした食いちがいが人間関係を悪化させ、大きな苦悩や苦痛の原因になるケースがあまりにも多いのだ。

自分のコミュニケーションの傾向をきちんと理解していないと、不運なかたちで人に影響されることも増えてしまう。私が一五歳のとき、うちの家族はニューヨーク州北部からペンシルベニア州へ移り、その後フロリダ州に移り住んだ。私は裸電球ほど青白かったが、ティーンエイジの少年の例にもれず、女性にすごいと思われたくてしかたがなかった。寒い一月のある日、たき火を囲んで女の子たちと砂浜で寝そべっている私を想像してほしい。男の子はみな海に入ってサーフィンをしている。「ああ」私は内心つぶやく。「ここは天国だ。女の子はみんなぼくのものだ」そのとき、少年のひとりが近づいてきて私に声をかける。「なあ、クリス、そこにずっと女々しく坐ってるつもりか？　それとも、おれたちといっしょに波に乗るか？」

その日の波は冷たいだけでなく、荒れてもいた——二・五メートルくらいの高さだ。私は波乗りの経験はまったくなかった。波に乗ると言えば、おそらく恥をかくことになる。「また今度。水着を持ってないから」

「下着ははいてる？」少年が訊く。

「え、うん」

「それでいけるさ」

女の子たちに背を向け、私は服を脱いで下着姿になり、海へと向かう。ボードをつかみ、リーシュコードを足首にくくりつけ、海に入る。凍るほど冷たいだけでなく、嘘のような荒波だ——波が激しく打ち寄せ、私はもみくちゃにされる。一〇メートルも進まないうちに、浅瀬で溺れるのではないかという気がする。女の子たちのまえで恥をかいていることも意識する。ようやく、少年のひとりが泳いできて私を海面に引っ張り上げてくれ、私はさらに恥ずかしい思いをする。

なおも進むと、一軒家ほどの高さの波が襲ってくる。そんな海に出ていくべきではないのだが、ほかの少年たちにあおられて私は波に向かってさらに漕ぐ。そしてどうにか立ち上がるが、ほんの一瞬でバランスを崩す。渦巻く波が打ち寄せ、私は砂州に思いきり打ちつけられる。やっとの思いで海面に顔を出してあえぐが、波と砂州のせいで下着が脱げてしまっていた。そう、いまや私はすごいと思われたかった女の子たちのまえを、素っ裸で血の気を失い、震えながら歩かなければならない辱めに直面しているのだ。

それはとんでもないしくじりだった——恥をかいただけでなく、冷たい水のせいで肺炎にかかってしまったのだから。こんな不愉快な状況に陥ったのには、ふたつ理由がある。第一に、私は男性ホルモンに支配されたティーンエイジャーで、友だちがおらず、必死で友だちを作ろうとしていた。しかし第二に、同じくらい最悪なことだが、自分のコミュニケーションの傾向をまったく意識していなかった。横柄で積極果敢なコミュニケーションを好む私は、挑発に乗りやすい。

何かをやらせようと挑んでくる人がいたら、まんまと釣られて挑戦を受けてしまう。私を海に誘いこんだ少年はじつのところ私に挑戦していたのだ――おまえはタフなのか、それとも弱虫なのか、と。もっと穏やかに誘われていたら、私はおそらく海に入らなかった。そして、挑戦されたとしても、その手の誘いに乗りやすいとわかるだけ自分のことを理解していたら、やはり海には入らなかっただろう。もっと賢い判断をして、なんらかの方法で断っていたはずだ。自己認識が完全に欠けていたせいで、相手の誘いにうかうかと乗ってしまい、その代償は大きかった。

コミュニケーションの4つのタイプ（DISC）

セキュリティの専門家を育てる訓練で、私はDISCと呼ばれる古典的な心理プロファイリングのツールを紹介している。それを使えば、受講生はみずからのコミュニケーション方法を分析し、会話のまえや会話中に相手が好むコミュニケーション方法もすばやく推測できるようになる。DISCにはファンも批判者もいるが、従業員を雇ったり、チームを作ったりするときに用いる企業も多い。歯科医師のような分野の人たちもその有効性を支持してきた。[3] DISCは人々のパフォーマンスを向上させ、職場でのやりとりを容易にする、信頼性と有効性の高いツールなのだ。[4] ことヒューマン・ハッキングに関して言えば、DISCは、多少の欠点や限界もあるにせよ、専門家にとっても日々の暮らしでも貴重で応用の利くツールである。

DISCは、一九二〇年代、感情の表し方によって人を四つの「タイプ」に分類した心理学者、ウィリアム・モールトン・マーストンの草分け的な研究にもとづいている。[5] その後、何世代もの心理学者がマーストンのやり方をもとに、人々がどのタイプに属するかを判定するテストを発展させ、商品化してきた。私のチームもDISCのテストを購入し、受講生が自身のコミュニケーションの方法を科学的に評価できるよう、ソーシャル・エンジニアリングの講義に組み入れている。DISCはよく知られたマイヤーズ＝ブリッグス・テスト〔訳注／ユング理論にもとづいてキャサリン・クック・ブリッグスと娘のイザベル・ブリッグス・マイヤーズが作り上げた心理計測法〕のような性格診断テストではない。**われわれの性格の要素を反映したコミュニケーションの傾向を理解させてくれるものだ**（「性格」には自己表現以外の要素、たとえば世界観といったほかの種類の態度が多分に含まれる）。

　実際のDISCテストを本書でそのまま紹介するわけにはいかない（テストの提供者に訴えられてしまう！）が、要点を大まかに紹介することはできる。それだけでも、よりよいコミュニケーションや他者とのやりとりの方法を理解するのに役立つはずだ。これからDISCの四つのタイプを具体的に見ていこう。**DISCのタイプには優劣がない**ことはとくに強調しておきたい。四つのどのタイプも、ほかの三つと比べて良し悪しはない。コミュニケーション方法があるタイプに分類されるからといって、とりわけ賢くもなければ、熟練度が高いとか、特別な価値があるわけでもない。その場の状況ややりとりする相手によって、長所も欠点もある独特の方法でコミュニケーションをとっているだけだ。

　まず、**主導《ドミナンス》（D）**に分類される人がいる——自信に満ち、結果をすぐに求めるタイプだ。次に、他者に影響を及ぼす**感化**《インフルエンス》（**I**）のタイプ――熱心で、楽観的で、人と協力することを好む。三番目は、**安定**《ステディネス》（**S**）のタイプ――まじめで、穏やかで、人を支える。最後は、**慎重**《コンシエンシャスネス》（**C**）のタイプ――私のアシスタントのシェイナのように、几帳面で非常に現実的な人々だ。DとIは直接的なコミュニケーションを好むが、CとSの人は間接的なやり方を好む。IとSの人は人とのつながりを重んじ、DとCの人はコミュニケーションで成果を出すことを重視する。

この四つのタイプを理解してもらうには、有名人に結びつけるとわかりやすい。あなたが食いしん坊なら、有名シェフでテレビにも出ているゴードン・ラムゼイを知っているだろう。彼はぜったいにDタイプだ。率直で、鋭く、力にあふれ、仕事に集中している。ときにDタイプの人は他人の感情を気にしていないように見えるが、それはかならずしも真実ではない。非常に気にしているのかもしれないが、人とのやりとりで結果を重視するあまり、ほかのことがかすんでしまうのだ。とくにストレスの高い状況では、過度に厳しく、辛辣、唐突、強引、傲慢に見えやすい。強いD傾向を示す有名人には、ほかにもテレビ番組の『アメリカン・アイドル』に出ているサイモン・コーウェル、CNBC司会者のジム・クレイマー、GEの元CEOジャック・ウェルチなどがいる。職場では指導者や管理者の役割を果たすことが多い――ほかの人たちをコントロールできる立場だ。

Iのタイプの典型は、ビル・クリントン元大統領のような人物だろう。彼は人と自然に接することができる――表現豊かでにぎやかだ。Iタイプの人は注目の的になるのを好む。彼らの話を聞いて笑ったり楽しんだりしないとしたら、それはどこかおかしいのだ。インフルエンサーはまた、自分の話をしたがる。それも大声だったり、大げさな身ぶりを交えたりする、人に注目されるやり方で。私がインフルエンサーに分類する有名人には、ジミー・ファロン（それ以外にもテレビの司会者の多く）や、ティナ・フェイ（とほかの大勢のコメディアン）がいる。昔大勢出会った営業員もそうだし、人心を動かす演説家や、教師や、公判弁護士の多くも生まれながらのIタイプだ。しかしIタイプも、あるタイプの人々とはつながりを持つのに苦労することがある。インフルエンサーはあまりに熱心で社交的なので、嘘っぽかったり、うわべだけに見えたり、人を操ろうとしていると思われたりするのだ。ひとりよがりに見えることは言うまでもない。Iタイプ以外の人にとって、あまりに自然にあり余るほどの情報や感情をどんどん投げかけてくるIタイプは、衝動的で過剰に見えるかもしれない。おまけに非常に陽気なので、過度に楽観的と見なされることも多い。

トム・ハンクスやヒュー・ジャックマンのような俳優は、安定感のあるSタイプだ。インフルエンサー同様、人を重視するが、もっと静かな存在感で、目立つことを避け、補佐役や控えの人間として役立とうとする。ほかの人が輝くことを喜び、人生で出会った他者の話をすることが多い。看護師や、セラピスト、教師、カウンセラーなど、人を助ける仕事につく人がよくSタイプである。愛想がよく、信頼でき、親切で、チームのために悪い結果の責任を一手に引き受けたりする。目標はみんなが成功することで、自分だけでなくチーム全体が功績を認められ、みんなが満足することに喜びを感じる。しかし、あまりにうしろに控えているので、冷たいとか反応が遅いと見なされることもある。波風が立つのを嫌うため、ときに頑固で変化を嫌がるようにも見える。過度に受動攻撃的に見えることもある。何かを感じていても、それを外に表したり、ことばで言ったりしないのだ。

ＤＩＳＣの最後は慎重なＣタイプで、打ち解けにくいだけでなく、細部にこだわりがちだ。引っこみ思案で注目を浴びるのは嫌いと告白している女優のメグ・ライアンは、Ｃタイプかもしれない。作家のＪ・Ｄ・サリンジャーやハーパー・リーのような有名な遁世者も。Ｃタイプは慎重なだけでなく、几帳面で整然としたコミュニケーションをとることが多い。当然ながら、会計士、研究者、医者、パイロットといった仕事につく傾向がある。細部にこだわり、目下の仕事をやりとげることに集中できる人に向いた職業だからだ。難点は、変わり者とか、冷淡、扱いにくい、よそよそしい、わかりにくいと見られがちなところだ。Ｃタイプの人に質問して、あまり細かいことは聞きたくない場合でも、細部にこだわる彼らは長々と必要以上の情報を与えてこちらを退屈させるだろう。突発的な情報公開を求められる火急の事態や、人に対して率直で無頓着なことがプラスに働く状況では、苦労するタイプかもしれない。

実際には、程度の差こそあれ、誰もが四つすべてのパターンを示す。私が自分をＤタイプだと言うときには、主導的な傾向がもっとも強く表れているということだ。ＩやＣの特徴も持ち合わせてはいるが、それらはＤほどはっきり表れない。Ｓタイプの特徴は非常に弱いが、ないわけではない。置かれた状況に応じて、多かれ少なかれどれかの特徴が表に出るのだ。社交的なＩタイプがもっとも強い人は、カクテルパーティのような公の場でその特徴をはっきり示すだろう。総体的にかなり強くIタイプのコミュニケーションをとるとしても、家族といるときには別のタイプが表れるかもしれない。

簡易DISC診断をやってみよう

DISCを教えると、受講生はよくそれをまわりの誰か、たとえば配偶者や上司などに用いようとする。「ちょっと待った」と私は言う。「まずはこれを使って自分のタイプを判断しよう。そうすれば、日々どんな状況に遭遇しても、これまで以上に力を発揮できるようになるから」

ここで、次の課題をやってみてもらいたい。

このあとにあるDISC早見表を使って、自分のコミュニケーションの傾向について考えよう。人との関係を重視するか、仕事で結果を出すことに重きを置くか？　直接的なコミュニケーションをとりやすいか、それとも間接的か？　このふたつの質問に答えることで、おおよその領域に自分がいるのかわかる。おもなタイプがわかったら、その強みと弱みを考えてほしい。自分の方法が特定の状況や人に（家で家族に、職場で同僚に、週末友人に）対してうまくいっているか、いっていないか？

DISC早見表――D「主導」

<table>
<tr><td colspan="4">Dタイプの人は相手にも率直、単刀直入、開放的、直接的で、結果を重視する態度を望む。</td></tr>
<tr><td colspan="4">「自分はDタイプ」と知るには：人から押しが強く、厳しく、積極的で、傲慢と見なされるが、同時にやり手で、かならず成果を出す人間と思われている。</td></tr>
<tr><th colspan="2">Dタイプの見分け方</th><th colspan="2">Dタイプとうまく
コミュニケーションをとる方法</th></tr>
<tr><th>発言</th><th>行動</th><th>Dタイプが好むのは</th><th>こんな点に注意</th></tr>
<tr><td>すぐに要点を
知りたがる</td><td>仕事本位</td><td>簡潔で要領を
得ている</td><td>ぶっきらぼう</td></tr>
<tr><td>頼むより命じる</td><td>短気</td><td rowspan="2">自主性を
重んじる</td><td>共感の欠如</td></tr>
<tr><td>聞くより話す</td><td>単刀直入</td><td>繊細さの欠如</td></tr>
<tr><td>ぶしつけで
図々しいことも</td><td>進んで危険を
冒そうとする</td><td>期待するものが
明確</td><td>会話が短い</td></tr>
<tr><td>権威を利用</td><td>時間を意識</td><td>指導者になる</td><td>唐突な意見</td></tr>
<tr><td>早口</td><td>数々の業績</td><td>有能なところを
見せる</td><td></td></tr>
<tr><td>そっけない</td><td>直感に頼る</td><td>話題から離れない</td><td></td></tr>
<tr><td>まず自分の意見を
言う</td><td>問題を引き起こす</td><td>独立独歩</td><td></td></tr>
<tr><th colspan="4">Dタイプを管理するコツ
Dタイプを成長させるために助言するとしたら――</th></tr>
<tr><td>共感する</td><td>もっと質問する</td><td>論理的に決定する</td><td>少し気をゆるめる</td></tr>
<tr><td>ペースを
落として人の話に
耳を傾ける</td><td>相手を褒める</td><td>ボディランゲージ
を穏やかに</td><td>話しかけやすく
なる</td></tr>
<tr><th colspan="4">Dタイプが見返りに求めるもの</th></tr>
<tr><td>権限のある立場</td><td>細かいことからの
解放</td><td>権力</td><td>直接的な答え</td></tr>
<tr><td>大きな課題</td><td>柔軟性</td><td>期待の明確な定義</td><td>多少の特権</td></tr>
<tr><th colspan="4">ソーシャルメディアでのDタイプの傾向</th></tr>
<tr><td>投稿が短い</td><td>テーマ重視</td><td>仕事重視</td><td>攻撃的</td></tr>
</table>

DISC早見表――I「感化」

I タイプの人は相手にも正直、友好的で、ユーモアのセンスがあってほしいと願う。何よりも自分の業績を認めてもらいたい。			
「自分はIタイプ」と知るには：人から社交的、自慢屋、野心的、軽薄と言われるが、同時にユーモアのセンスがすばらしく、人に認められたい思いが強いと見なされる。			
I タイプの見分け方		**I タイプとうまくコミュニケーションをとる方法**	
発言	行動	I タイプが好むのは	こんな点に注意
相手を知りたい	顔の表情を活用	くだけたやり方	影響を与えようとする
頼むより命じる	無意識	リラックス	スポットライトが必要
聞くより話す	笑うのが好き	感情をことばにする	過大評価
脱線しがち／誇張しがち	集中が長続きしない	軽く考える	吹聴しすぎる
逸話を多用	温かく見える	詳細を書いたもの	拒絶に弱い
早口	話すときの距離が近い	人前で褒められる	説得しようとする
感情を分かち合いたがる	自慢しがち	ユーモアを用いる	
I タイプを管理するコツ I タイプを成長させるために助言するとしたら――			
時間を管理する	整理整頓	もっと分析する	
客観的になる	明確な結果を強調する	焦る感覚を養う	
I タイプが見返りに求めるもの			
人気	人前での称賛	温かい関係	
目に見える褒美	許可	詳細にこだわらないこと	
ソーシャルメディアでの I タイプの傾向			
自分語り	多少自慢する	見た目にこだわる	自撮り写真が多い

DISC早見表――S「安定」

<table>
<tr><td colspan="4">Sタイプの人は相手にも、人当たりがよく、協力的で、リラックスした態度を望む。</td></tr>
<tr><td colspan="4">「自分はSタイプ」と知るには：人から無感情、変化を嫌う、ゆっくりだが大きな支えになってくれる、人の話を聞くのがうまい、病人の扱いがうまいと言われる。</td></tr>
<tr><th colspan="2">Sタイプの見分け方</th><th colspan="2">Sタイプとうまく
コミュニケーションをとる方法</th></tr>
<tr><th>発言</th><th>行動</th><th>Sタイプが好むのは</th><th>こんな点に注意</th></tr>
<tr><td>理由を知りたい</td><td>人に意見を訊く</td><td>論理的</td><td>愛想がいい</td></tr>
<tr><td>命じるより頼む</td><td>友好的な状況を
好む</td><td>安心感を与える</td><td>変化に抗う</td></tr>
<tr><td>話すより聞く</td><td>くだけた状況を
好む</td><td>変化に時間を
求める</td><td>優先順位を
つけるのが苦手</td></tr>
<tr><td>ゆっくりで一定</td><td>我慢強い</td><td>重要な存在だと
認められる</td><td>期限を決める
のが苦手</td></tr>
<tr><td>打ち解けない</td><td>サービス精神の
持ち主</td><td>変化に時間を
かける</td><td>スポットライトを
嫌う</td></tr>
<tr><td>物静か</td><td>派手さがなく、
注目を求めない</td><td>まじめ</td><td></td></tr>
<tr><td>温かい</td><td>他人に寛容</td><td></td><td></td></tr>
<tr><th colspan="4">Sタイプを管理するコツ
Sタイプを成長させるために助言するとしたら――</th></tr>
<tr><td>変化を受け入れる</td><td>自慢を学ぶ</td><td colspan="2" rowspan="2">自分を信じ、意見を述べる</td></tr>
<tr><td>自己肯定</td><td>表現を学ぶ</td></tr>
<tr><th colspan="4">Sタイプが見返りに求めるもの</th></tr>
<tr><td>個人的な称賛</td><td>穏やかな関係</td><td>安全</td><td>適応する時間</td></tr>
<tr><td>幸せな関係</td><td>標準的な手順</td><td>まじめさ</td><td>聞く耳</td></tr>
<tr><th colspan="4">ソーシャルメディアでのSタイプの傾向</th></tr>
<tr><td>仲間について語る</td><td>非常にまじめ</td><td>感情を利用する</td><td>安定し、
頼りになる</td></tr>
</table>

DISC早見表――C「慎重」

Cタイプの人は詳細を知りたがる。相手にも正確で細部に注意を払うことを求める。社交は最小限。

「自分はCタイプ」と知るには：人から正確で細かいことにこだわると言われるが、ときに過度に批判的で、ネガティブで、細かいことにうるさいと言われる。内気だが、数少ない親しい関係を大事にする。

Cタイプの見分け方		**Cタイプとうまくコミュニケーションをとる方法**	
発言	行動	Sタイプが好むのは	こんな点に注意
やり方を知りたい	しなければならないことに集中	明確な期限	あいまいを嫌悪
命じるより頼む	非常に整然	信頼感の表明	事実を再確認したがる
話すより聞く	非常に綿密	誠実さの表明	他人を必要としない
過度に反応しない	正確で精密	如才ないが打ち解けない	調査を多くしがち
話す速さはゆっくり	時間に厳しい	正確であること	慎重
書いて答える	内心が読めない	高い水準	
詳細にこだわり、正確	正しくありたい	集中	

Cタイプを管理するコツ Cタイプを成長させるために助言するとしたら――		
人に寛容になる	グループでの活動を楽しむ	他人の限界を受け入れる
援助を求めることを学ぶ	他者の意見を受け入れる	

Cタイプが見返りに求めるもの			
明確な期待	事実確認	輝くチャンス	明確な仕事の概要
プロ意識	すばやい変化は求めない	個人の自主性	

ソーシャルメディアでのCタイプの傾向			
記述が細かい	写真が完璧	投稿記事が長い	大量の事実を述べる

自分のおもなコミュニケーション・スタイルの強みと弱みがわかったら、「弱み」にとくに注意を向けてもらいたい。自分のスタイルのどんな点が、親しくなりたい相手を遠ざける危険をはらんでいるのか？　次にもうひとつ課題に挑戦してみよう。

これからの数日間、人と協力して何かをなしとげたときと、人と衝突したときを意識する。その直後（つまり、それらを経験したすぐあとで）自分のコミュニケーションの傾向の何が成功に役立ち、何が不和を生んだのかを考える。きっと自分に関する小さな発見があって、心のなかで「ああ、だからあの会話が言い争いになったんだ」とか、「だからあのメールで期待した反応が得られなかったんだ」とつぶやくことになるだろう。

人とのやりとりで自分がどう行動しているか意識するようになったら、**次のステップは自分の行動をもっとうまくコントロールすることだ。**他者とのあいだに摩擦を生みやすい傾向があることがわかれば、その荒削りの部分を丸くすることができる。Dタイプの人間である私は、人と接するときに過度に直接的で唐突な態度をとってしまう。昔は腹の立つメールを受け取ると、すぐ返信して自分の真意を伝えたものだ。そんな行動は相手を苛立たせた。その結果、こちらの要望にしたがってくれる可能性が減り、心の距離を置かれてしまった。

そこで私は、挑発的なメールを受け取るたびに深呼吸して、自分を抑えることにした。「クリス、立ち上がって席をはずすんだ」と自分に言い聞かせる。しかし、私にそのやり方は効かず、メールに対する苛立ちが募るだけとなった。次に別のやり方を試してみた。**挑発的なメールを受け取ったときには、その瞬間の怒りにまかせて書きたいように返信を書くが、送信するまえに一度その場を離れることにしたのだ。**こちらはうまくいった。感情を吐き出しはするものの、典型的なDタイプの反応はしなかったのだ。少し時間を置いて、送ろうとしていたメールを再読すると、たいてい内容の九〇パーセントは書き直すことになる。

　コミュニケーションのタイプがちがう人への対応でも、同じことをすればいい。どんな感情を引き起こされたとしても、いったんそこから離れる方法を見つけ、ついしてしまいそうになる基本的なコミュニケーションの行動を避けるのだ。

　たとえば、**Iタイプの人は、会話の流れのなかで自分がどう感じ、何を考え、どう反応するかを話しすぎて、相手を遠ざけてしまうかもしれない。この荒削りの部分をなめらかにするために、一歩下がって自分を抑え、相手の話を積極的に聞く練習をする。**次に何を言うか考えたくなる衝動に抗って、相手の言っていることに（必要なら何度でも）注意を集中させるのだ。メッセージやメールではなく、実際に相手に会うか電話で話す場合には、その場を離れることはできないかもしれない。気持ちを落ち着かせる時間が必要だとか、休憩したいと相手に伝え、そのあとまた会話を続けよう。

　Sタイプの行動をとりがちな人は、受動攻撃的な反応が問題になるかもしれない。次に誰かとのあいだに対立が生じたら、**一歩引いて、Iタイプの人と同じように相手の話を積極的に聞く練習をしよう。その際には、議論に勝とうとするのではなく、相手のものの見方を理解することに**

力を入れる。 Sタイプの人はきわめて人間本位なので、誰かとのあいだに問題が生じただけでよく動揺してしまう。守りに入らないようにするのもむずかしく、結果として相手のものの見方を理解できないことが多いのだ。感情的な反応を抑え、相手の立場から、何を言っているのかを本当の意味で「理解する」こと。

Cタイプの人がほかの誰かと対立すると、**相手のしたことが気に入らない理由をくどくどと説明しがち**だ。理由をすべて並べれば、論理の純粋な力で議論に勝つと思うからである。誰かと対面か電話で会話をしているなら、**あえて数分休憩をとって、感情にとらわれないようにする**とい い。会話に戻ってからは、**自分から話すより積極的に聞き役になる**こと。いつものように事実を並べ立てそうになったら、自分を抑え、深呼吸して、また聞くほうに集中する。メールやメッセージでも事実を次々と書き加えそうになったときには、同じようにする。

> 自分のおもなタイプのせいで相手に嫌われる行動をとってしまいがちな状況を、具体的に三つ考えてみよう(会話や、ある種のメールやショートメッセージを受け取る状況など)。そのそれぞれの状況で、自分のタイプの弱点を穴埋めするのに有効な戦略を考える。そこから数日は、その戦略を用いて結果を見てみよう。

ここで重要なのは、**自分のおもなコミュニケーション・スタイルの弱点について考える習慣をつけること**だ。そうすれば、それをつねにその場で正すことができる。人とのやりとりでもっと注意深く行動し、それが自然とできるようになるには、時間をかけて練習するしかない。外国語を学ぶのに似ているかもしれない。何週間も、もしかしたら何カ月も、日々集中して取り組まなければならないのだ。ヒューマン・ハッキングの達人になる道は険しい。

他人をDISCで診断する

自分のコミュニケーションの傾向をコントロールできるようになったら、次はDISCを他者に用い、相手の要求に合わせたコミュニケーションをとって、さらに対応能力を高めることができる。重要な会話をするときや、重要なメールや手紙を書く必要があるときには、相手についてDISC分析をおこなって準備しておくといい。わが社では、社員全員が入社時に正規のDISCのテストを受け、その結果を誰もが見られるようにしている。私は社員との大事な会話のまえにその人のタイプを確かめ、それをもとに会話の流れを決める。あなたも人生で重要な人について同じことができる。さきほどのDISC早見表を使ってほしい。これまで説明してきたDISCのタイプにもとづいて、重要な会話をするまえには相手が――配偶者であれ、ティーンエイジの子供、同僚、大家であれ――どんなコミュニケーションの傾向を持っているのかをよく考えよう。四つのタイプのうち、多少の差異はあっても、相手がおもにどれに属するかはわかるのではないだろうか？

相手のタイプがわかったら、DISC早見表を使って、意図や要望を見きわめよう。たとえば、

Dタイプの人にSタイプ向けの話し方はしたくない。Dタイプの人は率直に話し、結果を重視してほしいが、Sタイプの人はもっとリラックスした気軽な調子で自分に合わせ、自分を認めてほしいと思うはずだ。あらかじめ準備すれば、そうしたちがいを念頭に置いて、言うべきことを考えられる。Sタイプの人と話すつもりなら、重要だと自分が思う理由を（もちろん正直に）述べる。いきなり本論に入ったりせず、会話に時間をかけること。意見を述べるときには過度に興奮したり、熱をこめたりしない。相手の話に注意深く耳を傾け、相手の言うことを認めるのだ。

私の受講生のブラノンが二〇一三年に講座をとったときには、DISCということばすら聞いたことがなかった。自分のタイプの説明を読んで鳥肌が立ったそうで、そのときのことを思い出して、「自分自身にさえ認める準備ができていなかったことが書いてあって、ショックを受けました」と言う。教室内を見まわすと、「どの列のどの人も分析結果にまったく同じ反応をしていた。本当にびっくりで、信じられない経験でした」自分がDとIタイプにもっとも近いと知って、それまでの人生でずっと「瀬戸物屋にまぎれこんだ牡牛」〔訳注／傍迷惑な乱暴者〕だったことに気づいたそうだ。

当時、ブラノンは結婚生活に問題を抱えていた——妻と言い争いが絶えず、互いに腹を立てていた。しかし、DISCについて学び、妻が自分とはまったくちがうタイプであることに気がついた。妻はSにもっとも近かったのだ。そのことについて話し合ってみると、軋轢のほとんどがコミュニケーション・スタイルのちがいに由来することがわかった。Sタイプの妻は真っ向から立ち向かわれるとひるんでしまうが、ブラノンはそういうやりとりを好んだ。問題が起きると、妻は平和的な解決を望んだが、ブラノンのほうはなんらかの解決に達するまで侃々《かんかん》諤々《がくがく》と議論したい人間だった。妻のコミュニケーション・スタイルを理解したブラノンは、妻が会話を短く切り上げたがっているときには、それとわかって尊重できるようになった。ふたりは結局別れることになったが、互いのコミュニケーションのタイプを理解したことで、親として共同で子供たちを育てる関係は良好になった。「彼女を怒らせたようなことについても、いまは感情的にならずに話せるようになった」とブラノンは言う。「彼女がぼくを怒らせていたことについても。だから、いろんなことがずっと楽になりました」

　あまりよく知らない人や初対面の人とやりとりするときにも、DISCは役に立つ。DISCを使っていると、「Cタイプがとりそうな」行動や「非常にIタイプらしい」行動に気づくはずだ。たしかに科学的分析ではなく、まちがっていることが多い表面的な結論にすぎないが、そんな結論もときには当たる。よく知らない人とのやりとりでは、表面的な結論であっても、その人について見当もつかないよりはましだ。少なくとも、多少の手がかりにはなる。相手のことや、好みのコミュニケーション方法がわかってきて、途中でこちらの態度を変える必要が生じたとしても、そのように調整すればすむ。相手の大まかなタイプを手早く知るには、DISC早見表を参照してほしい。

　練習を積めば、出会った人をすばやく分類し、それに合った言動ができるようになる。それを習慣づけるために、会話のすぐあとでメモをとるといい。相手の言動から、どれに分類するのがいいだろう？　相手は詳細を多く語りたがるか？　直接的か？　自分のことばかり話すか？　自分のことをあとまわしにするほどに相手に注意を向ける人か？——などなど。ここでも、積極的に聞くことがとても重要だ。これはいくら強調してもしすぎることはない。

ＤＩＳＣを使いはじめてまもなくは、会話中に誰かを分類しようと考えないほうがいい。できるだけ注意深く耳を傾け、すべてを吸収し、相手の話に全神経を集中させる。会話が終わったら、時間を取って、聞いたことを思い出し、まだ記憶が新鮮なうちに分析する。やがて、わざわざ数分をかけて考える必要がなくなる。会話が終わるころには自然に心のなかで分析しているはずだ。そしてさらに練習を積めば、積極的に耳を傾けながら、会話中にすばやく意識せずそれができるようになる。

誰かに話しかけたときに、その人の心に訴えるものと訴えないものが何か、即座にわかると想像してみてほしい。即座の分析はまちがっているかもしれないが、たとえ二〇パーセントか三〇パーセントでも正しく評価できたなら、大きなちがいとなる。私は出会って数秒でその人のコミュニケーションのタイプを判断し、それがそこそこ当たるという域に達している。たとえば、侵入を試みる企業本部の受付に近づくときには、受付係の挨拶のしかたや机の上にある写真、ボディランゲージなどから、コミュニケーションのタイプについて仮説を立て、それに合わせて自分の言動を組み立てる。効果は驚くほどだ。**まえもってオンラインでその受付係のソーシャルメディアへの投稿を見ておけば、もっと正確な仮説が立てられる。**それを次の課題にしよう。

好きな有名人三人のツイッター・アカウントを見つけて、投稿をじっくりと検証してみよう。彼らのコミュニケーション・スタイルについて何がわかるか？　たとえば、ビル・クリントンの投稿は典型的なインフルエンサーだ。自分について一人称で多くを語り、自分の好きな人についてもさかんに語っている。総じて彼の投稿はエネルギッシュで熱意にあふれ、「にぎやか」だ。また、ＤＩＳＣの四つのタイプのそれぞれについて、この章で取り上げなかった有名人を五人あげられるだろうか？

そして、さらなる練習課題。

すばやくＤＩＳＣ分析をする練習として、人の多い場所へ行き、人物観察を一時間する。いくつかの集団を観察し、どの人がどのカテゴリーに入るか見きわめよう。

まとめ

中国の哲学者で道教の創始者である老子は言った。「人を知る者は智なり、みずからを知る者は明なり」[6]。この章ではみずからを知り、相手を知ることで、明と智の両方になることについて説明した。おわかりいただけると思うが、コミュニケーション・スタイルの分析は、完全に習得すると驚くほどの力を発揮し、ヒューマン・ハッキングにかかわるすべての基礎となる。ＤＩＳＣを用いる悪党はまずいないだろうが、彼らは彼らなりのすばやく邪悪な分析でターゲットを選び、接近を試みるのだ。テロリストのネットワークは、ソーシャルメディアをあさって、西欧諸国の政府を敵視している人々を探すことで知られる。とくに、ある種の幻滅や怒りを抱えていたり、特定の感情を抱いていたりする個人を見つけようとする。過激主義者はことば巧みにそうした人々を仲間に引き入れる。誘いに乗りやすいのは若者たちだ。うわべだけの共感者がどれほどすぐれた技を持っているか、若者には見当もつかないからだ。

こうした分析は今後ずっと人間関係や人との交流の質を向上させるのに役立つ。誰を分析するのであれ、基本的に、人とのやりとりで意識しがちな「自分、自分の必要、望み」から「相手」へと注意を向けさせてくれるからだ。おそらく人生で初めて、やりとりする相手や、彼らの会話のしかた、受け取り方について深く考えようと懸命に努力することになる。相手への共感を高めることで、自分だけでなく相手のやり方でもつながりを持てるようになるのだ。

ヒューマン・ハッキングに共感は欠かせない。これから見ていくように、共感は分析よりはるかに強力だ。詐欺師や、セキュリティの専門家、その他のプロのヒューマン・ハッカーは、共感を利用して最初から会話を組み立て、ターゲットを望みどおり動かそうとする。デスクで仕事をしているときに、知らない人から電話がかかってきて、「私のことはご存じないでしょうけど、この番号の口座に五〇〇ドル電子送金してください」と言われたら、送金はしないだろう。しかし、電話の相手が電力会社の人間と名乗り、電気料金の請求書の支払い期限が来ていて、一時間以内に五〇〇ドル払わないと電気を止めると言ったら、払ってしまうかもしれない（電話をかけてきた人の番号を見て、電力会社の番号からかかってきているようだったら、なおさらだ）。この手の詐欺はきわめてよくある。[7] 電気を止められることを不安に思う人が多いので、うまくいくのだ。それを詐欺師は知っていて、共感を悪用し、あなたと会話を続けるために、その知識を説得力のある「背景設定」へと発展させる。逆に言えば、こうした初期の手順を習得しないと、友人を作ったり、人に影響を与えたり、望みのものを手に入れたりするのは非常にむずかしい。相手のポジティブな反応を引き出し、あなたともっと深くかかわりたいと思わせるために、巧みな会話を始める方法を見ていこう。

2 必要な役柄を演じる

人とのやりとりを成功させる状況や「背景設定」を生み出す

「誠実さこそ人間関係の鍵」とコメディアンのリチャード・ジェニは言った。「誠実そうに見せかけることができたら、こっちのものだ」[1]。相手に影響を及ぼして望みのものを手に入れるには、もっともらしく説得力のある「背景設定」を考えて、会話で要求し、その設定に添った「役柄」をミスなく演じると効果絶大だ。言い換えれば、ターゲットに脅威を与えず、好意すら抱かせるやりとりをする方法を、最初から考えておくということだ。

厳重警備の倉庫に忍びこんで、セキュリティの脆弱な入口の動画や写真を撮ってくるという仕事を請け負ったことがある。別の機会には、そうした入口からなかに忍びこんで倉庫に保管されている貴重な商品を盗めるかどうかやってみた。

「厳重警備の倉庫」と私が言うときには、最大限の警備の刑務所に近いものを想定している。着色防弾ガラスの扉に近づき、ブザーを鳴らすと、監視カメラの映像を見ていた誰かが身分証の提示を求める。その関門を通り抜けても、次の関門、床から天井までの金属製のマントラップ装置がある。地下鉄の改札でときどき見かけるタイプの装置だ。マントラップ装置のなかに入ったら、警備員にバッジでロックを解除してもらい、装置をまわして反対側に出る。次に金属探知機があり、その次にまた警備カウンターがあって、そこで政府発行のＩＤを提示すると、来訪者用のバッジがもらえるのだ。

私がいったいどうやってそのセキュリティの関門すべてを突破したか？　ゴミによってだ。私たちはグーグルマップのストリートビューを使って、倉庫の裏にウェイスト・マネジメント社製の大きなゴミ圧縮機があるのを見つけた。同社のウェブサイトにあった圧縮機の画像と見比べ、倉庫に備えられた圧縮機の正確な型番も突き止めた。ウェブサイトに載っている仕様をダウンロードして、その圧縮機に関する専門知識を蓄えた。それからウェイスト・マネジメント社のロゴ入りの制服を着て帽子をかぶり、バッジをつけ、大きなクリップボードを持った。

倉庫の外側の扉のまえに立つと、自分はウェイスト・マネジメント社の者で、ゴミ圧縮機について倉庫の管理者と話をしに来たと告げた。警備員はロックを解除して入れてくれた。マントラップ装置に達すると、警備員が、管理者となんの話をするのかと訊いてきた。私はゴミ圧縮機のモーターの一部がリコール対象になっていると答えた。モーターの製造番号を確かめてリコールの必要があるかどうかを伝える必要がある、と。警備員が私を入れるかどうかためらう様子を見せたので、私は、代わりに製造番号を確かめてきてくれてもいい、それでもぜんぜんかまわないと言った。警備員は装置のどこにモーターがあるのかわからないと答えたので、私は場所を説明してもいいし、自分で裏に行って——五分ほどで——確認することもできると言った。警備員は私を通してくれた。

次に金属探知機を通り抜けて警備カウンターに近づいた。政府発行の身分証が必要なのはわかっていたが、自分の身分証には本名と住所が載っているので使いたくなかった。提示を求められると、私はがっかりした顔を作って、車に財布を置いてきてしまったと言った。「このくらいに膨れた財布なんだけど、分厚すぎて腰が痛くなるくらいでね」

それを聞いて警備員は笑ったが、断固として言った。「政府発行の身分証なしには入れませんよ」

私はまごついたふりをして、ゴミ圧縮機を五分ほど点検するだけなのに、もう一度あれだけの関門をくぐり抜けることなどできないと言った。それから、いい考えが浮かんだふりをした。「ああ、そうだ。ウェイスト・マネジメントの社員証ならここにあります。写真も生年月日も、私についての情報はみんな載ってる。これでどうですか？」

警備員はうなずいて言った。「ああ、ええ、これだったら免許証と同じようなものだから、使えます」それからの一〇分、私は倉庫内をうろつきまわり、商品を盗むために侵入できる警備の甘い入口の映像や画像を撮った。それを終えると、警備の関門へ戻り、「だいじょうぶでした」とにこやかに言った。「おたくの機械の製造番号は該当しませんでしたよ。だからだいじょうぶ、リコールの必要はありません」そんなふうにして、私と会ったことで気分がよくなった警備員たちを残して去った。彼らは潜在的な問題を避けて会社に貢献したという思いになったのだ。「わざわざ来てくれてありがとう」と言った。「感謝します！」

私はこの小売業者の七つの倉庫で同じ方法を用い、毎回なかに入ることができた。成功の理由は、施設に入るための「背景設定」がうまくできたからだ。倉庫に入る非常に理にかなった理由があった——私は緊急の任務を帯びたウェイスト・マネジメントの社員で、その任務は相手の利益になり、身につけているもののすべてがウェイスト・マネジメントを示していた。これでどうしてなかに入れない？

背景設定と犯罪心理

ここでいう**「背景設定」とは、目的達成の可能性を高めるために、会話の状況やきっかけを作り出すことだ。すなわち、人とある種のやりとりをする正当な理由、説明、あるいは言い訳を示すことである。**また、そのやりとりのあいだ、ある役柄を演じることになる。相手からポジティブかネガティブな感情を引き出すことで、背景設定は効果を発揮する。マルコム・グラッドウェルは、著書『トーキング・トゥ・ストレンジャーズ「よく知らない人」について私たちが知っておくべきこと』（光文社）のなかで「トゥルース・デフォルト理論」を説いた——「私たちは基本的に目のまえの相手が正直であるという前提のもとに行動する」という考え方だ。[2]うまい背景設定は、この前提を損なわず、相手の不安や懸念を和らげ、愛情や幸福感や満足感のようなプラスの感情を引き出しさえする。基本的な信頼感があるので、相手はあなたの要望に進んで——ときには喜んで——応じてくれる。逆に、背景設定のできが悪いと、不安や怒りなどのネガティブな感情を引き出し、相手の批判的思考能力を活性化してしまう。ポジティブな感情の流れにまかせて応じる代わりに、疑い深くなり、応じるべきでない理由を考え、その疑いに根拠がないことを証明するよう求めてくる。グラッドウェルが書いているように、「説明がつかなくなるほど疑いや不安が高まって、そこでやっと私たちは信じることをやめる」[3]のだが、できの悪い背景設定は、信じまいとする気持ちの「きっかけ」になるのだ。

詐欺師もペテン師もハッカーもみな、背景設定が人々を納得させることを知っている――それこそが彼らの商売道具なのだ。テキサスのウェスト・ユニバーシティ・プレイスで、ひとりの男が市の水道局の人間を装って住民のドアベルを鳴らした。その男がベルに応じた住人と会話をし、ある種のラポート（これについては次の章で考察する）を築いているあいだに、別の悪党が家に侵入し、つかめるだけのものをつかんで盗んだそうだ[4]。これこそ背景設定が功を奏した例と言える。「親切な水道局の人」という役柄は、ドアを開けさせ、たわいもない会話を数分間続けさせるという悪党の計画にまんまと乗る理由になるのだ。

背景設定は電子の世界にもある。あるどころか、オンライン詐欺が横行している現在においては顕著だ。香港で、ハッカーがある男性の妹のメッセンジャーアプリのアカウントを乗っ取り、妹のふりをして兄にメッセージを送って、バーチャルゲームのポイントを購入するよう説得した。それを高値で転売すれば楽に金儲けできるというのだ。そのとき唯一大儲けしたのは、ほんの数時間で五万五〇〇〇ドルを手にしたハッカーたちだった[5]。同様に、セント・ローレンス・カレッジの学生の両親に対して、大学職員を装い、割引するので学費を早期納入してくれとメールした詐欺師もいた。術中に陥った親たちは、金を失うことになった。
最初の例では、犯罪者は被害者の懐事情を気にかける親切で愛情あふれる妹を偽装した。もうひとつの例では、メールで魅力的な提案をする親切な大学の事務職員のふりをした。[6] どちらの偽装も、疑いを抱いていない被害者に望みどおりの行動をとらせるのに必要な理由になり、結局、被害者は金を失うことになった。
おそらく史上最大の偽装犯罪者は、「アメリカ最大の詐欺師」、「エッフェル塔を二度売った男」として知られるヴィクトール・ルースティヒだろう。少なくとも、ヴィクトール・ルースティヒという名前だと思われる人物だが、本当のところは誰にもわからない——四七もの身分を使い分けていたからだ。一九二〇年代なかば、ルースティヒはフランス政府高官を装い、フランスの屑鉄産業のトップ企業に対して、政府がエッフェル塔の解体を計画しており、解体作業の入札をおこなう予定だと告げた。貴重な屑鉄に関するインサイダー取引を持ちかける政府高官に扮したわけだが、相手にとっては完全に理にかなった魅力的な背景設定だった。屑鉄会社の人間はだまされて入札し、なかにはエッフェル塔に対して七万ドル以上支払った会社もあった。詐欺が明らかになると、被害者は「恥ずかしすぎて警察に通報できなかった」らしい。この成功に気をよくしたルースティヒは、捕まることなく、再度詐欺を試みることになった。[7]
この詐欺事件をよく見ると、「背景設定」をするうえでの重要な真実が明らかになる。話す内容だけでなく、ふるまいも重要ということだ。相手をだます背景設定には態度も含まれる——穏やかに見えるか、ビクビクして見えるか、満足しているか、悲しげか。会話を交わす場所や目的、演じている役柄や想定している身元に真実味を与える「小道具」なども大切になる。ルースティヒはエッフェル塔の詐欺で、ただ被害者に連絡して身分や要望についての法螺話を聞かせただけではなかった。名前入りの文具を作り、「正規のフランス政府の印章」も持っていた。屑鉄企業のトップたちをフランスの高級ホテルでの会議に招いたが、それは多くの人脈を抱える政府高官がやりそうなことだった。また、ことば遣いからも、その案件に通じている官僚らしさが伝わるようにしたと言われる。たとえば、「技術的なミスと、修理に費用がかさむこと、それにここではお話しできない政治的問題があって、エッフェル塔の解体が必須となったのです」と言った。[8] とくに「ここではお話しできない」というフレーズに注目してもらいたい。機密事項に関して慎重な役人がいかにも使いそうな言いまわしだ。ルースティヒの背景設定には、こうしたすべての要素が含まれていた。同様に、先ほどの私の背景設定にも、会社の制服から社員証、倉庫の警備員にした専門家らしい説明など、すべてが含まれていた。

ことばによる説明がいっさいなく、行動と小道具だけの背景設定もある。一九三五年、ルースティヒは逮捕され、マンハッタンの連邦拘置所に収監された。当時「脱獄不可能」とされていた施設である。たしかに脱獄は不可能だった——ほかの囚人たちにとっては。ルースティヒはベッドシーツを結んで長いロープを作り、独房の窓から抜け出して、建物沿いに下へおりはじめた。敷地内にいた人々はそれを見てぽかんとしたが、ルースティヒは手に持っていた雑巾を誇示して窓の掃除人を装った。雑巾とそのときの位置が（会話ではなく、建物の脇にへばりついている様子が）傍観者を納得させたのだ。ルースティヒは地面に達すると、お辞儀をしてその場をあとにした。法執行機関がふたたび彼をつかまえるのには一カ月かかった。その後、ルースティヒは彼のような犯罪者を収容するために建てられた刑務所、アルカトラズに移送された。

日々の背景設定のテクニック

ルースティヒの離れ業を見ると、法を遵守する一般市民には、そうした「背景設定」はあまり関係ないように思えるかもしれない。たしかに、ふつうの人が家族や同僚や隣人を望みどおり動かすために、私のようにまったく新しい偽の身分を手に入れることはないだろう。そして良心の呵責もなく身近な人から何かを奪い取ろうと、嘘の口実を考えることもないはずだ。法律学者は、弁護士や警察が情報を得るために身分を偽ることは欺瞞であり、非倫理的だと目を光らせてきた。ある学者は、『身分詐称：必要な結果を得るために必要な手段か？』と題した論文で「法制度や法にまつわる仕事では、情報を集めるために不正で欺瞞的な手段を悪用する可能性がある」と指摘して、身分詐称に強く反対した。[9] 連邦取引委員会も同様に、身分詐称は本来的に不正な犯罪行為であると定義している。「身分詐称行為とは偽の身分を用いて誰かの個人情報を得ることである。詐称者がその人の情報を誰かに売れば、信用買いに名前を使われることになったり、本人が資産を盗まれたり、捜査や訴訟の対象にされたりするかもしれない。身分詐称は法に反する行為である[10]」。

「目的は手段を正当化する」と考える法律の専門家もいるが、そうした観点から詐称を正当化するよりも、日常的な状況における偽装——背景設定——とは、基本的に嘘をついたり、偽ったり、演技をしたりすることではないと主張したい。私がウェイスト・マネジメントの人間を装ったときには、真っ赤な嘘をついたわけだが、そのときには（いつもそうだが）クライアントとのあいだにあらかじめ、ある種の嘘も許容するという取り決めを結んで役柄を演じていたのだ。日常生活での背景設定で、そんなふうに相手をだますことはぜったいにないし、その必要もない。日常生活のなかの背景設定では、会話を都合よく運ぶために「真実を一部だけ明かす」方法をとる。それで相手とのあいだにすばやく関係を築くことができるのだ。アイスクリーム店のオーナーだったら、近くにオープンしたばかりの人気の競合店に客を装って偵察に行くといった単純な設定もありうる。あるいは、新しい町に引っ越そうと考えていて、そこの学校の本当の評判を知りたい場合、不動産屋に電話して、「そちらの地域へ引っ越そうと思っているんですが、いくつか教えていただきたいことがありまして」と訊くこともできる。

アイスクリーム店のオーナーが近所の新しい店に行くいちばんの目的は、アイスクリームを買うことではない。競合店の偵察をしたいのだ。しかし、アイスクリームの代金は払うのだから、客にはちがいない。不動産の場合も、翌週物件を見に行くことはないかもしれないが、そうした問い合わせも、家を購入するプロセスの一部であるのは確かだ。つまり、背景設定はまったくの嘘ではなく、真実をもとに本物らしさを表すことなのだ。背景設定をどこまでやっていいか疑念が湧いたときには、憶えておいてほしい——「相手があなたに会えてよかったと思うようにする」こと。背景設定が真実からかけ離れすぎていて、相手がなんらかの理由で不信感や不安を抱くのなら、その手は使わないことだ。

私たちは四六時中、毎回ほとんど認識もせず、そのときどきの状況に自分を合わせて「役柄」を演じている。心理学においても、私たちの行動を決めるのは個人の性格か、それともその場の状況かということが長く議論されてきた。どちらも関係するように思われる。特定の性格が行動に反映されるのは確かだが、状況が合えば、いっそうそれが顕著になるのもまちがいない。そうした一部の性格（たとえば、社交好きな一面や、有名になりたい一面）を行動に反映させるために、状況にうまく自分をはめこもうとすることすらあるかもしれない[11]。コルビー・カレッジの心理学部教授クリストファー・ソトが書いているように、「どんな場合でも、人の行動はその人の性格と状況を反映する。そのとき抱いている思想や感情や目的にも影響される[12]」。

会話の背景設定では、私たちは必要に合わせて自分の性格のある面を強調する。私の娘が何かまちがったことをしたら、私は「しつけに厳しい父」を演じてじっくり説教をするかもしれない。大人である従業員と問題が生じたり、妻や親友とのあいだの問題を解決したりする場合には、厳しい父親の役柄を演じるわけにはいかない。相手は侮辱され、貶められたと思うだろうから。私は「共感力のある上司」か、「苛立ってはいるが思いやりのある配偶者」か、「心配している親友」の役柄を演じるだろう。どの状況においても私は同じ人間だが、目的を果たすためにそれぞれちがう側面を表に出している。

私たちはそうした異なる役柄を無意識に演じている。背景設定によって、誰かとのやりとりで望みがかなえられると感じるからだ。たとえば、老母の健康がすぐれず、介護施設に移す資金を捻出するために、とくに仲よくもない妹とむずかしい相談をしなければならないとする。「月末までに一万ドル出してほしいから話がしたい」という調子で切り出したり、長い一日の仕事で妹がストレスを感じ、疲れているときに、混んだ騒がしいバーで会ったりすれば、話し合いはうまくいかないかもしれない。「月末までに一万ドル出してもらいたい」ということばを耳にして、妹はネガティブな感情を抱くのではないか。たとえば、不安（「そんな金額をすぐにどうやって捻出しろというの？」）、拒絶（「そんな大金を出せと頼むなんて何様のつもり？」）、疲れ（「また私が対処しなきゃいけないの？　すでにストレスでいっぱいなのに！」）、怒り（「どうしてみんな私にお金を出せと言ってくるの？」）などだ。反発心に火がつき、ありとあらゆる理由をつけて金を払う余裕も義務もないと言ってくるだろう。しかし、妹に電話して、「最近話してないけど、母さんのことが本当に心配なんだ。どう世話するのがいちばんいいか、いっしょに考えなきゃならない」と言い、彼女が好きな静かな場所で週末にランチをしないかと提案すれば、そういうネガティブな感情は湧かないし、反発心がすぐさま顔を出すこともないはずだ。最終的に一万ドル出してもらえる可能性も高くなる。

会話の背景設定をすれば、ことばに出さなくても四つの重要な疑問に答えて、相手から感情を引き出すことができる（答えられなければ、逆の感情が引き出される）。すでに述べたが、他者とやりとりを始めるときに誰もが抱く疑問だ――この人は何者？　何が望み？　このやりとりはどのくらい続く？　この人は脅威となる？

もちろん、状況によっては、すでに答えが出ている問いもある。先ほどの妹の場合、あなたが何者かはわかるし、脅威とならないこともわかっている。しかし、それ以外の質問の答えはまだわからない。あなたの背景設定が適切でなかったら、妹の心に不安や疑念などのネガティブな感情が生まれる。会ってすぐさま一万ドルを要求すれば、彼女のライフスタイルに脅威をもたらす人物と認定されてしまうかもしれない――金を要求しているのだから。もし過去に、金について長くつらい会話をしたことがあり、今回すぐに金を要求されれば、妹はまた長く苦痛に満ちた会話が続くのではないかと不安になる。しかし、母親を心配しつつ、最適な介護の選択肢を見つけたい家族としてその状況に臨めば、脅威と見なされることはないはずだ。妹は不安の代わりに、愛情や感謝や信頼の思いを抱くかもしれない。

ほとんどの人はあまり会話の背景設定を考えない。状況によって自分のちがう一面を見せるとしても、望みを果たすために戦略的にそうしているわけではない。結果として、それが役に立たない場合でも特定の役づくりに頼る習慣ができてしまう。たとえば、誰しも家でしつけの厳しいパパやママの役柄を演じるのに慣れているので、同僚や友人にも同じ態度をとってしまう。学校で愉快な友人の役柄を演じていると、職場の上司など、目上の人に対してもそのまま同じ話し方をしてしまう。

習慣になった演出や、それにともなう役柄や身分がうまくいかなかったときには、失敗を相手のせいにすることが多い。妹とのやりとりで望んでいた一万ドルが得られずに終わったら、「理不尽だ」、「わかってくれない」、「どこまでも嫌なやつ」と不平をこぼす。もしかしたら、妹は本当にひどい人間なのかもしれないが、あなたの背景設定が役に立たず、適切でなかった可能性もあるのだ。同じ設定でも、それにふさわしくない状況でおこなうと、私たちは失敗に直面して、「すまない。私はこういう人間だということだ。これが性分だから」と投げ出しがちになる。いや、あなたはそういう人間ではない――それはあなたの性質の一部でしかないのだ。努力すれば、具体的な状況で自分のちがう面を活かし、戦略的にうまく設定して相手に影響を与え、望む結果を得ることもできる。悪いハッカーはつねに邪悪な目的のためにそうしている。もっとポジティブで善意に満ちた方法で実践できないはずはない。

今夜眠りにつくまえに、その日に会った大勢の人とのやりとりについて思い出してみよう。あなたはいくつのちがう役柄を演じただろうか？　子供の心配をする親、愉快な友人、厳しくて容赦のない上司？　不安に駆られた隣人、満ち足りた愛情深い配偶者、好奇心に満ちた学生？　頭のなかにそれらを並べ、おのおのの役柄が自分にとってどれだけ効果的だったか考えてみる。**ある状況にふさわしい役柄を、別の状況ではあまり役に立たないとわかっていながら無意識に使っていないだろうか？**

最近誰かに何かを頼まれて、了承した場面を思い出そう。それから、人の頼みを断った別の場面を。相手はそれぞれの状況でどんな役柄を演じていただろう。どうしてそれが効果的だったのか――もしくは効果的でなかったのか？

正面から嘘をつくわけではないにせよ、戦略的に背景設定をするのはやはり悪いことだと気が咎めるかもしれない。しかし、家族や友人に対して自分を偽れと言っているわけではない。自分のことばにもっと注意を払うことは、自分を偽ることとはちがう。「あなた」を表に出すのは変わらないが、どの部分を出すかということに多少慎重になるだけだ。道徳的な人なら、人を操ろうとはしない。「操る」とは、相手をだますか、無理やりこちらの望みにしたがわせて相手に損失をもたらすことだ（第6章を参照）。それよりあなたの提案をもっと魅力的に見せ、相手の望みもかなえることによって、こちらの望みに応じてもらうほうがいい。よく考えずに会話を進め、みんなを苛立たせ、嫌な気分にしていることがどれほど多いことか。ほんの少し考えて、戦略を取り入れ、他者とのやりとりを快適で生産的にするほうが、ずっと賢明で望ましくはないだろうか？

たとえば、廊下で上司が近づいてきて、厳しい口調で「明日三時にミーティングよ」と言ったとする。何かあったのかと訊いても、上司はなんの打ち合わせかも、どうしてそれほど緊急なのかも教えてくれない。不安をあおってあなたを操ろうとしているのではないかもしれないが、上司のその「背景設定」はひどい。あなたは嫌な予感に捕らわれ、そこからの二四時間、自分は何かまちがったことをしただろうか、解雇されるのではないかと思い悩んですごす。上司がこう言っていれば、ずっと簡単で親切だったはずだ。「ねえ、先週の顧客訪問でいくつかちょっとした課題をもらったの。重大じゃないけど、それについて明日の三時に話しておきたい」これならあまり不安にもならず、実際のミーティングに向けて心の準備もできるだろう。上司が何を言うにしても、あなたはポジティブな反応を示し、上司の希望どおり協力する可能性も高くなる。

会話を始めるときの背景設定は、温情のある生産的なものになりうる。「時間をかけて、相手の感情が求めるものを考える」からだ。前章で述べたように、たいていの人は自分が得るものを考えながら会話を始める。だが、設定に説得力を持たせるには、共感力を発揮し、想像力を働かせて相手の気持ちを汲み取り、それに合わせて設定を調整しなければならない。上司だったら、部下との力の差を考慮して、「明日三時にミーティングよ」という謎めいたメッセージを残すことは避けるはずだ。それが部下の心に不安を引き起こすことは想像すればわかるからである。もっと多くの人が、口を開くまえに相手の感情や要求や望みについて考えればいいのにと思う。そうすれば、世界はもっとやさしい場所になり、私たちみんなが望みをかなえる可能性も高くなる。

プロさながらの背景設定には準備（PREPARE）が必要

会話の背景設定やその働きを理解したところで、実践方法を説明しよう。これまでずっと私は自然に会話の背景設定をしてきた（成功しているハッカーや詐欺師も似たような経験をしていると思う）。子供のころでさえ、無意識に会話の始め方を考え、相手やその要求、望み、気持ちを考慮に入れて、本能的に計画を立てていた。そのやり方が身にしみついているので、どんな人との会話でも、ほとんどすぐ無意識にそうしている。そのやりとりは即興に見えるし、私自身もそう感じていたが、頭のなかでは計画どおりに進めていた。最近、人にやり方を教えるようになって初めて、以前よりそれを分析的に用いるようになったのだ。自分の心の動きをさかのぼって検証し、ほかの人との会話をうまく進めるための七つのステップの公式を生み出した。

会話のための準備（PREPARE）

1 問題（Problem） 解決しようとしている問題を明確にする。

2 結果（Result） 望ましい結果を特定する。

3 感情（Emotional State） 相手のなかに引き起こしたい感情を明確にする。

4 誘発（Provocation） 相手のなかに望ましい感情を引き起こすために、自分が見せるべき感情を考える。

5 始動（Activation） 会話の背景設定を明確にする。すでに非常に明確なはずである。

6 実行（Rendering） 会話をどこで、いつ、どのように始めるのが最適かを見きわめる。

7 評価（Evaluation） 事実にもとづいて、自分と会ってよかったと相手が思ってくれるかどうか、設定を心のなかで評価する。

会話を始めるには、まず頭のなかで、解決しなければならない問題と求める結果を明確にする必要がある（ステップ1「問題」と2「結果」）。たとえば、あなたの一〇代の娘のナタリーが、デイビッドという大学生との接触を禁じられながら、ひそかにショートメッセージのやりとりをしていたとする。すでにかなり問題点は明らかに思えるが、もっと具体的にとらえることもできる。つまり、最近ドラッグの問題で逮捕されたばかりのデイビッドとメッセージをやりとりすることで、ナタリーは家庭の決まりを意図的に破ったばかりか、親に面と向かって嘘をついたのだ（デイビッドと連絡をとっているかと訊いたところ、いっさいとっていないとナタリーは答えた）。

こういう状況に陥った親の多くは、わが子の問題行動の根本にある理由を理解しないまま、すぐに罰を与えようとするが、ナタリーとショートメッセージについて話し合うときには、彼女が嘘をついたことと、デイビッドのドラッグとのかかわりがとくに気がかりだと、問題をもっと明確にできる。これほど大きな問題の解決でめざすべきは、行動の責任をとらせるよりも、実際にしたこととその理由を、包み隠さず正直に話させることだ。ナタリーが置かれた状況を理解し、彼女がドラッグを使っているかどうかを確かめ、ひそかに家の決まりを破ってもいいと思った理由を知る必要がある。問題の根本を明確にし、力を合わせて解決に努められれば、より信頼し合える関係を築くことができるかもしれない。ナタリーもいまより正直になって、行動も改善するのではないだろうか。

目的を明確にすることで、あなたはステップ3「感情」に進める。ナタリーに怒りや不安や恥ずかしいという感情が生じると、この問題について親に打ち明けようという気にならないだろうが、彼女の心に多少の悲しみと、親の心配や不安への共感を引き起こせれば、うまくいくかもしれない。ナタリーを少し悲しませたいなら、そのために会話でどんな感情を伝えるべきか考えなければならない（ステップ4「誘発」）。多くの状況では、同じ感情を見せることで、相手からもそれを引き出すことができる。親が同情して少し悲しんでいるとわかれば、ナタリーもおそらく同じように感じるだろう。そこから会話の背景設定の方法がわかってくるはずだ（ステップ5「始動」）。

ナタリーが最悪のことをしたから話し合う、という流れで会話を始めてはならない。それでは恐怖を与えるだけだ。むしろ「やさしくて思いやり深い親」の役柄を演じ、穏やかに共感を示す会話を考えるほうがいい。たとえば、話をしたいのは、いま家族のなかで問題となっている重要な事柄について意見を聞きたいからだ、と。そのように設定すれば、それに合った穏やかで共感を呼ぶ話し方ができるだろう（ステップ6「実行」）。娘のところへ行って肩を軽く叩き、こんなふうに声をかける。「なあ、ナタリー。ちょっといいかい？　もう遅い時間で疲れてるだろうけど――ひと晩じゅう宿題をしていたわけだし。でも、ひどく気にかかることがあって、話し合っておきたいんだ」

会話の背景設定と実行方法を決めたら、こう自問しなければならない（ステップ7「評価」）。これは倫理にかなっているだろうか？　できれば、その答えは明確にイエスであってほしい。「やさしくて思いやり深い親」はあなたという人間の重要な一部かもしれないから、偽っているわけではない。会話の背景設定を演出して実行することで、ナタリーはあなたと話せてよかったと思うだろう。それによって彼女があなたを信じ、心を開いたら、双方にとってよりよい関係を長く保てる。短期的に見ても、ナタリーは親に愛され、敬意を払われ、気遣われていると感じる。

ほかの方法で設定するのは、倫理的にアウトかもしれない。たとえば、子供のころドラッグを試したことがないにもかかわらず、やさしくて思いやり深い親を装うために、苦痛に満ちた巧妙な作り話を考えるとする。自分はかつてコカインのヘビーユーザーで、過剰摂取する人を何人も見たし、逮捕されたこともあって、ドラッグがどれほど最悪のものか身をもって知っている、と。短期的には、その作り話も望みどおりの効果をもたらし、ナタリーはドラッグや友人のデイビッドから距離を置こうと考えるかもしれないが、それが作り話だとわかったとたんに傷つき、裏切られたと感じる。その会話をしたことでひどい気分になり、親子関係は修復不可能になりかねない。

ここで気をつけなければいけないことがある。会話の展開によっては、途中で設定の見直しが必要になるかもしれないのだ。ナタリーと話すうちに、彼女がデイビッドにメッセージを送ったのは、ふたりで駆け落ちするつもりだったからとわかったら、「やさしくて思いやり深い親」の設定は捨てて、「しつけの厳しい厳格な親」の役柄に切り替えたほうがいいかもしれない。一方、ナタリーがメッセージを送った相手が、若きドラッグ界の大物デイビッドではなく、社会科の授業でいっしょになる同い年で善良な別のデイビッドだとわかったら、疑ったことを謝り、正直に話してくれたことを褒め、どれほど彼女を誇りに思っているか告げて、「大いに子供の力になる親」の役柄を演じてもいい。

日常生活における人との複雑なやりとりでは、会話が予期せぬ方向へ二転三転するのに合わせて複数の設定をする（すべき）こともよくあるが、そのなかでもっとも重要なのは、やはり最初に決めた設定だ。それによって会話が生産的に進むかどうかが決まるからだ。最初から娘が怒りや不安を感じたとしたら、親が何を言おうと、論理的な答えを返したり、親の立場に共感を覚えたりすることはできないだろう。そうなると会話は徒労に終わってしまう。

　ここでは子供と親の例をあげたが、どんな状況でも、PREPAREの七つのステップに沿って背景設定の方針をあらかじめ決めておけば、実り多い会話を始めることができる。一度、業界の大きな会議で私の会社がイベントを主催することになり、チームの面々がイベントを成功させようと無数の業務をこなしていた。そのなかにヴィンスという優秀な二〇代の男性がいたのだが、業務の途中で姿を消し、居場所がわからなくなった。[13] 電話をしたり、ショートメッセージを送ったりしても、反応がない。私は苛立った。必要なときにこの男はどこにいるのか？

　三〇分後、ヴィンスはテーブルの下から現れてみんなをびっくりさせた。それまで一時間半ほど、そこに寝そべって昼寝をしていたのだ。最初、私はその場で彼をクビにしようかと思った。しかし自分を抑え、心のなかでPREPAREの七つのステップを思い出して、まったく異なる会話を始めた。ヴィンスに近寄り、「共感力のある上司」の役柄を演じたのだ。目的は、どういう状況で彼がそういう行動をとったのか知ることだった。それがわかれば、改善するためにできることがあるかどうか判断できる。

「なあ」私は言った。「きみを探すのにみんなへトヘトになってしまったよ。イベントの準備でやることをすべて計画していたし、一人ひとりの役割がどれだけ重要かもわかっていたはずだ。きみがいなくなって、みんな心配したしね。生死もわからなかった。どうして一時間半も姿を消していたのか、説明してくれないか？」ヴィンスは真っ赤になり、恥ずかしくて答えたくないと言った。「恥ずかしいのはわかる」私は言った。「だが、きみがだいじょうぶかどうか、はっきりさせておかないと」ヴィンスは腰を痛めていて、痛みがひどかったので処方された薬をのんで床に腰をおろし、そのままテーブルの下にもぐりこんで眠ってしまったのだと説明した。痛みがあまりにひどくて動けなかった、と。

ヴィンスがアルコール依存症でまえの晩に飲みすぎたため眠ってしまった、と答えたとしたら、私は「共感力のある上司」の設定を捨てて「厳しい上司」となり、態度を改めるよう命じたかもしれない。彼の行動のせいで業務に支障が出て、チームの仕事が滞ったのだから。しかし、本人の説明を聞いて納得できたので、私は「共感力のある上司」の設定を続けることができた。「いいかい、言いたくなかった気持ちはわかる。私も同じように腰を痛めたことがあるから。次に痛みがあったときには、私に知らせてくれ。必要なら一時間休んでもらうか、痛みがひどくて働けないようなら帰宅してもらう」

ヴィンスは私に感謝し、それから会議が終わるまで業務をまっとうした。それ以降、腰の痛みがひどくなると私に知らせ、業務内容を調整することになった。私が穏当な対応をしたことを聞いて、チームのほかのメンバーもやってきて、業務に影響しかねない体の問題について話した。私はそれで従業員とのあいだのすれちがいを大きく減らし、ずっと大きな信頼関係を築くことができた。それもすべて、まえもって背景設定を考えたおかげだ。怒りにまかせてヴィンスに嚙みつき、彼をクビにしていたら、本当の事情を知らずに終わったことだろう。彼は職を失い、私は彼に代わる人材を見つけるのに苦労したはずだ。どちらにとっても損失になったにちがいない。

PREPAREに取り組む

日常生活で重要な会話に備えるために、PREPAREを使ってみよう。最初の何回かは、紙にステップを書き出して、ちゃんと頭に入っていることを確かめるといい。そのために五分から一〇分が必要になるかもしれないが、心配無用。数日後、遅くとも数週間後には自然とできるようになって、何も書かなくても、ほんの数秒で「背景設定」が用意できる。大まかに言えば、会話を始めるまえに、その会話から何を得たいか、相手はどんな気持ちか、望ましい感情的な効果を得るために会話をどう進めればいいか、といったことを考える習慣がつく。また、相手とやりとりするあいだは自分の感情を抑え、落ち着きを保ち、穏やかに会話を続けるという、非常に重要な習慣を身につけることもできるだろう。それらすべてによって人との交流に大きな自信が生まれ、相手があなたに見せている「背景設定」も認識できるようになる。

相手に引き起こしたい感情や、自分が表したい感情について考えるときには（ステップ3と4）、それがネガティブな感情でないことを確かめよう。ここでも**最終的にめざすのは、自分の望みを果たしながら相手の気分もよくすることだ。**不安や怒りのようなマイナスの感情が生まれると、相手は気持ちよく終われない。**PREPAREのそれぞれのステップは、相手の気分をよくするか、その方向をめざさなければならない。**さもないと、そのやりとりで自分は目的を果たして相手は損をする「人心操作」の暗黒の領域に向かってしまう。そこへ向かってはならないのだ。

また、実際に背景設定を考える際には、自分の外見や性格と矛盾しないものにすること。どれほどがんばっても、私が建物に侵入する際に二五歳の女子大学生で通るはずはない。たとえその設定が状況から考えて理想的だったとしても、ほかの手を考えなければならない。私生活でも、私は「ワイルドでクレージーな独身の友人」を演じることはできない。それはどう考えても私らしくなく、仲間の誰も信じるはずがないからだ。

目的を果たすのにぴったりな設定に思えても、相手が考える人物像に反するせいで、やはり失敗することはある。老いた母親の介護の件で妹の援助を得ようとする場合、彼女の気に入りのレストランで夕食をともにする代わりに、週末にスパに連れていったりすれば、たとえそれが初めての贅沢だったとしても、妹は母親について訊かれるやいなや、操られている気分になるだろう。あなたがあなたらしくないことをしていたら、会話は打算的で嘘っぽく思える。逆に、妹と以前からよくスパに行っているなら、それこそが適切な背景設定である。

背景設定を考える際、相手に合わせて多少無理をすべきだと思うかもしれない。私はゴルフが大嫌いだが、取引の相手になりそうな人物がゴルフ好きだとわかっていれば、我慢してでもゴルフの手配をすべきではないか？　相手の気分がよくなれば交渉が楽になるかもしれない。だが、それはちがう。ゴルフが大嫌いで下手くそな私は、ゴルフをしているあいだじゅうイライラしてストレスをためるはずで、そうなると、相手に望ましい感情を引き起こすような感情を表すことができない。しかも私が本当はゴルフ嫌いであることが明るみに出たら、将来の取引相手はゴルフを手配した私を嘘くさく感じだす。相手の気持ちを思いやるからといって、自分の気持ちを無視してはいけない。自分の性格や趣味とうまく合うような行事を手配すれば、あなた自身もリラックスして楽しめるはずだ。

ただし、こういう場合もある。妹がゴルフ好きであなたがゴルフ嫌いだとする。老いた母について援助を頼まなければならないとき、次のようにゴルフを提案することはできるかもしれない。「なあ、来年、クライアントにつき合ってゴルフをしなきゃいけなくなりそうだ。来週いっしょにコースを三、四ホールまわって、ボールの打ち方を教えてくれないか？　おまえが本当にゴルフ好きなのはわかってるし、私もクライアントのまえで恥をかきたくない」翌年本当にクライアントとゴルフをしなければならず、恥をかくのが心配だとしたら、これは妹との会話の演出としてすばらしい。彼女は自分の好きな環境に身を置くことができ、あなたは必要なゴルフレッスンを受けることができるのだから。さらに、教えるという上の立場に置かれた妹は、力を認められて張りきり、自分を重要だと感じるはずだ。そうしたポジティブな感情を抱くことで、母親に関するあなたの依頼を受け入れる気持ちも高まるかもしれない。

背景設定の際に憶えておくべきことがある。言動のすべてをその設定に合わせるのだ。さもないと説得力に欠ける。子供の学校の面談に出席するときに「責任感ある親」という設定にするなら、大麻のにおいをさせ、大麻草の絵が描かれたTシャツを着ていってはならない。「我慢強く思いやりのある友人」という設定なら、相手のまえで三秒ごとに携帯電話をチェックしてはいけない。「共感力のある父親」を設定した場合には、カッとなって「いったいおまえはどうしてしまったんだ?」というようなことを言ってはならない。

また、出だしで失敗しても、すぐに設定を放棄してしまわないように。老いた母親の世話を手伝ってほしいと妹に頼んだときに、いやだと言われるなり腹を立て、「利己的なやつだとわかってたよ! おまえらしいな!」と吐き捨てたとしたら、それまでの態度がどれほど嘘くさく見えるか想像してみてほしい。設定を捨てずに、「たしかにこんなことを頼むのはすぎたことで、金もかかる。だからこそ困っているんだ。われわれのどちらも費用を払えないとしたら、どうしたらいいと思う?」といった反応をするほうがずっといいはずだ。それなら会話を続けることができ、妹の考えをも認めつつも再度援助を頼むことができる。望みのすべてをかなえることはできないかもしれないが、何か得られるものはあるだろう。もしかしたら、妹はこう答えるかもしれない。「ねえ、いまは車の修理にうんとお金がかかっていて、家をまた抵当に入れるのは嫌なの。だから当面、二、三〇〇〇ドルしか払えないけど、これから八、九カ月のうちにはもう少し払える。それでいい?」あなたが設定を捨てて怒鳴りつけたとしたら、妹がそんなふうに提案してくることもない。

子を持つ親なら、こうした力関係には慣れているだろう。ソファに坐っていると、大事なかわいい五歳の娘が膝によじのぼってくる。そしてやさしくあなたの首にすがって頬にキスをし、「パパ、大好き」と言う。あなたの胸が愛情と幸福感でふくらむと、娘は続ける。「ネットで見てほしいって言っといた、あの新しいおもちゃを買ってくれる? お願い、パパ」あなたは娘を見つめてこう答える。「ごめん、でも、いまはだめだ」娘は顔を真っ赤にして言う。「どうしてそんない、意、地、悪、なの、？」娘は愛らしい娘のふりをやめたというわけだ。

それとは逆に、こんなこともあった。私は娘のアマヤと話し合い、家のなかを走りまわって騒音を立てるのをやめなさいと三、四度、諭した。「もう一度したら、裏へ行っておしりを叩くからな」するとどうなっただろう？　娘はもう一度同じことをした。

私は立ち上がって娘を呼び、ごくふつうの怖い父親になって、「これからどうなるかわかってるね」と言った。そして裏の部屋へ行き、「アマヤ、うるさい音を立てるなと何度も言ったんだから、どうなるかはわかるだろう。多少のおしおきが必要だ」

娘は私の顔を見上げ、手をつかんで言った。「パパ、ごめんなさい。注意されたのは憶えてる。おしりを叩かれてもしかたないけど、そのまえに、ちょっとだけここに坐って、パパを抱きしめてごめんなさいと言ってもいい？」

「そうすれば、おしおきをされずにすむと思っているのか？」

「ううん、パパ。おしおきはしかたないの——注意されたんだから。でも、ほんとに悪いと思ってるの」娘はそう言って私の首に腕をまわし、きつく抱きしめた。そして頬にキスをしてから言った。「いいわ。これからおしおきを受ける」

その日、娘はおしりを叩かれなかっただけでなく、それ以降も二度とおしりを叩かれることはなかった。設定をあきらめないことはそれほどに重要なのだ。

設定とその実行方法をシンプルにしておくことも非常に重要だ。何から何まで考えておく必要はない。腰の痛みのせいで業務中行方不明になったわが社のヴィンスの例を考えてほしい。私が

「思いやり深いボス」として会話を始めるなら、共感を伝えるために自分が経験して仕事に影響のあったひどい怪我のすべてについてくわしく語る必要はない。細かいことを注意深くいくつか選んで語れば事足りる。多くを語りすぎると、ヴィンスをひたすら退屈させ、苛立たせてしまう。なお悪いことに、彼と心のつながりを築くのに「必死すぎる」と見なされるかもしれない。何か隠れた目的があってこんな会話をしているのではないかと疑われるのだ。ヴィンスは私を嘘くさく感じ、真実を打ち明けようと思わなくなる。

背景設定を実行するときには、前章で述べたＤＩＳＣ分析を活用して、精度を高めるといい。たとえば、あなたが雇い主で、業績のあがらない従業員に仕事のやり方のちがうところを指摘し、さらに努力をうながす必要があるとする。その従業員が社交的で、感情表現豊かなＩタイプなら、まずメッセージを送り、あとから面談や電話で話すほうがいいかもしれない。会話だけで最初からフィードバックを伝えると、相手は守勢にまわって逐一反論してくる可能性がある。そうなれば、生産的な会話というより議論になってしまうだろう。まずメッセージで意見を伝え、相手が感情をやりすごして内容を咀嚼する時間を与えるのだ。

対照的に、従業員がＣタイプだったら、電話か対面での会話のほうがいいかもしれない。Ｃタイプの従業員は細かいところまであなたのフィードバックを知りたがるので、会話でしっかり説明し、質問に答えることもできる。従業員がＤタイプの場合にも、電話や対面での会話がよさそうだ。Ｄタイプにはそれほどくわしく説明しなくてもいい。単刀直入に要点を知りたがるからだ。Ｄタイプの人間に長々とメールを送れば、たとえ重要で正しい内容だったとしても、あなたのフィードバックに苛立つことになりかねない。

全体として重要なことは、「予習」をしておくことだ。私が倉庫に侵入したときのように、まえもって相手の情報を集めておく。知れば知るほど、設定の良し悪しをはっきりさせることができる。私は誰かとむずかしい会話をする場合、その人の最近のソーシャルメディアへの投稿をチェックし（気持ち悪がられるかもしれないが）、最近の出来事のなかに懸案解決の手がかりがないか探してみる。そうした手がかりが会話の目的を明確にし、相手が関心を持ちそうな会話の背景設定に役立つことがあるのだ。情報を集めることで、相手が反発を覚えそうな言動を避けることもできる。極端な例だが、ソーシャルメディアを見て、頼みごとをしたいと思っている友人が愛するペットを失ったことを知ったなら、犬は元気かと訊いて会話を始めたりはしないだろう。代わりにお悔やみを言う。

準備と同じくらい重要なのは、「やりすぎない」ことだ。あまりにできすぎた話や、本筋と関係のない詳細は、相手の心に警鐘を鳴らしてしまう。会話らしい会話になるように、自然な流れと準備した背景設定とのあいだでうまくバランスをとる必要がある。矛盾して聞こえるかもしれないが、自然な会話の流れを練習することは可能だ。公の場所へ行って、見ず知らずの誰かと事前準備なしに会話を始め、フルネームや生年月日といった単純な情報を聞き出してみてもいい。あらかじめ背景設定を考えず、ただ人に近づいていって会話を始めるのだ。さまざまな会話の糸口を試して、どうなるか確かめる。うまくいくこともあれば、いかないこともあるだろう。そうした会話を数多くおこなえば、新たな糸口を見つけたり、これまで用いていた常套句に即興で小さな改良を加えたりすることも可能になる。やがて、よく知らない人との会話のコツがつかめ、自然な会話が楽にできるようになるのだ。

うまい会話の糸口

本章で見てきたように、「背景設定」は、相手がふつうは無遠慮に扉を閉ざしてしまうような状況――理性や社会通念にしたがえば、むしろ扉を閉ざすべき状況――でも会話を続けようと思ってもらう技だ。すばらしい設定で相手のなかに思ったとおりの感情を引き起こし、相手の反発を迂回することができれば、その心の扉を少しのあいだ開けておいて、こちらにチャンスを与えようという気にさせることができる。不可能に思えることにも手が届くかもしれない。

「はじめに」で、私が未経験ながら高級レストランの料理長を説得して雇ってもらった話をした。その場で説得力のある設定ができる能力は、私には欠かせなかった。そのときには「シェフ募集」の看板を見つけ、料理長と話がしたいと言ったのだった。「自信満々だが生意気ではない就職希望者」を無意識に演じながら、料理長と握手し、「こんにちは、クリスです。あなたの新しいシェフです」と言った。料理長には、こいつは信頼できる、仕事をまかせられる、と思ってもらいたかった。その感情を引き出すために、私は自信をみなぎらせ、そこに快活さと愉快さを加えた。

「そうかい」と料理長は言った。「履歴書は？　資格は持ってるのか？」

「資格は何もありません」私は答えた。「資格など必要ありませんから。私が作った料理の味を試してみてください。作った食事が履歴書です」

「いいだろう」料理長はそう言って、背後にある業務用の冷蔵庫とオーブンを示した。「何か作ってみな」

私は冷蔵庫のところへ行って、肉と野菜とココナッツミルクとスパイスを取り出し、タイ料理を作った（タイ人の血を引く妻のおかげで、じつにすばらしいカレーの作り方を習っていたのだ）。私が料理する様子を見て、料理長は言った。「こんな型破りな就職面接は初めてだ」

私もうなずいた。「ええ。坐って話すだけの面接を何度かやってもらってもかまいませんが、結局、私が何か作ってみせるまで雇ってはもらえないでしょう。だから、無駄は省きましょう」

料理ができると、私はそれを皿に盛って料理長に渡した。彼は出来映えを眺め、においを嗅ぎ、ひと口食べた。その目が輝いた。「採用だ」

もちろん、雇われた以上、結果を出さなければならない――経験不足を考えれば楽なことではなかったが、私はやってのけた。新たな上司は、メニューに載せられるかもしれないからほかの料理も作ってくれと言った。ほかの料理は知らなかったので、私はいったん家に帰ってレシピを探し、いくつか作ってみた。それからの数カ月、日々の仕事をこなしながら、料理長やキッチンのほかのスタッフ相手にうまく立ちまわって、基本的な調理法を教えてもらった。誰も私の能力に疑いを抱くことはなかった。たとえば、私は野菜の千切りすらできなかった。料理長に千切りを頼まれたときには、こう返した。「みんなそれぞれちがうやり方で千切りをしてますよね。完璧な千切りを見せてもらえませんか？　それとそっくり同じ方法でやりますから」料理長は千切りをしてみせ、私はそれをまねた。仕事を学ぼうという意欲と、むずかしい状況をうまく切り抜ける能力のおかげで、私はすぐに得がたいスタッフとなった。そこでは二年間働いたが、飽きてほかの何かをしたくなったので、職場を去った。

私は「背景設定」をすることで仕事に入りこみ、未経験でも高い地位にのぼることができた。しかし、それは始まりにすぎなかった。これからあなたがする会話にも同じことが言える。扉が開いたら、フォローアップの方法を知っておかなければならない。さもないと先には進めない。ハッカーはターゲットとのあいだに特別な共通の土台を作ることで、効果的な設定を生み出す。ターゲットが気づきもしないうちに、ほんの数秒でごく自然にそうするのだ。共通の土台ができれば、どんな目標の達成にもかなり前進したことになる。共通の土台ができなければ、成功の可能性も低くなる（倫理観を捨てて人を心理的に操りだしたら話は別だが。私はそういうことはしない）。専門家は、共通の土台を作ることを「ラポートを築く」と言う。おわかりいただけると思うが、それはカクテルパーティで知らない人と会うことから、旧友との再会や、配偶者に気にかかっていることを打ち明けることに至るまで、ありとあらゆる人とのやりとりにかかわってくる。ラポートと、それをこれまで想像したこともないほどうまく構築する方法に目を向けてみよう。

3 アプローチを成功させる

どんな相手とでも即座にラポートを築く

人とのやりとりに必要な準備を終えたら、次はそれを自分にもっとも好都合なやり方で始めることだ。カクテルパーティや、専門家会議、商店、その他どこにおいても、自分を安全で信頼できる仲間だと即座に相手に思わせる方法を紹介しよう。相手が友人や、知り合いや、まったく知らない人であっても、近づいて正しいことを言うだけで、好意を持ってもらい、力を貸そうと思わせることができる。

私は煙草を吸わない。あの煙のにおいが嫌いなのだ。しかし、ひとつわかっていることがある――喫煙者はその習慣を通して互いに結束しがちだ。世間でこれだけ喫煙が非難されている近年ではなおさらである。少しまえ、私はこのちょっとした常識を知っていたおかげで、大手ヘルスケア企業の総務本部に侵入することができた。

クライアントからの課題は、役員室の階に侵入して、オフィスに置いてある機密資料を見つけてくるというものだった。私たちはその会社の調査をおこなううちに、近隣の建設工事によって、まわりの建物に小さなクモが入りこむようになったことを知った。そこで私は害虫駆除の会社の制服を着て、本物のスプレー缶を手に来客用入口へ近づき、警備をくぐり抜けて建物のなかへ入るために、本書で紹介した多くの技をくり出した。どれもうまくいかなかった。「いいですか」警備員は説明した。「あなたの名前はリストにありませんから、どうしても入れません」私は別の入口を試したが、やはり入れてもらえなかった。完全な失敗だった。

少々気落ちはしたが、クライアントの会社が私をこれほどすぐに止めたことには感心した。とはいえ、再度試みる計画を立てなければならない。そのために雇われたのだから。私は建物の外に出ると、どうしようかと考えながら、脇へまわった。横の入口のそばで五、六人の従業員が坐って煙草を吸っているのを見つけて、ある考えが浮かんだ。害虫駆除の道具を抱えたまま、私はそのそばへ行って、「やあ、ここに立って新鮮な空気を吸ってもいい？」と言った。そのことばで笑いが起き、ひとりかふたりは問うような視線を向けてきた。「ああ、そうなんだ」と私は言った。「禁煙したばかりでね、一〇回目の」

「言いたいことはわかるぜ」従業員のひとりが私に言った。「おれも一五回は禁煙した」

「ぼくはやめようとしたこともないな」と別の従業員が言った。「煙草をやめるのをやめたんだ！」

三人目は煙草のパックを差し出してきた。「一本どうだい？」

私は手を振って断った。「いや、今回は本気で止めるつもりなんだ。でも、ここに立ってにおいを嗅いでいれば、吸いたい気持ちも抑えられる」

「ああ」彼らは言った。「いいさ、いっしょにいればいい」

そんなふうにして、ものの一分もたたないうちに私は彼らの仲間に入った。それから五、六分いっしょにすごし、煙草休憩が終わると、みんなは入口へ向かい、私もついていった。バッジをつけた従業員のみが通れる脇の扉を開けて彼らは建物のなかへ入り、よく考えないまま私も通してくれた――私は建物のなかに入った。数分後には役員階にのぼり、ありとあらゆる類いの機密書類を手に入れていた。

この場合、私は即興で、長年の喫煙者が禁煙努力中というもっともらしい背景設定を考え出したが、それはたんに会話の糸口でしかなかった。目的を達成するには、知らない人に会ったときに即座に無意識に湧く四つの基本的な疑問（この人は何者？　何を求めている？　どのくらいやりとりする？　脅威になる？）に答えながら会話を続けなければならない。私は疑いを抱いていない喫煙者たちと、即座に「ラポート（協調関係）を築く」ことで、それを実現した。注意深く発した冗談によって、彼らに私が脅威とならず、むしろまったく無害で友好的な同類だと示すことができた。幸せな喫煙者の大きな輪の一員というわけだ。仕事に戻るときには、みな私を建物のなかに入れることをなんとも思わなかった。彼らから見れば、私は仲間の一員だったたからだ。

ボーダー野郎とオキシトシン

私たちは同じ社会階級、職業、倫理観、信念、ライフステージ、嗜好、経験などにもとづいて結びつき、そうした共同体的な愛着を持つ人の力になりたいと感じやすい。[1] 会ったばかりの誰かに望みどおり行動してもらいたければ、まず共通点を見つけ、相手に同類と思わせれば、ずっとその可能性が高まる。

私の講座では、ラポート構築の概念を教えるとき、高校時代のカフェテリアでのランチタイムを思い出してもらう。生徒はそれぞれ仲間同士でテーブルについていたはずだ――運動選手、オタク、不良、スケートボーダー。誰もが自分のグループを知っていて、仲間内で通じることばや態度、服装に自分を合わせていた（私はボーダーのグループの一員だった。つまり、だぼだぼのズボンをはき、チェーンつきの財布を持っていた）。こうしたアイデンティティは、それがなければ知り合わなかったかもしれない生徒同士になんらかの最初のラポートを築く役に立った。ボーダーの恰好をした転校生がオタクのテーブルに近寄り、近く催される学校のダンスパーティについて無邪気に質問したとする。オタクたちはそのボーダーを知らないので、四つの基本の疑問が障壁になっただろう。彼らはこう思う――きみはどうしてここにいる？　何が望みだ？　ぼくの貴重な時間をどのくらい使うつもりだ？　きみは脅威となる？　しかし、同じボーダーがボーダーたちのテーブルに近づき、退屈で無頓着なふりをして同じ質問をしたとすれば、ボーダーたちの心のなかでは基本の疑問のほとんどすべてに答えが出たことだろう。見た目だけでも、その転校生を同類として受け入れたはずだから。

研究者たちが解明したように、こうした悩ましい高校社会のダイナミクスは、人間の生理に根差している。**ラポートを築くことで、オキシトシンという強力なホルモンの分泌がうながされる**

のだ。一連の研究で、信頼や寛容な行為と、脳内のオキシトシンとの結びつきが明らかになった。また、共感が生じるとオキシトシンのレベルが上がり、それが寛容な行為につながることもわかった。ある研究では、末期がんの子供のビデオを見た人々のオキシトシンのレベルが上がった。こうした高いレベルのオキシトシンの分泌が、「そのビデオを制作した慈善団体への高額の寄付をうながした」。オキシトシンは、アイコンタクトや相手の感情に気づくといった「ポジティブな社会行動」とも結びついている。[2]

ラポートを築くと、そこが高校のカフェテリアであれ、家庭や職場であれ、相手のなかにオキシトシンが分泌され、信頼や連帯や寛容の気持ちを抱かせることができる。その力は強く、巧みに用いれば、なかなかしたがわないターゲットも望みどおりに動かせる。車の販売店で、うさん臭い販売員が近づいてきて、高価すぎて買えるはずもない車を買ってくれと率直に頼んでくることはないはずだ。そう、販売員は客とおしゃべりをし、客のことを知ろうとし、コーヒーを勧め、高校が同じだとか、同じアメフト・チームのファンだとわかると大喜びする。老練な政治家も、自分に投票してくれとただ頼んだりはしない。一〇〇万ドルの笑顔を作って握手をしたり、赤ん坊を抱き上げたり、地元の文化にくわしいところを見せたりする。たとえ個人的に親しい友人でなくても、同類の仲間だと感じさせようとするのだ。そしてもちろん、詐欺師として成功している人間はこうしたラポートを最大限に利用して、疑いもしない被害者から金や情報や大事なものを引き出している。

よくある詐欺のひとつに、詐欺師がマイクロソフトやアップルの社員のふりをして、コンピュータのソフトウェアの問題解決を助けたいと連絡してくる手口がある。被害者がなんらかの情報を提供したり、無害に見えるリンクをクリックしたりすると、詐欺師は銀行の口座番号やパスワードのような個人情報をたやすく手に入れ、コンピュータを乗っ取って身代金を要求することすら可能になる。[3]ラポートを築くために、彼らは友好的で丁寧な人間を装い、被害者を軽いおしゃべりに誘う。アメリカでは、アクセントと声の調子でインド人女性を装うことが多い。たいていの人は女性に脅威を感じず、アメリカ人はカスタマーサポートのインド人に慣れているので、被害者はよく考えずに詐欺師の言いなりになってしまう。電話の相手が知らない人であっても、自分と同じように基本的な良識は持っていると考え、そうではないとは思ってもみない。詐欺師はそうして巧みに共通の基盤を築き、被害者の脳にオキシトシンをあふれさせる。**ラポートはオキシトシン、オキシトシンは信頼、信頼は被害者の銀行口座へのファーストクラスのチケットなのだ。**

ヒューマン・ハッキングの専門家は、よく練られたやりとりをほんの数秒交わすだけで、相手とラポートを築く。そういうことができるのは、われわれ人間が同族意識で動きやすいことに加えて、出会う人を即座にステレオタイプで判断しがちだからだ。その判断は、服装やヘアスタイルや肌の色など、おもにことばによらない複数の主要な要素からおこなう。ラポートを築くには、即座に相手を値踏みし、その人物が何者で、どんな種類の人間か、表面的だが明確な判断をくだし、個人的につながる方法を見つけなければならない。長く続く深い友情を求めるのではなく、相手が心に防壁を作ったり、こちらの意図を疑問に思ったりしないだけの関係を築ければいいのだ。
「背景設定」のときと同じように、共通の土台を作るには、ことばだけでなく、ボディランゲージも用いることができる。ベストセラー作家でＦＢＩの行動分析の専門家だったジョー・ナヴァロは、ほかの捜査官から情報提供者（ＦＢＩ用語で「人的資産」）を引き継いだ一件をよく憶えていると私に語った。情報提供者は命の危険を冒してＦＢＩに協力し、犯罪者に対する証拠を提供するわけだから、扱いには慎重を要する。ＦＢＩの指令担当官《ハンドラー》との信頼関係が重要で、その関係が絶たれれば、情報提供者は身の危険を感じて姿を消すか、協力をやめる。ジョーは前任者が築いた情報提供者との信頼関係を保ち、できれば強化しなければならなかった。

その情報提供者は――仮にボリスと呼ぼう――ロシア語を話す八〇代の男性だったので、ハードルは高かった。彼と接触していたハンドラーは、五〇代後半のベテランの捜査官だった。一方のジョーはまだ二五歳で、ＦＢＩに入局したばかり。異なる文化背景と言語を持つ、祖父くらいの年代の男とのあいだに、どうやって共通の土台を築けばいいのだろう？　「ラポートを築くための計画はあった」ジョーは初対面のときのことを思い出しながら言った。「でも、初めて彼と会うために部屋に入ったときに、すべては変わった」ボリスを値踏みしたジョーは、この状況でＦＢＩの捜査官がとる通常の方法――プロらしい威厳を誇示し、堅苦しくボリスに話しかけて、身の安全を保証する――ではうまくいかないと気がついた。「彼は見るからに熟練の情報屋だった。ソビエトによる（祖国の）支配を生き抜いてきて、私の心を読み取るすべも知っていた――どのことばが形式的に発せられ、どのことばが心からのものかわかるらしいんだ。二五歳の私がまだ新米だということも知っていた。だから、ペテン師をペテンにかけるなと言うように、この場合、私は彼をだまさないことにした」

ジョーの見たところ、ボリスは古い時代の精神の持ち主だった。年長者に敬意と服従の態度を示すのが重要と考える人間だ。そこでジョーは捜査官の権威を振りかざす代わりに、最初の握手で目を合わさず、わずかに頭を下げた。坐るときにも斜に向かい合った――すべて監督者として優位に立とうとするより、相手に敬意を示す行為だ。ボリスが紅茶を要求すると、ジョーもコーヒーのほうが好きだったにもかかわらず、同じものを飲んだ。会話のあいだも、ふつうの捜査官なら自分については何も明かさないところだが、家族の痛ましい歴史を包み隠さず話した――身内がフィデル・カストロのキューバからかろうじて逃げだしたことや、父が逮捕されて拷問された話を。「彼の顔の筋肉がゆるみはじめるのがわかった。そこで初めて私はソファに近寄り、彼の隣に坐った」とジョーは言った。ほんの一、二分の会話で、ラポートを築いたのだ。「彼のまえでは謙虚にふるまい、敬意を抱いていることをはっきりと示した」それが三年のあいだ良好に続いたふたりの男の関係の始まりだった。

信念を曲げずにラポートを築く

こうした話や、喫煙者と私の一件を読むと、ラポートの構築について、会話の背景設定のときと同じ懸念を抱く人もいるかもしれない。これほど戦略を立ててボリスとの面談に臨んだならジョーの姿は「偽り」ではないのか？　彼もふつうは情報提供者にそれほどの敬意を示さないはずだ。コーヒーのほうが好きなのに紅茶を飲んだりもした。私について言えば、禁煙努力中を装ったのは、真っ赤な嘘だった。どちらにおいても、ラポートを築こうとしているほうが策を用い、相手を欺いた――日々のやりとりのなかでは、たいてい誰もしようとしないことだ。

共通の土台を築くために嘘を推奨しているのではない。私はプロとして、この種のごまかしが許される任務を請け負ったので、そうしただけだ。日々の暮らしのなかでラポートを築くために言ったりしたりすることは、少なくとも真実にもとづくべきだ。会ってよかったと相手に思わせるためにも。カスタマーサービスの人間を装っておしゃべりをする詐欺師は倫理的な一線を越えている（言うまでもなく違法だ）。車を売るために、アメフトなど大嫌いなくせに客のひいきチームを応援しているふりをする、節操のない販売員も同様だ。どちらの場合も嘘であり、ターゲットにされた人は彼らに会ってよかったとは思わないだろう。あなたや私のように法を遵守する善良な人間は、避けなければならないふるまいだ。

対照的に、ジョー・ナヴァロは、ふだん情報提供者にそれほどの敬意を示さなかったかもしれないが、仕事以外では年長者に敬意を表する人間だ。つまり、そうすることは本来の彼とまったくちがうわけではなかった。紅茶よりコーヒーが好きだとしても、紅茶が大嫌いというわけでもない。同じものを飲むことはボリスに敬意を感じてもらうためのささやかな気遣いだった。ジョーは自分のもっとも快適な領域からは多少外に出ていたかもしれないが、大きくはずれてはいなかった。しかも彼の行動によって、ボリスはジョーの望みどおりにしようと思うだけでなく、気分よく面談を終えることができた。脳にオキシトシンが分泌されたおかげで、ジョーと会うまえより満ち足りた気分になり、ハンドラーとの結びつきが強くなった。そうしてその後互いに関係を深める可能性ができたのだ。

会話の背景設定と同じように、ラポートの構築にもある程度の戦略や心構えが必要だ。しかし、ここでもやはり、その戦略は（a）やむをえないものであり、（b）よいものでなければならない。私たちのほとんどは日常生活のなかで自然に人と関係を築こうとする。隣人と仲よく世間話をしたり、ミーティングのまえに同僚とおしゃべりしたり、惣菜を量ってもらうあいだに食料品担当の店員と雑談をしたり。ラポート構築のスキルを身につければ、こうした人とのやりとりもずっと意識的で頻繁になる。裏に利己的な目的があったとしても、出会う相手（知人だろうと他人だろうと）の人生をほんの少しましにできるのだ。

私たちは多くの時間、他人と距離を置き、彼らの要望に無関心な日々をすごしている。しかし、ラポート構築のスキルを習得すれば、相手について考え、習慣的に人との溝を埋めて関係を築いたり深めたりできるようになる。信念が異なる人を無視したり説き伏せたりするのではなく、共通の土台を築こうとすることが習慣となる。大きく二極化したいまの社会では、より多くのラポート構築が必要だ。誰もが気づくように、こちらの望みどおりに相手に動いてもらいたいときには、ほんの少しの気遣いが大きくものを言う。

誰かに取り入ろうとする際に、どこまでやるべきかはかならずしもはっきりしない。私もハッキングの仕事でラポート構築を試みるときに、嫌悪を覚えるような考えに同意することや、自分の信仰に背いた行動を求められることがある。セキュリティの専門家であるがゆえに直面する危機だ。ぐっとこらえて相手の期待どおりにふるまえば、仕事上うまくいくことはわかっているが、私はつねにそれを拒んでほかの方法で共通の土台を築こうとする。かつて、ある会社の社員を装っているときに、本物の社員の集団に入って情報を得なければならないことがあった。会話を始めるまえに、彼らが女性管理職の「キャシー」について文句を言い、彼女を「馬鹿女」とか、それ以上にひどいことばで呼んでいるのを耳にした。私が自己紹介したときにも、彼らはその女性をけなしつづけ、私にもボスを中傷するよう求めてきた。「あんたはキャシーが上司じゃなくてうらやましいよ」と彼らは言った。「あの女はきわめつきの……（ここにはお好みの悪口を入れてください）だから」

それに同意し、過去にそういう女性上司がいたと言って、怒った男たちの輪にすぐさま加わることも可能だったが、私はそうすることができなかった。会社の倫理規定と私自身の信念から、「性別、性的指向、人種、宗教、障害に関する不快な中傷（口頭であれ、文書やほかの形態であれ）」ができないのだ[4]。過去に似たような状況を経験していたので、自分を曲げなくてもラポートは築けるとわかっていた。そこでこう言った。「ああ、たしかに。そういう上司がいたことはあるよ。まえに勤めていた会社の上司で、ひどい男だった。だから、ここで働くことにしたのさ」女性蔑視にもとづく共通点を見つける代わりに、性別に関係なく嫌な上司への怒りという共通点を見つけたのだ。

ラポートを築こうとするときに出会うかもしれない困った状況について考えておこう。ロッカールームで男の集団と性的な冗談なしに関係を築こうとする場合や、親族の集まりでほとんどの人が政治、宗教、その他の話題についてあなたとは異なる考えを持っていて、口々にそれを表明する場合などがこれに当たるかもしれない。そんなときに、どうやってクリエイティブにラポートを築けばいいだろう?

人とのつき合いで、相手の期待を裏切るのはむずかしい。とくに相手が複数の場合には、**話を合わせないと、グループから疎外されてしまうかもしれないと思い、自分の信念を犠牲にしてしまう。**しかし練習を積めば、その瞬間に不安を払いのけ、即座に別の方法で共通点を見つけられるはずだ。むずかしい状況でどう対処するか、あらかじめ考えて準備しておくこともできる。

あるとき、私は(クライアントの要望に応じて)建物に侵入し、学校の教師に武装を許すべきかどうかロビーで激しく議論している社員たちに遭遇したことがあった。私はラポートを築いて仲間になろうとしていたが、自分が勝ち目のない状況に置かれていることに気づいた。銃規制に強い信念を抱いていたからではない——この問題については、どちらの側にもつくことができる。しかし、銃規制に賛成しても反対しても、グループの半分を敵にまわす危険を冒すことになると気づいたのだ。ある時点で社員のひとりが私に狙いを定め(しゃれではなく)どう思うかと訊いてきた。私はしばらく考えてから答えた。「どう思うか言おうか。学校で子供が亡くなるのは、この国で起きる最悪のことだと思う。命を落とすかもしれないと不安になりながら子供を学校に送らなきゃならないのは本当に最悪だ」そこにいた誰もが黙りこんだ。この問題について激しく対立し合ってはいても、共通する部分はあったのだ——それを私は見つけた。

親戚や隣人や会社の同僚のなかには、あなたが嫌いな信念を表明する人や、共通点がほとんどなさそうな人がいるかもしれない。そんな相手でも、避けるのではなく、自分の中心的な価値観を犠牲にせずに手を差し伸べることは学べる。もう知っている人たちなので、たとえ彼らに対する要望がとくになかったとしても、ラポート構築のスキルを用いて、すでに存在している関係のレベルを向上させればいいのだ。人づき合いで引っこみ思案だったり、物怖じしがちだったとしても、いまよりはるかに自信に満ちた社交的な人間になれる。ここでも目的のあるなしは関係ない。どうして自分の殻を誰かが破ってくれるのを待たなければならない？　それより相手の殻を破る方法を学ぼう。ラポート構築の訓練を積むうちに、どう見ても埋まらない相手との溝にも橋をかけることができると実感するだろう。また、関係を構築したり深めたりするのを邪魔しているのがかならずしも相手ではなく、自分だと気づくようにもなる。

これまで会ったなかで、むずかしい関係になった人を思い浮かべる。その人とは疎遠になっているかもしれないし、連絡をとってはいても長く続く不和が重荷になっているかもしれない。次にその人とやりとりするときに、自分の信念や価値観を曲げることなく、相手とのあいだに共通点を見つける方法を三つ考えてみよう。

ラポート構築に取り組む

ここで課題を出そう。スターバックスに入って、席についている人か列に並んでいる知らない人に話しかけるのだ。その際、同年代の人や、同じ人種の人や、社会経済的背景が同じ人を探そうとしないこと。無作為に誰かを選び、その人と同類になろうとしてみる。何も思いつかない？たとえば、スマートフォンを利用すればいい。あなたの携帯電話がアンドロイドだとする。iPhoneを持っている誰かに近づいてこう言う。「あの、アンドロイドからiPhoneに乗り換えようかと思っているんですが。いま使っているその電話はいかがですか？」私の経験から言って、iPhoneユーザーは自分の電話が一〇〇万倍アンドロイドに勝っている理由を嫌というほど聞かせてくれるはずだ。彼らに理由を尋ね、その答えに興味を見せれば、ささやかながら彼らを人として認めたことになる。共通の土台を作れたのだ。そう、あなたはiPhoneのユーザーではないが、どちらもiPhoneのすばらしさを語りたい同類というわけだ。

こうした課題を与えられると、私の受講生は、人とのやりとりでラポートを発展させるための簡単なルールやガイドラインを教えてほしいと言うことが多い。こんなことを言ってほしいわけだ。「異性と会話を始めるときには、この五つを実践」とか、「ミレニアル世代［訳注／一九八一年以降に生まれ、二〇〇〇年以降に二〇歳となった世代］とつながるには、こんなふうに言おう」とか。残念ながら、幅広く適用できるルールはない。状況はそれぞれ異なるので、ラポート構築のための戦略はその場で練らなければならないのだ。そう聞くと怖いかもしれないが、じつはそんなことはない。私はその思考プロセスを六つの単純なステップにまとめている。それをＥＮＧＡＧＥ（取り組み）と呼ぼう。

ＥＮＧＡＧＥ（取り組み）のステップ

1　関心相手を決める（Establish）　ラポートを構築したい相手を決める（その人との会話を計画して、すでに背景設定を考えていたら、このステップは完了している）。

2　注目する（Note）　一、二秒でその人物のおおざっぱな特徴をつかむ。はっきりわかる趣味や、社会経済的背景、信念、民族性、性別など（すでによく知っている人だったら、相手の特徴を思い出しておく）。

3　生み出す（Generate）　相手の特徴にもとづいて共通の土台を作るための方法をいくつか考案する。

4　決定する（Arrive）　試みる方法を選ぶ。それがうまくいかなかったら、やり方を変えて次の方法を選べばいい。

5　やってみる（Give it a try）　選んだ方法を実行する。

6　評価する（Evaluate）　実行しながら、相手の反応に注意する。その方法がうまくいきそうもなかったら、すぐさま別の方法に切り替える。

憶えなければいけないことが多いと感じるかもしれない。予期せぬ遭遇では、ものの数秒でやらなければならないから、なおさらだ。ＥＮＧＡＧＥをマスターするために、www.HumanHackingBook.comの資料のセクションに行って、六つのステップが書かれた、小さな財布に入るサイズのカードをダウンロードしよう。持ち歩いて、人とやりとりするまえに確認できる。四、五回練習すれば、このステップも自然にできるようになる。ＥＮＧＡＧＥは、ラポート構築の練習を積めば簡単にはずせる精神的な補助輪とでも考えてほしい。だが、練習は必要だ――いますぐ始めてもらいたい。

他人とラポートを構築するための8つのテクニック

ＥＮＧＡＧＥのステップのなかで初心者がもっとも苦労するのは、五番目の「やってみる」ことだろう。次に人とのやりとりを考えるときには、ベストセラー作家で元ＦＢＩ行動分析官のロビン・ドリークの知恵を借りるといい。日常生活で人との共通点を探す際に心に留めておくべき「八つの決定的テクニック」は次のとおりだ。

テクニック1　時間の制約があるふりをする

本書を読めば、人とのやりとりで時間が重要であることはわかるはずだ――誰かが初めて話しかけられたときに、自然と心に湧く四つの疑問のひとつでもある。かぎられた時間のなかで力にはなれないと感じたら、相手の要望を拒むことも多い。人とのやりとりの多くには、当然ながら時間の制約がある。スターバックスで並んでいるときに誰かと会話を始めたとすると、そのやりとりはどちらかが支払いをすませてコーヒーを受け取るまでのことだろう。そう思うからこそ、知らない相手とも一分かそこら話してもいいという気になる。

時間の制約がなかったり、はっきりしなかったりする状況では、うまく時間の制約があるふりをすることでラポートを得やすくなることがある。たとえば、「あの、二分だけお時間いいですか？　このあたりにくわしくなくて。どこか食事ができるところを見つけたいんですが」と言う。その場合、時間の制約を本物らしく見せよう——二分と言ったら、本当に会話を二分ですますように準備する。相手がその気になれば長引かせることはできるのだから。「一秒ほど」いいかとは訊かないこと。それでは現実味がない。「これから用事があるんですが……」とか、「これから人と会う約束があるんですが……」ということばで相手を落ち着かせることもできるだろう。どちらも会話が短く終わることを示唆しているからだ。

テクニック2　話す速度を調節する

テネシーに住む姉を訪ねたときに、バーベキュー・レストランで食事をした。ウェイターが来て、注文は決まったかと訊いてきた。私は「アイスティーとスペアリブにコーンブレッドをつけて」と答えた。

「ああ、ちょっと」とウェイターは言った。「ゆっくりお願いします。都会のかたですね」

私は再度、もっとゆっくりと注文をくり返した。じつは少々むっとしていた。ウェイターが客に敬意を払わず、その場を仕切ろうとしたような気がしたからだ。しかしそのあと、コミュニケーションの重要な事実を見落としていたと考え直した。私たちの話す速さは、個性、年齢、方言、さらに大きな社会的背景によって一人ひとり異なる。[5] 南部に住むアメリカ人は北部の人よりゆっくり話す。[6] それについては、どちらがいいとも言えない――ただの事実だ。

ラポートを構築するときには、相手について考え、いくらか彼らに合わせた話し方をするといい。ただ、ある人たちが子供や外国人と話すときにやるような、大げさすぎる話し方はやめよう。相手を侮辱し、混乱させるだけだから。話すときには相手の必要を考え、楽な気分になれるように気遣うこと。ゆっくり話すのが嫌いなおしゃべりなニューヨーカーか、時間をかけてゆっくりと話をしたがる南部人なら、運がいい。言語の専門家が言うように、早口の人は説得がうまくて権威が感じられ、ゆっくり話す人は友好的で話しやすいという印象を与えるからだ。[7]

テクニック3　共感か援助を求める

人間は利他的な生き物であり、生まれつき、困っている人を助けたいと思う。実際、ヒューマン・ハッカーが用いるきわめて強力なフレーズのひとつは、単純な「手伝ってもらえますか？」

だ。そうは言っても、相手がその要求を――さらには私たちの存在を――脅威と感じないように、求めすぎには気をつけなければならない。一般的なルールとして、援助を求める場合には、いまのラポートのレベルに合わせたものにする。相手が知らない人なら、頼みごとは単純で軽いものにする。ある建物のサーバー室に侵入しようとするとき、いきなり受付係に「サーバー室へ案内してもらっていいですか?」と言うわけにはいかない。もっとささやかなことから始めるのだ――最初の関門を通り抜けて次の関門へ向かうだけなのだから。私だったら、単純で害のない質問をするだろう。「バッジを忘れてしまったんですが、このＩＤは使えますか?」とか、「誰それに会いに来たんですが、彼女のアシスタントが誰かわからないんです。調べていただけませんか?」受付係はその人物のアシスタントを教えてくれ、それ以上追及してこないだろう。あるいは、アシスタントがいる階を教えて、直接話ができるようにそこを通してくれるかもしれない。

こうしたことを、気のあるふりをしたり、性的なことを示唆したりするようなやり方で要求しないように注意しよう。私の受講生のなかでも肉体的に魅力のある人はそれを試そうとするが、性的なからかいが相手の気分をよくするとはかぎらないと私は説明する。本当に気があるわけではなく、何か目的があってそうしているのだと気づくと、相手は利用されたとか、だまされたと感じてしまう。それは愉快なことではない。

テクニック４　エゴを抑える

大まかに言えば、集団優先の傾向が強い東洋社会と比べて、西洋社会はずっと個人主義的だ。[8]そうした文化的傾向は仕事の場にも持ちこまれる。西洋人は自分のエゴを抑えて他者を優先するのがむずかしい。弱さを馬鹿にし、強さに自信や能力を見いだして、すべてを知り、権威と指導力を発揮しなければならないと感じている。ヒューマン・ハッキングの場合、そのやり方ではうまくいかない。エゴを抑えるのが上手で、とても謙虚だと思える誰かを思い出してみよう。その人といっしょにいると、どんな気分になる？　おそらく、「肯定された」とか「認められた」といったことばが心に浮かぶはずだ。謙虚な人には、こちらの気分をよくしてくれる能力があるのだ。誰かを望みどおりに動かそうというとき、それは弱さではなく強さになる。

人とラポートを構築するには、自分の要求を「妥当」な範囲に抑えておく。相手の気持ちを変えようとしてはならない。相手が脅威を感じることなく、好きなようにこの世界を眺められるようにしておけば、共通点を見つけるのもずっと簡単になる。自分を優位に見せることで相手を遠ざけないからだ。

ロナルド・レーガンが大統領になったとき、人々は大統領には歳をとりすぎていると批判した。レーガンはそれに腹を立てて批判者を攻撃してもよかった。しかしそうはせず、エゴを抑え、自分の歳について冗談を言うほうを選んだ。たとえば、ほかの大統領候補との討論では、あの有名なことばから始めた。「私はこの選挙で年齢を問題にしない。政治目的で対立候補の若さと未熟さを利用したりはしない」[9]こうした気の利いたことばは、対立候補を含めたみんなを笑わせ、即座にラポートを築いた。実質的にこのことばでレーガンは一九八四年の選挙に勝ったと見なす評論家もいるくらいだ。潜在意識下の「エゴの闘い」を避けられれば、相手の気持ちも楽になるはずだ。

「わからない」とか「すみません」といったことを口にするのは、かならずしも容易ではなく、「私が」や「私に」ということばをはずすのもむずかしい。何年もかけて医学の学位を取ったとしたら、「医師」だと自己紹介しないのは奇妙に思えるかもしれない。自分の意見を言わず、相手から意見を引き出そうとするのは困難なこともある。しかし、そんなふうに行動できるようになれば、相手とラポートを築くのもずっとたやすくなるだろう。

テクニック5　相手を認める

自分のエゴを抑えるのは、相手の気分をよくし、こちらの力になろうと思わせる最初の一歩だが、相手の話を積極的に聞き、彼らの発想や意見を認めて、褒めれば、さらに関係を深めることができる。もちろん、どんな場合でも、その人とのいまの関係性に合ったレベルで行動する必要がある。**ここで男性はかならずまちがいを犯す。女性の外見を褒めてラポートを築こうとしてしまうのだ。**充分な友情が築けていない段階でそうすれば、恩着せがましく聞こえたり、不快に思われたりする。思いやりを示すのは重要だが、相手の立場で考えてみること。相手は何を耳にしたら喜ぶか？　あまりよく知らない人から何を聞いたら、相手は気まずさや怒りを感じるか？

テクニック6　お返しを引き出す

ヒューマン・ハッキングの専門家として、私は誰かから機密情報を聞き出そうとすることもある。その場合、**情報が欲しいと単刀直入に頼むのではなく、もらしてもかまわない自分の情報を相手に与えることが多い。**たとえば、受付でサーバー室の場所を教えてもらいたいとする。相手のデスクに休暇のときにビーチで撮った家族の写真が飾ってあったら、こんなふうに会話に誘う。「あの、これから息子ふたりを初めてビーチに連れていこうと思っているんですが、どこがいいかよくわからなくて。このビーチはすごくよさそうだ！」その後、会話の流れのなかでサーバー室の場所について訊くと、私が個人的なことをすでに話しているので、受付係はその情報をもらすことにあまりためらいを感じない。おまけに、こちらがビーチについて助言を求めているので、受付係は認められ、優位に立った気分になっている。こちらから何かを与えれば、今度はあちらから何かをくれるというわけだ。

テクニック7　得るために与える

すぐれたヒューマン・ハッカーは、さらに一歩進めて、相手に贈り物をする機会を探す。「**互恵的利他主義**」と呼ばれる考え方だ。人間同様、動物の多くの種は、やさしくしてくれる相手に自分からもよくしようと考える。ネズミすらもそうだ。[10] 贈り物は実体のあるものでもいいが、親切や思いやりのように実体のない贈り物も同じくらい効き目がある。[11] 重要なのは、相手にとって価値のある贈り物にすることだ。たとえ自分にとっては価値がないと思えたとしても。

あるとき、ロビン・ドリークと私は訓練に出かけるためにレンタカーを借りようとした。あてがわれた車は笑えるほど小さかった――足をしまうことができないほど。私たちは車をアップグレードしてもらおうとカウンターに向かった。行ってみると、車のことで苦情を言いに来ている客が大勢いる。カスタマーサービス係の中年女性に怒鳴っている人さえいた。女性は穏やかに対応していたが、疲れきった様子だった。

私たちは列に並んだ。順番が来ると、ロビンが本当に天才的なことをした。カスタマーサービスの女性にただアップグレードを頼むのではなく、こう言ったのだ。「どうやらたいへんな日になっているようですね。少しこうして待っていますから、急いで休憩してきたらどうです?」

それを聞いて、女性の顔の筋肉がゆるんだ。「本当にいいんですか?」女性は上司のほうを気にしながら訊いた。「そうしてくださいます?」

「もちろん」ロビンは言った。「みんなに怒鳴られていたでしょう」と彼女の背後のテーブルに置かれている水のボトルを指差した。「あそこへ行って水でもどうぞ。そのあいだ、話をしているふりをしますから」

まるで私たちが地球最大の贈り物をしたかのようだった。こうして即座にラポートが築かれた。少しして落ち着きを取り戻した女性は、私たちの要望を聞いた。アップグレードを頼みたいと言うと、すぐさま本当に贅沢な車を見つけてくれただけでなく、アップグレードの料金も取ろうとしなかった。そのとき私たちは彼女にとって本当に貴重な贈り物をしたのだ。そのあとでは、彼女にとって私たちに特別なことをするのは当然に思われたのだろう。

テクニック8　期待しすぎない

われわれの世界には怖ろしいことばがある。「最後の一撃《キルショット》」だ。たとえば誰かに取り入り、つながりを作り、ラポートを築き、情報を得たり、セキュリティの厳しい施設に入るといった究極の目的に少しずつ近づいてきたとする。「キルショット」は望みのものを得るためにターゲットを最後に動かす手段やことばだ。「しとめて」奪い取るわけだ。

私自身は自分を雇われた殺し屋ではなく、感じがよく思いやりのある人間だと思いたい。それに、キルショットを用いるやり方は、まったく逆効果に終わる。二流のヒューマン・ハッカーは、目的を果たすことしか考えず、絶えずキルショットを探している。その結果、望みをかなえてその場を去ることばかり考えて、急ぎすぎることが多い。そしてまちがいを犯し、まちがったことを口にし、ターゲットとのあいだに距離を作ってしまう。こうしたハッカーは、期待をふくらませて最終目的ばかり考えるのをやめ、相手がいい気分で終われるように、やりとりを工夫したほうがいい。

相手の話に注意深く耳を傾け、共通点を探し、相手とのやりとりを楽しむ。それらを本物らしくすれば、もっと相手に対して思慮深く、思いやりをこめてふるまうことができ、すばやく効果的にラポートを築くことができる。最終目的を果たせる可能性も増す。キルショットを考えないようにするのはむずかしいかもしれないが、相手とのやりとりがうまくいけば、あなたの気分もよくなるはずだ。ただ、脳にオキシトシンが行きわたると、会話を進めすぎてしまうこともある。期待しすぎないためには感情を抑える必要もある。深呼吸を忘れないように。急がず、相手の気持ちを最優先にすれば、まちがうことはない。

ラポートの八つのテクニックのうち、ひとつを選び、まったく知らない人に用いてみよう。それを習得したと感じたら、次、その次と進む。それらの多くかすべてをマスターしたら、同時にいくつものテクニックを組み合せて実践してみよう。

服装について

私は変装やコスチュームが大好きだ。プロのヒューマン・ハッカーにとって最高の相棒と言っていい。日常生活では、会話の背景設定のためであれ、ラポートの構築のためであれ、自分でない誰かのふりをすることはないが、ある種の小道具が役に立つことはある。とくに、それが自分の立場をはっきり外に表す場合に。着る物や見た目はとりわけ重要だ。ある古典的な研究で、研究者が学生たちに、試験会場に置いてある白い上着を着てもらってテストをおこなった。ひとつのグループには、それはペンキ屋の上着だと説明し、別のグループには教授の研究用の上着だと告げた。すると、教授の上着と信じた学生たちのほうがテストの点がよかった。ペンキ屋の上着と信じた学生たちはテストを早く終えたが、点数は低かった。つまり、自分に対する期待値を下げていたのだ。「いましている仕事ではなく、これから得たい仕事のために着飾れ」という古いことわざがあるが、そこにはいくらか真実が含まれている。[12]

私が経験もないのに高級レストランで料理人になろうとしていたときには、服選びでもはっきりと自分を演出し、ラポートを築こうとした。すり切れたジーンズとTシャツ姿でもなければ、スリーピース・スーツでもなく、充分フォーマルだがフォーマルすぎないボタンダウンのシャツとドレスパンツという恰好だった。その服装は充分な自信を与えてくれ、将来の上司の気を散らしたり、疑いを抱かせたりしなかったので、関係構築のあいだ役立ってくれた。自分の会社を経営するようになってからは、面接の席で、その場にふさわしくない装いの就職希望者に大勢遭遇した。面接のあいだじゅう、「この人はどういう服を着るべきか見当もつかないんだな」としか思えず、彼らとラポートを築くことはできなかった。

わかりきったことに聞こえるかもしれないが、自分の外見については、ありとあらゆる面から慎重に考えよう。営業で誰かを訪ねるとしたら、乱れた髪、ピアスだらけ、歯に食べ物がはさまったままで行ったりはしないはずだ。あなたが裕福で、裕福ではない人と関係を結びたいなら、高価なダイヤモンドをたくさん身につけたり、三〇〇〇ドルのルイ・ヴィトンのハンドバッグを持っていったりしないほうがいい。誰かと初めてのデートに行くなら、コロンや香水をつけすぎないように。誰かと真剣な会話をするときには、たいていスマートフォンのような気が散るものを持たないほうがうまくいく。

いずれの状況でも、相手のことを考え、できるだけ相手を居心地よくする小道具の使い方を考える。そうすれば、あなたに会ったことで相手は気分がよくなるはずだ。

ハッカーをハッキングするには

「ラポートの構築」をひとことで言うと、友だちになることだ。だが、その単純さにだまされてはいけない。ラポート構築の裏には複雑な科学的プロセスがあり、それを身につけるにはかなりの技巧が必要とされる。ただ、マスターしさえすれば、人生でもっとも単純なことがときにもっとも強力になることがわかるだろう。ジョー・ナヴァロから聞いた話だが、彼は先ほど説明したラポート構築のテクニックを用いて、アメリカ先住民の特別保留地で暮らすティーンエイジの少年に、犯した罪を告白させたことがあるそうだ。そのティーンエイジャーは、おそらくなんらかの薬の影響下で車を運転し、誰かを轢いてしまった。しかし、ジョーの同僚がくり返し罪を認めさせようとしても、決して口を割ろうとはしなかった。彼が打ちのめされているのを感じ取ったジョーは、散歩に誘って事故の現場から離れた。

ジョーは体を清めようとするかのように、何度も深々と息を吸った。それを見て、ティーンエイジャーも同じように息を吸った。そうしてものの数秒で、ジョーは少年とのあいだに、ストレスに押しつぶされそうになってリラックスしたい仲間という関係を築いたのだ。「ぼくは本当にどうかしてた」少年はジョーが話してくれと頼みもしないのに言った。続けて、起きたことをすべて明らかにした。

ラポートを構築すると、高度な訓練を受けたハッカーですら影響されずにはいられない。毎年恒例の大きな会議で、わが社はクライアントと親しい友人だけを招いて、フォーマルなパーティを開く。同業のハッカーたちもそのパーティのことは知っていて、毎年そこに忍びこんだことを自慢するためだけに、こっそり参加しようとする。少しまえ、会議の席でひとりの男性が私のところに来て言った。「クリス、お会いするのは初めてですが、私はあなたの本とポッドキャストの大ファンなんです。これはあなたへの贈り物です。われわれの業界への貢献に対する感謝の気持ちとして」そう言って、私の好きなスコッチ、グレンファークラスの二五年物を差し出した。

私は面食らい、ボトルをしげしげと眺めながら訊いた。「これが私の好きなスコッチだとどうやってわかったんです?」

「ポッドキャストで聞いたので」彼はどのエピソードか教えてくれた。たしかにそのとおり――私は自分でそう言っていた。

私は贈り物に感謝し、何かお返しをしたい衝動に駆られた。「これを」私は彼に特別なリストバンドを手渡して言った。「今夜内輪のパーティがあるんですが、来ませんか? これでなかに入れます」

「すごい」彼は言った。「本当にすごい。あの、ここには友人といっしょに来てるんです。いっしょに行ってもかまいませんか?」

「もちろんです」私は贈り物のお返しができることに満足して言った。「あといくつ必要ですか?」

「できれば五つ」

クライアントでも親しい友人でもない人にしては、追加で五人招待というのはずいぶんな頼みだったが、私にとって意味のある贈り物をくれたので、だめとは言いにくかった。私はあまり考えずに、さらに五つのリストバンドを渡した。彼は何度も礼を言って去った。その晩、彼と五人の友人たちは、わが社が費用を負担するパーティを大いに楽しんだ。オフィスに戻って同僚に自慢できる逸話になったことだろう。

この男性は優秀だった。私を操って望みの行動をとらせたわけではない。ほんの数秒でいくつかのことをして、ラポートを構築しただけだ。自分も私と同じセキュリティのプロであることを示しながら、エゴを抑え、私の仕事ぶりを認めた。よく考えたうえで、私にとって意味のある贈り物をしてくれた。私の脳にオキシトシンが偉大なるミシシッピ川よろしく流れ、彼の望みに応じたいと思う状況が生まれた。そして私が望みをかなえると、彼は私をいい気分にしたままその場を去った。

この人物は熟練のハッカーをハッキングしたのだ。それも、友だちになる技をマスターすることで。こつこつとラポートを築く練習をすれば、あなたも私のような人間をハッキングできるようになるかもしれない。それが無理でも、自分の望みをかなえつつ、出会った相手を幸せにすることはできるだろう。ささやかながら意味のあるやり方で、仲間を作り、壊れた世界を癒すような何かをなしとげられる。

4 影響力を手にする

何気なく相手に同調をうながし、行動させることで、望みを果たす

ベンジャミン・フランクリンは言った。「人を説得したいなら、知性ではなく利害に訴えなければならない」[1]。誰かに影響を与えれば、望ましいふるまいや考え方をさせるのが容易になる。この章では、影響の七つの原則をマスターしてもらいたい。議論に勝ったり、新たな友人を得たり、自分の望みをかなえたりするために相手を説得できるようになったと、すぐに感じるだろう。

私はある企業本部の駐車場にいた。目的は建物のなかに入って役員のオフィスに侵入することだった。正面入口に近づくと、真新しいBMW Z3のスポーツカーに乗った男性が私の脇をすり抜けて、役員用の駐車スペースに入っていった。ブルートゥースのヘッドセットで何か話していて、しかめ面と腕を振りまわしている様子から、どうやら誰かと言い争ってひどく怒っているようだった。「ふむ、彼の車の横をゆっくり歩いて、何を言っているのか聞いてみなくては」と私は思った。あまりゆっくりだとまずいのはわかっていた――怪しいと思われる。それでも、私は（背景設定の一部として）書類を抱えており、読んでいるふりができたので、不審に思われる

ことなく書類をめくりながらゆっくりと脇を通ることができた。車の横を通っても、彼の言っていることはひとつしかわからなかった。「今日これをやるのだけは勘弁してくれ。大勢を傷つけることになる」何が起きている？　誰かをクビにするつもりか？　一時解雇でも？　何かほかの悪い知らせでも公表しようというのか？

私は正面入口へ歩きつづけ、なかに入ると、受付係のデスクに近づいた。受付のモニターが斜めに置かれていたので、彼女が何を見ているのか、かろうじてわかった。なんだったと思う？コンピュータ・ゲームをしていたのだ。その瞬間、私はヒューマン・ハッカーであることをやめ、ふつうに他者を気遣う人のようにふるまった。あの怒って興奮している役員がここへ入ってきて、彼女がゲームをしているのを見つけたら、どんなことになるだろう？　私は彼女に言った。「あの、来訪の理由をお話しするまえに教えておきたいんですが、駐車場にあなたの上司と思われるかたがいて、ものすごく機嫌が悪いようです。彼がその画面を見たら、たいへんなことになるでしょうね」

女性はゲームの画面を閉じ、礼儀正しく私のほうを向いて言った。「ご用件はなんでしょう？」ちょうどそのとき、怒った役員が入口から入ってきて、怒った顔のまま受付のそばを通りながら言った。「ベス、私のオフィスに来てくれ」

彼女は立ち上がり、役員のあとを追おうとしながら、私に向かって「ありがとう」と声に出さずに言った。そこで私の頭にヒューマン・ハッカーの意識が戻ってきた——今回はうまくいくにちがいない。

私は坐って受付係が戻ってくるのを待った。六、七分後、彼女は少しあわてた様子で戻ってきた。「ああ、すみませんでした。待っていてくださったんですね」

「いやいや」私は言った。「きっと力になってもらえると思ったんで、待つことにしたんです」

「どんなご用でしたっけ？」受付の女性は腰をおろしながら訊いた。

「私が人事部との面接に遅刻しているので、なかに入れてくれようとしていたんですよ」

彼女は私に目を向けた――というより、じっくりと見つめた。それはちがうでしょうという目だった。いいい、

私は腕時計を見てため息をついた。「そう、本当に遅刻です」

「ええ、そうでしたね」彼女は言い、ブザーを押して私をなかに入れてくれた。

このささやかなやりとりの結果、私と同僚たちはこの会社全体をハッキングすることができた。データや書類のすべてにアクセスできた。

ここで私が用いた方法は、ラポートの構築ではない。その暇はなかった。また、明確な背景設定もできなかった。プロのヒューマン・ハッカーがいつも用意している別の道具に飛びついたのだ――**「影響」の原則**に。会話の背景設定とラポート構築は、相手にこちらの望む行動をしてもらうのに有効だが、どちらも他人に影響を与えようとするときの準備段階であることが多い。老いた母の介護のためにきょうだいに資金を出してもらいたい場合や、会社のチームが大きなプロジェクトで成功できるように社員にいっそう努力してもらいたい場合、会話が始まったあとは、相手がこちらの要望に応じてくれるように、よく考えた特別なやり方で要望を伝えるはずだ。プ

ロのハッカーはその努力を運や「直感」にまかせたりはしない。人間心理の科学にもとづいた、実証ずみのテクニックを用いる。これは非常に強力なテクニックで、マインドコントロールに近いと思われるほどだ。じつのところ、ハッカーは望みを果たすのに必要とあらば、背景設定やラポートを用いず、この「影響」のテクニックだけを用いることも多い。ちょうど私がしたように。

この受付係に私が用いたテクニックは「**恩返し**」と呼ばれる。前章で説明した「得るために与える」ラポート構築のテクニックと似ているが、ひとつ重要なちがいがある。「得るために与える」は包括的だ——相手のことをよく知らないので、誰もが喜びそうなささやかなものを与え、相手も何かいいことをしてくれるのを期待する。その目的はたんに、あとで特別な方向に進んでもらえるように、相手に好意を抱かせることだ。一方、「恩返し」のテクニックでは、**影響を及ぼせる瞬間に集中的に相手の利益となる行動をとり、相手が自然にそれと同等のお返しをするように仕向ける。**関心相手にとって価値のあるものがわかっている場合にかぎられるが、差し迫ったこちらの要望をかなえてもらうために、意図的にその価値あるものを贈り、相手が恩を感じてこちらの要望に応じざるをえない状態に持っていくのだ。

このときのハッキングには、ひとつの目的があった——受付係に建物のなかに入れてもらうことだ。私は駐車場で目にした役員が彼女の上司だろうと推測し、彼女が価値を見いだすにちがいないもの、すなわち、上司と困ったことになるのを避けるチャンスを与えた。信じがたいかもしれないが、自分の目的については考えず、純粋に彼女のためにその贈り物をしたのだ。助けたいという衝動のままに動いた。しかし、すぐに自分が偶然願ってもない贈り物をしたことに気がついた。彼女はお返しに、私が頼もうとしていたことを当然かなえてくれるはずだ、と。そこで私は望みを伝え、いい反応を得ることができた。図らずも「恩返し」の仕組みを発動させたわけだ。

あなたも、このように「影響」の原則を使って相手を味方につけ、自分のために行動してもらうことができる。日常生活でとくに認識せずにこの原則を用いていることもあるかもしれない。こうしたスキルを磨いて意図的に使ったらどうなるか想像してみてほしい。また、相手が自分に影響を及ぼそうとしていることに気づけたら、どれほどすばらしいかも――彼らの影響下から離れて、自分に有利な決断が可能になるのだ。

人に影響を及ぼす7つの原則

ひとつの例外を除いて、私が自分で用いたり教えたりしている「影響」の原則は、私の創作ではなく、ロバート・チャルディーニの古典的著作『影響力の正体　説得力のカラクリを心理学があばく』から拝借したものだ。[2]この本に出会うまで直感的にこれらの原則を実行してきたが、自分の行動をはっきりとは認識していなかった。チャルディーニのおかげで、原則が明確になり、その科学的根拠も理解できた。たいへんありがたく思っている。ヒューマン・ハッキングの達人となるために、本書の巻末にあげたほかの本も読んでほしい。ここではとりあえず、スキルを身につけ、次の七つの原則を日々の人とのやりとりに用いることから始めよう。

原則1 「恩返し」を誘う

先に述べたことの締めくくりとして、自分の思いこみを打破し、関心相手に注意を払うことが大切だと強調しておきたい。聖書が示す黄金律は、自分がされたいように相手を扱いなさいということだ。「恩返し」を用いるときには、ビジネスマンで作家でもあるデイブ・ケルペンが「プラチナ律」と呼ぶものを実践するといい——相手を相手の望みに添ったかたちで扱うこと[3]。恩を売ろうとしているのだから、**重要なのは自分ではなく彼らの主観だ。感謝と恩義を感じてもらいたいなら、彼らが非常に貴重だと思う贈り物を考えること。**

ここで憶えておいてほしいのは、贈り物は高価なものや上等なものである必要はないということだ。手作りの品や思いやりの仕種がもっとも貴重になる場合もある。また、贈り物も要望もごくささやかなものですむことも。たとえば、質問をひとつすれば、相手には答える「義務」が生まれる。情報をひとつ与えれば、その厚意に応えなければという思いを生む。誰かの冗談に笑えば、相手はあなたの冗談にも笑わなければという義務感を抱くかもしれない。誰かのためにドアを押さえれば、その人は同じくらい礼儀正しいことをすべきだと感じるかもしれない。

先ほどの例で私が受付係に与えた「贈り物」は、彼女にとって私の想像を超えるほど完璧だった。あの件の数週間後、私は同じ会社で社員たちに侵入に関する報告をおこなった。そこで、彼女にどうしてなかに入れてくれたのかと訊いてみた。「じつは、仕事があまりに退屈だったから受付でゲームをして、もう三回怒られていたんです。あなたは、また怒鳴られそうになるところを救ってくれた。上司が不機嫌だったから、とくにありがたくて。受付に戻ったとき、私がすでにあなたをなかに入れるところだったとおっしゃったけど、それはちがいます。でも、あなたのおかげで怒られずにすんだから、『この親切な男性が悪い人のはずはないわ』と思って、なかに入れてあげることにしたんです」**私はたまたま（自分の時間をほんの数分費やすだけの）労力を要しない贈り物をしたわけだが、それは彼女にとっては、厳しいセキュリティの規則を破ってもいいと思うほどに貴重だったのだ。**たとえどこかおかしいとわかっていても、同意するのが当然で、むしろそうする義務があると感じるほどだったのかもしれない。

日常的な関係において、「恩返し」のテクニックはずっと続くことがある。贈り物をすることで、こちらの要望にポジティブな反応を引き出し、さらに貴重な贈り物をし、より大きな要望をかなえてもらうための道筋を作るわけだ。贈り物をし合うことで、相手とのラポートを少しずつ深めることができる。相手はあなたと会ったことで気分がよくなり、いい印象を心に留める。あなたへの好意も高まるので、あなたが贈ったり求めたりするものの価値も高くなっていく。

休暇で旅行に出ているあいだ、隣人がわが家に目を配ってくれ、私も同じことをして恩返しすれば、互いへの善意と信頼の関係が築かれる。それによって、どちらかがさらに大きな頼みごと——たとえば、インターネットがうまくつながらない理由を数時間調べてもらう——をし、同様のお返しをすることも可能になる。時とともに私たちの関係は発展し、互いに貴重な荷物を預かったり、週末にペットの世話を頼んだりするようになる。初対面でどちらかが飼い犬のラルフィの世話を相手に頼んだとしたら、奇妙で過剰に思えるだろう。相手に不信感が生まれるきっかけとなり、将来協力する可能性も低くなる。一方で、こちらの要望に応えてもらおうと大きすぎる贈り物をしても、同じことになる。相手はそれを奇妙に感じ、裏に何か重大な企みがあるのではないかと疑うからだ。

ここで説明する「影響」の原則のどれを実践しても、相手の心にポジティブな感情が生まれ、ラポートのレベルが上がり、さらに大きな影響を及ぼすことが可能になる。ラポート構築と影響のテクニックはそうして強め合うのだ。深い関係を築けば、強い影響を与えることができ、逆も真なりだ。

原則2 「譲歩」してみせる

何年もまえの話だが、わが家が動物愛護協会から犬のローガンを引き取ったあと、寄付を求める電話を受けた。「ローガンは元気ですか?」電話の女性が言った。「いまも健康ですか?」健康だと私が答え、様子を訊いてくれたことに感謝すると、女性は、協会で保護している動物のために毎年開かれている慈善遠足開催の費用を集めているのだと言った。「今日、そちらのご近所のほとんどのお宅が二〇〇ドル寄付してくださいました」

「へえ、二〇〇ドルは大金ですね」と私。

「ええ、そうですね。いまはいろいろとたいへんな時期ですから、五〇ドルでも助かります。お願いできないでしょうか?」

「どうでしょう。四〇ドルなら寄付できるかもしれません。それでもいいですか?」

「もちろんです」女性は言った。「クレジットカードか小切手で寄付されますか?」

女性が最初に二〇〇ドルと言ってこなかったら、おそらく私は四〇ドルも寄付しなかっただろう。犬を引き取ったことで、すでに慈善はおこなったと言いわけしたはずだ。あるいは、ほんの気持ちとして一〇ドルほど寄付したかもしれない。女性は最初に高額な数字を言ったあと引き下げたことで、私を「何かもらって」得した気分にさせた。私は女性の望みにしたがうことに抵抗感をなくし、四〇ドルを寄付することになった。

黄金律はだいたいどんな場合にも当てはまる。つまり、われわれ人間は、自分が扱われたように相手を扱いたいと思うものだ(つねにそうするかどうかは別として)[4]。この考えは、すでに説明した贈り物への「恩返し」の概念をさらに進めたものである。誰かに何かを譲られると、こっちも何かを譲ろうという気になる。さらに、社会心理学の研究でも明らかなように、私たちはあることに関して最初に小さな要望に同意すると、もっと大きな要望にも同意しやすい——これは「足がかり」と呼ばれるテクニックだ[5]。承諾してもらうのに有効な方法は、このように、まずは譲歩して比較的小さな要望に同意してもらい、互いに信頼を深め、関係を築きながら、段階的に要望の大きさを上げていくことだ。私は動物愛護協会に四〇ドルの寄付をすると同意したので、協会側の最終的な目標額が六〇ドルか七〇ドルなら、そういった追加の要望にも応じる可能性が高かった。

もうひとつの技は、自分にとっては貴重ではないが、相手にとって貴重な何かについて譲歩することだ。動物愛護協会は、寄付金の目標額をひとり二五ドルに設定していたかもしれない。二〇〇ドルから始めて、そこから一六〇ドルを割り引いたのはうまいやり方だった。このテクニックを使うときには、あらかじめ可能な譲歩のリストを作り、相手の譲歩と比較して、自分が「黒字」になるように持っていく。

親として譲歩のテクニックを使っていないとしたら、もったいない。私の息子のコリンは、八歳のとき、朝食を拒んで自立を主張した時期があった。私がどれほど懇願し、おだて、脅しても、ぜったいに朝食をとろうとしなかった。起床時間を遅くして、朝食抜きでちょうどスクールバスに間に合う時間に支度をするようにもなった。ある朝、私はあることを思いつき、息子を起こして言った。「なあ、今朝はおまえが選んでいいよ。卵か、シリアルか、オートミールか、どれにする？」

息子はしばらく考えて、「オートミールにする」と言った。そうして私は息子との戦いに勝ったのだ。押しつけをやめて譲歩したように見せ、選択肢を与えることで、息子に自立心を表明する機会を与えた。お返しに息子も譲歩して、朝食にオートミールを食べることにした。私の願いは息子が「何か」を食べることだったので、オートミールでもなんでもよかった。つまり、動物愛護協会が私にしたことを、息子に対してしてしたのだ。彼が何を選ぼうと私の勝ちになるとわかっていて、選択肢を与えた。どちらの場合も、譲歩した側は相手の気分をよくして、自分の望みにしたがわせることに成功した。

原則3　「不足」をアピールする

社会心理学者のティモシー・C・ブロックによると、「どんな商品もどれほど希少かによって価値が決まる」[6]。いわゆる商品価値説である。言い換えれば、不足しているものほど貴重なのだ。ヒューマン・ハッカーは、消費行動の裏にある消費者心理を説明するこの単純な原則を用いて、ターゲットを動かし、望ましい結果を得る。あなたにもそれはできる。ある商品を売りたいなら？　期間限定だと宣伝すればいい。誰かに秘密を打ち明けてほしいなら？　こんな話ができる相手はその人だけだと言えばいい――この問題についてほかの誰かと話すのはためらわれる、と。私は潜在顧客とのミーティングを設定するときには、かならず「不足」のテクニックを使う。予定は何も入っていないのでいつでも好きな時間を選んでくださいと言う代わりに、一週間ほどのあいだで比較的短い時間をいくつか候補にあげ、そのなかから選んでもらうのだ。そうすることで、私がきわめて忙しい人間で、私の時間（ひいては私のチーム全体の時間）は貴重だと思わせる。すると潜在顧客はいっそうミーティングを希望してくる。私は嘘をついているわけではない――非常に忙しいのは確かなのだから。その事実を強調するために、ミーティングを入れられる日を限定しているだけだ。

原則4　「一貫性」を保つ

われわれ人間は、日々の現実では「一貫性」を好む。安定と賢明さと確信につながるからだ。研究で明らかになっているように、一貫した行動は「**認知的信頼**」を築くのに役立つ（「**感情的信頼**」と混同しないように）[7]。ビジネスの世界では、コンサルティング会社のマッキンゼーの社員たちが、「クライアントを満足させる三つのCは、一貫性《コンシステンシー》、一貫性《コンシステンシー》、一貫性《コンシステンシー》」と言っている[8]。子供のいる人なら、この原則が顧客だけに当てはまるものではないことがわかるはずだ。あなたが部屋に入って、ガラスの花瓶が床に落ちて粉々になっているのを見つけたとする。そのそばに息子か娘が立っている。花瓶を壊したのかと尋ねると、子供は「ううん、ちがうよ」と答える。一〇分前にはなかったボールが床の数メートル先に転がっていて、そういえば家のなかで子供たちが何かを投げ合う音が聞こえていたが、子供たちはそれでも「この部屋に来たら割れてたんだ」と花瓶を割ったことは否定する。子供がこうなるのは毎度のことだ——最初の話に一貫性を持たせるためだけに、ばかばかしいほどの嘘をつく。

　一貫性を求める気持ちを日常生活でうまく利用することは簡単だ。たとえば、好ましい行動に報いることによって、一貫した態度をとりたいという相手の衝動を強めることができる。息子のコリンが譲歩して朝食にオートミールを食べるようになり、私は勝利したわけだが、それはいつ消えてもおかしくない勝利だった。日々食べつづけなければ意味がない。私は息子の一貫性を求める気持ちを強めるために、彼の行動に褒美を与えた。うれしい気持ちを外に表し、どんな食べ方でも私が作ってやると言った。メイプルシロップを加えて甘くすることさえ認めた。現在、コリンはオートミールが大嫌いだが、それは子供のころ、私のヒューマン・ハッキングのスキルと、一貫性を求める本人の衝動のせいで、まる一年のあいだ毎日オートミールを食べつづけたからだ（ヒューマン・ハッカーを親に持つのは楽なことか？　コリンに訊いてみればいい——ぜったい楽じゃない！）。

企業はつねに一貫性の原則にしたがっている。それがもっとも顕著なのは顧客維持の取り組みだろう。スターバックスは顧客が自然と朝のコーヒーの「習慣」を保つことを知っているので、飲み物を買うたびにポイントを付与してその習慣を固めようとする。もし注文に朝食のサンドイッチを加えるといったほかの習慣も身につければ、さらにポイントを付与する。あなたも、好ましい方法で相手が一貫した行動をとったら、それに報いる独自のシステムを開発すればいい。子供の芸術性を伸ばしたいと思ったら？　描いた絵を褒め、それを壁に飾る。すぐにどう処理していいかわからないほど大量の絵が描かれることになるだろう。配偶者にもっとコミュニケーションをとってもらいたいなら、たんに要求するのではなく、配偶者がその日あったことを話しはじめたときに積極的に耳を傾け、質問をするといい。興味を持つことが「報いる」ことになる。話が終わったら、ハグしてさらに報いる。そのふたつの行為によって、話をすることが一貫したパターンとして定着するだろう。

会話でも一貫性を有効に用いることができる。まず簡単な質問をして、「イエス」の答えを得れば、相手に要望を聞いてもらえる可能性が増える。相手は自分が一貫しているように見せたいので、あなたが本当に望むことにも「イエス」と答えやすくなるのだ。誰かが望みにしたがってくれたときには、それをはっきりとことばにしてもらおう。たとえば、従業員に「じゃあ確認のために、いま決めた目標を言ってもらえるかな。あの仕事はいつ完了する？」と言う。従業員が自発的に行動する気になり、それをことばにしたなら、一貫性を保ちたいという心理的欲求のおかげで、後戻りせずきちんと最後までやりとげようと思うはずだ。

原則5　「社会的証明」を与える

人は行動や思いつきについて、それがほかの人と同じであれば、「よいもの」と見なしたり、受け入れられると感じたりしがちだ。学者たちの実験によって、社会的証明がさまざまな行動に力を持つことが明らかになっている。そのなかには善行や、ゴミのポイ捨てをしないこと、さらには自殺の方法までもが含まれる。[9] ヒューマン・ハッカーは、**ターゲットに影響を与えるために、同調圧力を利用する。** ターゲットが望みどおり動いてくれるように、自分も似たような人間だと見せかけるのだ。それによってターゲットは、他人ではなく仲間に力を貸している気分になる。

私の受講生がこのテクニックを用いて、ラスベガスのショッピングモールで知らない人から個人情報を得たことがある。四人でチームを組んだ受講生のひとりがｉＰａｄを手に、アップルストアのアプリの開発に成功した人間を装って、フードコートのテーブルについた。まだリリースされていない新しいゲームを持っているふりをしたのだ（ショッピングモールに来るまえに、子供用の単純なゲームの開発アプリをダウンロードしていた）。まわりの人たちには、新しいアプリのデモをしてもらって意見を集めるために来たと説明した。デモを試すには、フルネームと住所と生年月日が必要だった。とはいえ、通りがかりの人をたんに誘うだけでは、ほんの数人しか捕まらなかっただろう。しかしこの受講生は、チームのほかの受講生を並ばせ、アプリを試そうと待っている他人同士のふりをしてもらった。それだけでも見物人の好奇心を引いたが、この三人は実際にゲームをやって「すごい」と大声で騒ぎ、アプリ開発者のふりをした受講生から訊かれると、個人情報を嬉々として教えた。二人がそうするのを見て、フードコートにいたほかの人々も列を作りはじめ、進んで自分の個人情報を明かした。ほかの人もしているから「安全」に思えたのだ。社会的証明の原則がはっきりと表れた例だった。

適切に用いれば、社会的証明の原則は、扱いにくい批判的な人々さえ要望にしたがわせる状況を作り出す。セキュリティが強固な建物に私が侵入しようとしたあるとき、警備員がクリップボードを差し出してサインを求めてきた。私はクリップボードをざっと見て、その朝サインした人のなかにポール・スミスという名前の男性がいるのに気がついた。そこで、ちゃんとした身分証を持ってこなかったふりをしてクリップボードを返し、大げさに謝って、丁寧に対応してくれた警備員に、その日のうちに身分証を持って戻ってくると約束した。そして立ち去り際に、何気なく彼の名前を訊いた。私が身分証を持って戻ることはなかった。その代わりに翌日、ちがう警備員に話しかけた。「あの、私はポール・スミスです。昨日ここへ来て書類に全部記入したら、ジムがなかへ入れてくれました」その警備員は私の身分証を確かめずに通してくれた。彼にとっては、同僚の警備員の名前が社会的証明になったのである。

原則6 「権威」を使う

たいていの人は、権威に敬意を払うよう教育されている。心理学者のスタンレー・ミルグラムがイェール大学でおこなった古典的な実験がある。被験者は、罰が人間の学習能力に与える影響について調査するという名目で、ほかの人に電気ショックを与えるよう依頼された。研究者にうながされ、被験者はさまざまな強さの電気ショックを「罰」として与えつづけた。実験が進むにつれ、ショックは見せかけ上どんどん強くなっていった。ミルグラムが知りたかったのは、権威者にうながされたら、人が他人にどれほどの痛みを与えられるかということだった。四〇人の被験者のうち二六人が、実験の最後までショックを与えつづけた。かなりの数である。電圧は「危険：深刻なショック」と記されたレベルをはるかに超えた。ミルグラムが述べているように、この実験によって「服従傾向の著しい強さ」がわかった。「被験者たちは子供のころから、他人の意思に反してその人を傷つけるのは根本的な倫理違反だと学んできた。にもかかわらず、二六人の被験者がその教えを放棄して、本来彼らを命令にしたがわせる力を持たない権威の指示にしたがった[10]」。

詐欺師は人をだますために、いつも「権威」の原則を用いている。警察官や内国歳入庁の職員などを騙るのだ。米国連邦取引委員会は、二〇一九年の一月から五月のあいだに、社会保障局の人間を騙った詐欺事件が約六万五〇〇〇件、保健福祉省を騙ったものが約二万件あったと報告した[11]。怖ろしい事実ではないだろうか？　あなたはもちろん、日々の暮らしのなかで「権威」の原則を使って人をだまそうとは思わないだろうが、もっと何気ないかたちで用いて相手を説得することはできる。たとえば、誰かに雇ってもらおうとする場合、声を少し低くしたり、その仕事にふさわしい洗練されたことばを使ったりして、相手に影響を与えようとするはずだ。そうすることで権威を示せる。あるいは、カスタマーサービスに連絡して問題を解決しようとする場合、相手にその会社の製品を長く愛用してきたと述べ、製品にくわしいことを誇示すれば、苦情を真剣に受け取ってもらえるかもしれない。大切な顧客という権威を確立することになるからだ。

ラスベガスのショッピングモールで個人情報を聞き出した私の受講生の話はすでにした。私は別のクラスで、受講生たちにあれを超える結果を出してみろと挑発してみた。彼らは、今度は「権威」の原則を用いてそれをなしとげた。受講生のチームはバーへ行き、その晩演奏を予定していたバンドのボーカルに話しかけた。受講生のひとりが歌手に、自分たちはある研究をしていて、できるだけ多くの人に調査票に記入してもらいたいのだと伝えた。その調査票のほとんどの質問はでたらめだったが、最後のいくつかはショッピングモールで受講生が得ようとした情報と同じだった——氏名、住所、生年月日。ボーカルは協力しようと言った。その晩、バンドの演奏の合間に、受講生のひとりがボーカルの許しを得てステージにのぼり、マイクを握って言った。「ボーカルのジョーがぼくの大学院の研究を手伝ってくれることになりました。ここにいるみなさんに、ぜひ協力してほしいとのことです」ボーカルもことばを添えた。「ああ、彼に協力してくれ!」すぐさまバーにいた何十人もの人が列をなして調査票に記入してくれた。その場の権威であるボーカルが、そうするように頼んだからだ。

原則7 「好意」を示す

人が自分に似た人を好きになるとしたら、自分に好意を持ってくれる人はさらに好きになるはずだ。[12] 誰かのことが好きで、互いの関係のレベルに応じた本物の関心、思いやり、親しみを抱けば、相手のほうもあなたのことが好きになり、あなたを喜ばせるためにかなりのことをしてくれるはずだ。もちろん、好意を抱くだけで向こうからも好きになってもらえる保証はない。相手を褒め、元気かどうか尋ね、どれほど好きかことばにしたとしても、あなたに体臭があったり、ドレスアップが求められるところでみすぼらしい恰好をしていたり、不快な受け身の態度ばかりとっていれば、好かれることはないだろう。ボディランゲージも相手を遠ざける大きな要因となる。だから、好きになるだけでなく、そうした要因にも気を配らなければならない。相手が好意を返し、あなたの要望に進んで応じてくれるような「まっさらなキャンバス」を生み出す必要があるのだ。

あなたのにおいがすばらしく、服装もふさわしく、よくないボディランゲージも避け、好かれそうなあらゆる対策をとったとしても、好意に応えてもらえない可能性はある。私も建物への侵入を試みているときに大失敗をしたことがある。受付係に近づき、机の上に飾られたたくさんのフレーム入りの写真の一枚を褒めたのだ。彼女のティーンエイジの娘ふたりがビーチでビキニ姿になって休暇をすごしている写真だった。「おお、娘さんたちの写真はすばらしいですね」受付係への好意を伝える他意のない褒めことばのつもりだったが、敵意に満ちた目が返ってきた。服をほとんど身につけていない娘たちに目をつけた、いやらしいどこかの男と決めつけるように。私は建物に入れてくれと頼もうともせず、ただその場をあとにして、侵入はチームのほかの人間にまかせた。プロのハッカーとしてあれほど恥ずかしい思いをしたことは、今日に至るまでない。

失敗の要因をことごとく排除しても、まだ対象者が好意を返してくれないこともあるかもしれない。心配は無用。それはあなたではなく相手の問題だ。私の妻の知り合いに、つき合っている男性からひどい虐待を受けている女性がいた。その男性は見た目が私とそっくりだった——身長も、体格も、髪の色も。妻の知り合いは心にひどいトラウマを負っており、私が数メートル以内に近づくだけでぶるぶると震えだした。私ができるだけにこやかに接し、心を開いていることを示す仕種をし、いいにおいを保ち、褒めことばを浴びせ、彼女が好きだと単刀直入に伝えたとしても、変わりはなかっただろう——彼女が好意を返してくれることはなかったはずだ。**すべて試してみて、それでも好意を持ってもらえなかったら、どうしようもない。**努力を続けて苛立ちを募らせるより、その人を避け、ほかの誰かに望みや要望をかなえてもらうほうがいい。

相手に影響を及ぼす「力」をつける

主要な「影響」の原則を理解したら、さっそく実際に使ってみよう。次の課題を試してほしい。

配偶者、子供、友人など、あなたの人生で大切な人を選ぶ。「影響」の原則をひとつ以上使って、彼らが決して食べたいと思わないものを食べるように説得してみよう。その際の食べ物は、気持ち悪すぎたり、不健康だったりしてはいけない——相手の気分をよくする必要があるのだから。しかし、「チャレンジ」と思えるほどには変わった食べ物であること。相手に食べ物で冒険させるにはどうしたらいいだろう？

本書の執筆中、私はこの課題を実践して、友人のひとり——ジョーとしよう——に、本人が気持ち悪いと思っている日本食の生ウニを食べさせた。夕食で寿司屋に行ったときに、坐って注文し、料理が運ばれてくるのを待つ一〇分のあいだに、遊びで「影響」のテクニックをいくつか用いてみたのだ。知り合ってしばらくたつので、すでにある程度のラポートは築かれていた。ジョーが高級食好きだとわかっていたので、私はレストランに入るときに、そこがどれほどすごい場所か説明して、関係を少し深めておいた。

それから寿司について、とくにそのレストランについて、専門知識があるような印象を与え（「権威」の原則）、寿司に関する専門用語を連発しつつ、そこが最高に新鮮な寿司を提供できる理由を解説し、常連客としてウェイトレスとおしゃべりした（店が私を常連客と認めたことで、さらに権威は高まった）。おまけに、ジョーの知人が何人もこのレストランで生ウニを食べ、気に入っていたという話をして、「社会的証明」もした。ジョーは恐る恐る生ウニを食べてみることに同意し、それも注文に加えた。これで道の半分までだ。

寿司が運ばれてくると、私が言ったとおり新鮮で、それも私の信頼性を高めてくれた（「一貫性」の原則）。ジョーはウニを試してみると約束したので、彼自身の一貫性を求める性質も、約束の遂行を後押しした。そのとき店で食事していた日本人の客たちもウニを楽しんでおり（「社会的証明」）、食べ物について冒険をするジョーを私は大いに尊敬しているのだから（「好意」）、ぜひ試してみるべきだ、とダメ押しをした。ウニが運ばれてくると、ジョーはしばらくじっと見つめてから、ようやくそれを口に入れ、ゆっくりと噛んで呑みこんだ。それから、あまり好きではないので、もう二度と注文することはないだろうと言った。それでも、ジョーは新しいものを試したことで気分がよくなった。少なくとも、友人や家族に生ウニを試したと自慢することはできる。

できればこの課題を何人かに試してみてほしい。「影響」の七つの原則をすべて使ってみよう。ひとりに対してひとつでもいいし、工夫して組み合わせてもいい。実験をして、楽しんでほしい。うまくいかないことがあったら、メモしておこう。

そこから範囲を広げて、日常生活のなかで、自分の利益になる影響の機会を探してみる。誰かに会話で何かを頼まなければならない機会があったら、まえもってすべて計画しておくといい。まずは背景設定を考え、それに合った戦術を選ぶ。「新米の同僚」を演じるときには、「権威」の原則を用いようとは思わないだろう。「厳しい上司」の役柄を演じるとしたら、「好意」の原則は避けるはずだ。自分自身の感情にも注意を払うこと。相手とのやりとりに緊張しているなら、「権威」の原則は説得力に欠けるから避けるべきだろう。悲しくて気が滅入っているとしたら、

「好意」の原則は使いにくいかもしれない。何に対しても好意を抱けない怖れがあるからだ。

使える原則が絞られたとしても、むやみにそれに固執しないほうがいい。戦術を実行したあとは、臨機応変に放棄や修正をする。どれを実行するにせよ、やりすぎてはならない。さもなければ相手はあなたの戦術に気づき、危機意識が働いて、疑いを抱いたり、ひどい場合にはあなたのことを嫌いになったりする。「好意」の原則を使いすぎると、へつらう人間に見えてしまうし、「権威」の原則を用いすぎると、傲慢でうぬぼれているように見える。「恩返し」の原則を用いすぎると、不適切と思われてしまう。いずれの場合も、相手はあなたを助けようという気持ちを失い、会話を終わらせようとするかもしれない。

こうしたやりとりのなかで、（これまで実践してきた）ラポートの構築だけで充分であり、あらかじめ計画していた「影響」の原則を用いる必要がないことがわかるかもしれない。その場合には、「影響」の原則は用いない。そうしないと、かつて私と同僚のライアンが経験したように、最悪の結果に終わることになる。

私たちは、例によって害虫駆除会社の社員を装って建物に侵入しようとしていた。時刻は夜の一一時半で、敷地内には誰もいなかった。建物の裏にまわると、幸運なことに従業員の女性がひとり建物から出て、近くの駐車場に向かうところだった。彼女が出たあと扉が閉まるまえに、私は足を隙間に突っこんだ。女性に私たちの姿は見えなかったが、音は聞こえた。彼女はぎょっとして振り向き、誰何した。私は着ている制服を示して言った。「害虫駆除です。クモとサソリがいないか調べています。ざっとひととおり調べて、誰もいない今夜、殺虫剤を散布します」

「ああ、そう」彼女はそう言ってそのまま去ろうとした。以上——私の勝ちだ。ほんの数秒で私はラポートを築いた。彼女は私の言うことを信じ、建物から離れようとしていた。私はそのまま黙って建物のなかへ入るべきだったのに、おしゃべりを続けてしまった。「ええ、この時期、クモは本当にひどいんですよ。夜遅く来ることにしたのは、薬を散布すると怖ろしい光景が広がる可能性があるからで。クモが這い出してきてゆっくり死にます」ライアンは、おい、何してる、と問うように私をにらみつけた。私はよく考えもせずに「一貫性」の原則を用い、自分たちの行動が害虫駆除という設定に合致していることを彼女に示そうとしたのだ。ライアンににらまれたにもかかわらず、自分を止めることができず、クモや使っている薬品について無駄話を続け、墓穴を掘ってしまった。女性は戻ってきて私たちをじっと見た。「ねえ、あなたたちがここにいるのがおかしい気がするの」

「いやいや」私は言った。「すぐ終わりますから。ご心配なく。お帰りになってだいじょうぶですよ」

女性は首を振った。「いいえ、何かおかしい。ここから去らないと警察に通報しますよ」そう言ってあとずさり、急いで車へ向かった。もうひと息だったのに——ドアに足を突っこんでいたのに——私たちはその場を離れなければならなかった。私が必要もないのに「影響」の原則を用いようとしたからだ。すでに相手の協力を得られているなら、そのままにしておくべきだ！

ヒューマン・ハッキングでは、手順は少ないほうが成果は大きい。

来週毎日、「影響」の原則のうち日替わりで異なるものを選び、人とのちょっとしたやりとりで用いてみよう。毎朝一日を始めるまえに少し時間を取って、技術として用いる方法をいくつか思い浮かべる。たとえば、「権威」の原則を用いるなら、異なる状況でどのように適度な権威を示すか考えて——それらしい服装を選ぶ、専門知識を多少披露する——リストを作る。「好意」の原則を用いるなら、頻繁に意見がぶつかる職場の同僚を選び、褒めるなどの手段を使いながら、彼らについてもっとよく知ろうとする。可能性は無限だ！

究極のガードマン

「影響」の原則を用いるのに慣れ、本書で紹介したほかのテクニックとともに活用できるようになったら、望みにしたがってもらったり、同意してもらったりするのがどれほど簡単かわかって、驚くだろう。それは相手がそうしなければならないからではなく、そうしたいからしていることなのだ。影響を与えると、ただで物を手に入れたり、会社に雇われたり、同僚に決断を支持してもらったり、子供に朝食を食べさせたり、多くのことが可能になる。

それどころか、新たに得たスーパーパワーに自信過剰となり、望みのものがなんでも手に入ると思ってしまう危険すらある。しかし、これらの原則をどれほど賢く使おうと、かならずしも成功は保証されない。**真にすぐれたヒューマン・ハッカーは、最高の結果を望みながらも、自分のスーパーパワーに限界があることを知っている。**影響力の作用を心理的に熟知していて警戒を解かず、こちらが何をしても効果がない人もいる。そういう人は多くはないが、現に存在するのだ。

一度、ハッキングの仕事でそういう究極のガードマンに出会ったことがある。そのとき私たちは、任務の一環として会社の敷地内にある三つの独立した建物に侵入するために、会社のサーバー室の機器の修理に来た〈ビッグ・ブルー・リペア〉社の作業員を装っていた。最初のふたつの建物は、出入りを許された訪問者のリストに名前がなかったにもかかわらず、関門を通り抜け、難なく侵入できた。三つ目の建物で、堅苦しい態度とクルーカットと筋肉質の体形から、元軍人と思われる若い警備員に遭遇した。私が名前を告げると、彼は「リストに名前がありませんね」と言った。

「それは変だな」と私は言った。「ほかの建物には入れたんですが。あっちの警備員さんは問題なく入れてくれた」

彼は首を振った。「私はあのふたつの建物の警備員ではありませんから。この建物の警備員です。すみませんが、リストに名前がなければ入れません」

私は情報を探り出そうと訊いた。「誰だったかな、たしかジョンですよ。リストに名前を載せておくと言ってくれたんですが」

「いいえ」彼は言った。「それならフレッド・スミスです。ＩＴ部長の」

「ああ、その名前はうちの会社でまちがいなく聞いた。ちょっと連絡して、どうなってるのか訊いてみますよ」

私たちは偽の名刺を警備員に渡し、車に戻ってすばやくフレッド・スミスという人物についてネットで調べた。その人物が何者か知り、連絡先を入手した。そしてその電話番号を乗っ取って、入館を断られた警備のデスクに電話をかけた。「もしもし、こちらはフレッド・スミスだ」私は若い警備員に言った。「いま、修理の人間をふたり追い払わなかったか？　一五階で修理をしてもらう予定だったんだ。彼らの会社に電話してもう一度来てもらうから、リストに名前を加えておいてくれないかな」

「もちろんです」と警備員は言った。

やった、と私は胸の内でつぶやいた。これで問題解決。作戦は成功だ。

約四〇分後、私は警備のデスクにもう一度立ち寄った。「やあ、リストにまた名前が載ったって会社から連絡が来ましたんでね。これでなかに入れます？」

「じつは」警備員は顔をしかめて言った。「そのまえにひとつ質問させてください。名刺をいただいて会社名を調べたんですが、この州のどこにもビッグ・ブルー・リペアという会社はありません。どこからいらしたんですか？」

「ああ」私は答えた。「この州では新顔だから。移転してきたばかりなんです」

「それは奇妙ですね」警備員は言った。「名刺には、創立二〇年になる家族企業とある」

私はうろたえ、少し口ごもりながら言った。「その、そうなんだけど、それはちがう州でのことで」

「どの州です？　調べたいので。リストに名前があるからといって、すぐにお通ししていいということにはなりません」

結局この建物には侵入できなかった。警備員が優秀すぎたのだ。どんな「影響」のテクニックを用いても効き目がなかった。ＩＴ部長のふりをして「権威」の原則も試した。名刺と外見は演出にぴったりと合っていたので、「一貫性」の原則にもしたがっていた。ほかのふたつの建物では彼の同僚に通してもらったと告げて、「社会的証明」の原則も用いた。そのどれも効き目がなかった――警備員の目に見えない「防壁」が強力すぎたのだ。生まれながらの門番だった。そこで私はクライアントに対し、彼をすべての警備員の訓練責任者にするよう助言した。

　どこの警備員もあの男性ほど優秀で、どの企業の従業員も犯罪者が用いる「影響」のテクニックに彼と同じくらい警戒するとしたら、私たちのチームは転職を考えなければならない。しかし、企業にとっては残念でも、私たちにとっては幸運なことに、たいていの人の防壁はあの警備員に比べてずっと脆弱だ。本人が認識しているよりはるかに「影響」の原則に対して無防備なのだ。おかげでこれらの原則を理解し、うまく用いる方法を心得ている私たちのような人間に、仕事の機会がある。望みのものを手に入れ、相手を思いどおりに動かすために、「影響」のテクニックを実践してみよう。うまく使えるようになると、相手があなたの望みにしたがいながらも、あなたに会えてよかったと思っているのがわかり、満足感が得られる。さらに、人とのやりとりで相手が「影響」のテクニックを使ったときに、即座にわかるようにもなる。相手が使う戦術を意識すればするほど、動じることが減り、自分の意思で決断をくだせるようになる。頼まれたからといって本当に寄付をしたいのか？　知らない人を本当に家に入れたいのか？　自己主張の強そうな人を本当にチームに入れたいのか？　そうかもしれないし、ちがうかもしれない。

あなた自身が、与える必要のない情報を誰かについ与えてしまうこともある。情報が欲しいと言ってくる人はハッカーかもしれないし、情報のなかには非常に機密性の高いものもあるかもしれない。知らない人が特別な「影響」のテクニックを用いてあなたの抑制心を封じ、情報を引き出すのだ。そうしたテクニックをあなた自身がマスターすれば、誰かに害を及ぼすためではなく、人との関係をもっと親密にしたり、愛する人の安全や健康や財産を守ったりするために用いることができる。医師に診断の本当の意味を教えてもらうには？　自分の働き方を上司が本当はどう思っているのか知るには？　本書のページをめくって、やり方を探ってほしい。

5 相手を話したい気分にさせる

心を開かせ、頼まなくても望みの情報を得る

前章では、人を望みどおりに動かす方法を説明した。この章では、相手が秘密にしている情報をもらすような特別な「影響」に注目しよう。このテクニックで得られる情報には驚くことだろう。しかも人との交流に自信が持てるし、人間関係も大きく改善する。カクテルパーティで世間話をするのに苦労したことのある人は、ぜひ読んでもらいたい。

メディアが描くハッカー像は、日がなコンピュータの画面を見つめてすごし、実際の人間とどう交流したらいいかわからない青白い顔のオタクが多い。そうしたステレオタイプに当てはまるハッカーもたしかにいるが、たいてい成功しているペテン師や詐欺師やスパイは、誰よりも愛想がよく、親しみやすく、人好きのする人間だ。事前に用意した背景設定にしたがって会話を始め、ラポートの構築方法を心得ているだけでなく、会話をしながら相手を望みどおりに動かす方法を熟知している。求める機密情報を得るための慎重な会話の進め方も知っている。あまりに口が達者なので、ターゲットは彼らの隠れた目的に気づくこともなく情報を与えてしまう。ターゲット

から見れば、彼らは仲間とたんに楽しく、おもしろく、「安全な」会話をしていただけなのだ。

一〇年前、無線通信による自動認識技術（RFID）が一般的になったときに、私はターゲットとしていた会社のカクテルパーティに参加した。目的は、その会社が最近設置した新たなセキュリティ技術について知ることだった。混み合ったバーにいると、そこの社員が近づいてきた。以前紹介を受けたことはあったが、基本的には知らない人だった。私はお決まりの「やあ」という挨拶をし、何か飲みますかと訊いた。そして世間話を始めた――この手のイベントに参加するのは好きですか、それとも、上司に言われたから来たのですか？　彼は、こういうパーティは楽しいと答えた。何分かそういうやりとりをしたあと、私はある会社――ゼロックスとしておこう――で働いていて、真新しいテクノロジーを導入したところだと言った。「どういうものかはわからないんだけど、こういう妙なカードを使うんだ」さらに続けて、「話しちゃいけないことになってる。でも、あまりに変な感じがしてね。古い人間だと思われるかもしれないが、私はポケットにふつうの鍵を入れておくほうがいいな」

私の新たな飲み友だちは顔を寄せてきて、「なあ」と言った。「もっといいことを教えようか？　うちの会社でトップシークレットのプロジェクトがあるんだ。真新しいシステムで、正面入口から入るのにそのカードを使う。それと、金属探知機を通るのにも」私たちはおしゃべりを続け、数分のうちに私はその会社が導入したプラスティックのキー・カード・システム（RFIDカード）について、設置場所や、キーの弱点は何かなど、すべてを知ることになった！

いっしょに飲んだ相手にしてみれば、友好的で「安全な」会話をしただけだろうが、じつのところ私は、「**信頼による打ち明け話**」という原則を用いたのだ。人間の本来の性質として、相手が個人的な情報をもらすなら、こちらも個人的な情報を（かなり個人的なことであっても）もらしてかまわないと思う。心理学者はこの現象をちがったふうに解釈している。誰かが個人情報をもらしたら、互いの関係の均衡を保とうとして、もう一方もお返しをするというのだ。いわゆる社会的誘引・信頼仮説によると、**私たちは相手とのあいだに信頼とつながりを築きたいがために、特別の情報を教えてくれたことにお返しをする。**[1] いずれにしても、私の飲み仲間は、私に機密情報をもらしても「だいじょうぶ」と思った。彼と同じように、私も自分の会社のセキュリティについて進んで話しているように見えたからだ。まさかハッカーだったり、ほかに目的があったりはしないだろう、というわけだ。

そのまさかだった。

相手が誰でも、なんでも話させる

私の業界では、はっきり話してくれと頼まずに情報を得る行為を「**誘出**《イリシテーション》」と呼んでいる。悪い連中はつねにこの手を使う。ソーシャルメディアのサイトにはさまざまな国のスパイがうろついていて、偽のプロフィールを作り、疑いもしないユーザーとつながり、一見無害に思える会話を交わしている。比較的リスクと労力が少ない方法で貴重な情報を入手し、秘密を共有したい人をリクルートしたり、誰かへの攻撃に用いたりしているのだ。[2] スパイたちはまた、個人に「誘出」のテクニックを使って、国家機密や会社の秘密など、重要な情報にアクセスする。空港で政府機関名が入ったペンを使っていたり、会社のバッジをつけたりしているあなたに気づき、どんな機関や部署で働いているのかと訊いてきた愛想のいい他人は、たんに世間話をしているだけかもしれないが、重要な情報を引き出そうとしているスパイかもしれない。[3]

テロリストも、攻撃計画に役立つ情報を得るのに「誘出」のテクニックを使う。ターゲットの施設の従業員と無害に思える会話を交わし、建物のどのドアがロックされ、どんなセキュリティ対策がとられ、一日のどの時間で人がもっとも多いかといった情報を聞き出すのだ。二〇一九年、ミシガン州警察は住民に「軍の作戦や能力や軍人について情報を得ようとする試み」に注意するよう警告した。[4]ほかの法執行機関も同様の警告を発している。

誰もが警戒を怠らないのは大事だが、それでも決して安全とは言えない。熟練した人間による「誘出」は非常に強力で、防ぐことはむずかしい。人にもらしたくない情報の代表格は、銀行口座の暗証番号だろう。登録するときには、他人にはわからないが自分は憶えていられる番号を選ぶはずだ。ＡＴＭのキーパッドを取り囲むプラスティック板が強調していることは明らかだ――誰にも暗証番号を見られないように。しかし、友人と私はかつてレストランで出会ったまったく知らない何人かから暗証番号を聞き出したことがある。心理的に操ったわけでも、無理強いしたわけでもなく、相手も私たちに会って気分よくすごしたはずだ。

私たちは彼らの金を盗むつもりではなく、ただ遊びでできるかどうかやってみただけだ。ワシントンＤＣの風情あるイタリア料理店でのこと――テーブル同士が近いタイプのレストランだった。両隣ではカップルが食事を楽しんでいた。「なあ」友人がまえもって計画したとおりに私に言った。「ＵＳＡトゥデイのあの記事読んだ？　調査した人の六八パーセントが誕生日を銀行の暗証番号にしてるって」

「ああ、それは本当にそうだろうね」私はポモドーロ・スパゲッティをひと口食べて言った。「ぼくの暗証番号も０７０４だから」もちろん、それは私の誕生日でも暗証番号でもなかったが、まわりの人々は知らなかった。

友人は口のトマトソースをぬぐった。「おいおい、それってあまりにまぬけじゃないか。みんなに推測されてしまう。おれはそんなのは使わないね。家内と自分の誕生日を組み合わせてる――１２０４だ」

聞き耳を立てていた隣のテーブルの男性が妻にうなずきながら言った。「きみの誕生日を使うのはまずいって言ったろ」

「そうね」妻が言った。「でも、本当に憶えやすいから。１０１８」

私は食べ物を喉に詰まらせそうになった。信じられなかった。この女性はまわりに坐っている私たちやほかのみんなに暗証番号を知らせたのだ。しかし、それで終わりではなかった。彼女は夫に言った。「あなたの番号を憶えられる人はいないわ。２４３７１４」

「ちがうよ、ジュリア」夫は言った。「２４３７９４さ」

私たちのグラスに水を足していたウェイトレスが口をはさんだ。「そう、私はバンク・オブ・アメリカを使ってるんだけど、あそこは文字でも数字でもいいんです。だから、私は娘のお気に入りのぬいぐるみの名前を使ってます。『パンダ』って」

こういう会話がもう少し続き――私たちはさらに二、三の暗証番号を知ることになった。隣の席の夫婦に、「すみません、おふたりの暗証番号を教えていただけますか？　どんな数字か興味があるので」と訊いたとしたら、決して教えてはくれなかっただろう。その質問は彼らの脳の危険を察知する部分を活性化し、疑いを起こさせたはずだ。けれども会話の流れのなかで、暗証番号をもらしてもまったくかまわないという気になったのだ。私たちは求めていた情報を手に入れ、私たちに会ったことで彼らもささやかながら気分がよくなった。軽い冗談のやりとりをし、おもしろい事実を知ったわけだから。

第1章のＤＩＳＣの基礎研究をした心理学者ウィリアム・モールトン・マーストンを憶えているだろうか？　彼はスーパーヒーローのワンダーウーマンの生みの親でもあった。ワンダーウーマンは悪人どもに「真実の投げ縄」をかけることで情報を開示させることができる。「誘出」のスキルを習得すれば、ポケットに魔法の投げ縄を持っているようなものだ。相手からほぼなんでも聞き出すことができる――それ以上のことも。

私と受講生たちは、ラスベガスのにぎやかなショッピングモールにいた。私は遊びで受講生たちに、好きな「ターゲット」を選べば、その人たちからフルネームと職場の場所と生まれ故郷を聞き出してみせると言った。受講生が選んだのは、フードコートで注文したサラダを待っている二〇代後半のきわめて魅力的な女性だった。短いショーツ、カウボーイブーツ、フランネルのシャツという露出度の高い装いの彼女を選んだ理由は、魅力的な若い女性は言い寄ってくる男性を払いのけるのに慣れていて、おそらく最大級にむずかしいターゲットだから、ということだった。私は見知らぬ男だから、話しかければ防御や守備の反応が返ってくると思われた。「いや、頼むよ、ほかの人を選んでくれ」と訴えたが、受講生たちは譲らなかった。

この女性にどう話しかけたらいいか、手がかりはまるでなかった。うまく取り入って望みの情報を語らせるのに、なんと言えばいい？　彼女の装いを見て、ブーツに焦点を絞ればつながりが作れるかもしれないと期待した。

私は彼女が立っているところへ近づき、トレイを取って列の彼女のうしろに並ぶと、一瞬間を置いて言った。「失礼ですが、ひとつ質問してもいいですか？」

女性は振り向いて、「ええ、なんですか？」と言ったが、ボディランゲージで防御の構えをとっていた。「また誘い文句？」とでも言いたげに、すばやく目を天に向けた。

ところが彼女は意表をつかれた。私は言った。「この町には仕事で来ているんです。来週結婚記念日でしてね。妻はカウボーイブーツが大好きなんだけど、私は好きじゃないんで、どうやって買ったらいいかもわからない。あなたがはいているのを見て、すごくいいなと思ったんです。どこで買ったのか教えてもらえませんか？　このショッピングモールだったら、たぶん私にも買える」

女性の態度は一変した。目が輝き、満面の笑みになった。「もちろん。このショッピングモールです。じつは私、その店で働いているんです」彼女は販売員らしく、ブーツについて語ってくれたうえ、店への行き方も教えてくれた。「どちらからいらしたんです？」彼女は訊いた。私がフロリダに住んでいると言うと、彼女は「あら、私はアトランタ。それほど遠くないわ」と言った。

「へえ、はるばるベガスまでやってきて働いているわけですか？」

彼女はそれまでの人生についてもう少しだけ語り、私はちゃんと憶えたかどうか確かめるために彼女の店への行き方をくり返した。そして図らずもまちがって憶えていたので、彼女はこう言った。「いいえ、ちがうわ。こっちよ。教えてあげます」と私の手を取って五メートルほど歩き、ショッピングモールの通路を指差しながら、もう一度説明してくれた。

私は心から礼を言い、すぐに妻のブーツを買いに行くと言った。そしてトレイを近くのテーブルに置くと、まっすぐ向かうふりをして、一、二歩進んだところで振り返って言った。「あの、思ったんだが、あなたが店に戻るまで待ったほうがいいんじゃないかな」

「いいえ、サマンサに言われて来たって言ってくれればいいわ。店で割引してくれるはずよ」

「ありがとう。そうするよ」私は笑みを浮かべて言った。「ああ、おかげで助かった」私はじっと見つめている受講生たちのほうをちらりと見てから、彼女に目を戻した。「なあ、私の名前はクリスだ、クリス・ハドナジー。妻に誰に助けてもらったか伝えたいんだけど、名前はサマンサって言ったね。ラストネームは？」

「クーパーよ」と彼女は言った（仮名である）。

「すばらしい」私は言った。「力になってくれたことにもう一度礼を言うよ、サマンサ」

私は勝利の喜びにひたりながら、その場を去ろうとした。そのとき、さらにすばらしいことに、彼女が背中に呼びかけてきた。「ねえ、どんなブーツを買えばいいかわからないかもね。私のブーツの写真を撮って、奥さんに送ったらどう？　そうすれば、少なくとも奥さんが見て、気に入ったかどうかわかるから。フロリダから来られたのなら、彼女が気に入らないと返品に困るでしょう」

受講生に私たちの会話は聞こえなかったが、次に彼らはこの美しい女性が他人の私にブーツの写真を撮らせている光景をまのあたりにした。フルネームと生まれ故郷と職場——私は情報をすべて手に入れただけでなく、ブーツの写真まで撮らせてもらった。ラストネーム以外は、教えてくれと頼んだわけではない。彼女が自然に話したくなる方向に会話を持っていったのだ。

真実の投げ縄はみんなに必要

「真実の投げ縄」は立派な隠し芸にはなるが、日常生活で役に立つのだろうか？　そう、もちろん。誰かと初めてデートするとき、イエスとノーで答えられる質問を相手に直接してもいいだろう。「子供は欲しい？」、「仕事は儲かる？」、「趣味や関心のあることを話してもらえる？」、「知っておくべき変な習慣や癖はある？」などなど。本当のことを答えてくれるかもしれないが、答えてくれないかもしれない。そして、緊張したぎこちない会話になるのはまずまちがいない。「誘出」のテクニックを用いれば、軽く楽しい会話をしながら、相手のこうした情報を少しずつ集めることができる。たとえばあなたが、結婚するなら子供はひとりかふたりでいいと考える人を探しているとしよう。これに対するデート相手の考えを知るには、こう言えばいい。「うちの兄弟姉妹はみな四、五人子供がいる大家族なんだ。ぼくはそれほど大勢養えるかどうかわからない。ストレスも多そうだし」これで直接質問しなくても答えがわかるような反応が見られる。もちろん、大家族を持つ兄弟が実際にいない場合には、嘘を避けるために若干変えたほうがいい。たとえば、こんなふうに。「子供のころ、隣に住んでいた家族に子供が四人いたんだ。あの家の親がどうやってやりくりしていたのかわからない。ぼくには無理かもしれないから」

「誘出」のテクニックはビジネスの場でも効力を発揮する。たとえば、企業向けの人事管理のソフトウェアを売っていて、イベントで大勢の潜在顧客と会うものの、従業員二〇〇〇人以下の中小企業には売りたくないとする。イベントで会う人にそれを説明して、会社の規模を単刀直入に訊いてもいい。訊いた相手が大企業の社員なら、そのソフトウェアに興味があるかどうかという話を続けることができる。ずばり訊いても思いあがっているようには聞こえず、不快にも思われないかもしれないが、とくに楽しくもなく、愛想もない。望まない答えが返ってきて、無意識に顔をしかめて会話を打ちきったりしたら、相手にネガティブな感情を引き起こすことにもなりかねない。

それに代わるやり方として、何気なく会話を始め、相手の会社について愛想よく質問し、共通点を見つけようと努力してもいい。相手が保険会社の社員で、たまたまあなたが以前短期間でも保険を売る仕事をしていたなら、こう言うこともできる。「奇遇ですね。保険についてはあまりくわしくないんですが、大学時代に半年ほど保険を売る仕事をしていました。たいへんな仕事ですよね。どうやって成果をあげるのか見当もつきませんよ」相手は実際の業務は保険の販売ではなく、ＩＴ部門の管理だと答えるかもしれない。そこであなたは「そうですか」と言う。「ＩＴ部門全体を管理しているなら、かなり偉いかたなんですね」相手は、会社が急速に成長を続けており、従業員は五〇〇〇人に達していると答えるかもしれない。そうなれば完璧だ――将来、顧客になる可能性がある。さらに会話を続けて、彼らがあなたの製品を欲しいと思うか、必要としているかを確かめよう。あなたのソフトウェアで解決できる問題を彼らが抱えているかどうか、こんなふうに探ってみてもいい。「まえに勤めていた会社では、従業員を満足させるのに本当に苦労しました。保険会社にも同じような苦労があると聞きました」新たな顧客が得られようが得られまいが、気持ちのよい会話を交わし、愛想よく、おもしろく、魅力的な人間として会話を終えられるだろう。

「誘出」のテクニックを使えば、目的を持って会話を始め、そうでない場合に比べてなめらかに我慢強くやりとりできるはずだ。自分の利益のためにこのテクニックを使うのだが、客観的に見れば、あなたはふだんより親切になっている。誰しも人とやりとりするときには、意識しているかどうかにかかわらず、なんらかの目的があるものだ。「誘出」のテクニックを使う場合、目的ははっきりしているが、ひたすらそれだけを求めるわけではない。会話を通して相手を知り、心のつながりを持ち、相手の言うことに耳を傾ける。自分の事情だけでなく、相手の事情にも配慮して関係を築く。気楽に心を開いてもらえるように、話す内容についてもよく考えるのだ。

私の経験から言うと、たいていの人は、他人からどう情報を引き出せばいいかわからない。矢継ぎ早に質問を浴びせないとしても、目的がバレてしまい、距離を置かれるような下手な会話をするのがせいぜいだ。おそらく、ほとんどの人が子供のころ、何かを知りたいときに尋問のように問いただす両親に育てられたせいではないだろうか。やさしく中立的な態度で子供と話す親は多くないから、学ぶ機会がなかったのだ。成長の過程で、人は生来防御を固めるものであり、情報を得るには無理やり搾り取るしかないと考えるようになった。

しかし**実際には、仕事仲間も、上司も、子供、老いた両親、友人、隣人も、こちらが思う以上に進んで情報を与えようとするものだ。たんにためらう気持ちをなくさせればいい。**彼らに気に入られるには、しばらく自分の要求や要望を脇に置いておく必要がある。深呼吸して、相手がどういう人間か理解し、豊かで満足のいくやりとりができるようにペースを落とすのだ。自分ではなく、彼らに関する会話をしなければならない。

効果的な「誘出」への7つのステップ

①めざす目標をはっきりさせる

情報を引き出し、相手の気分もよくする会話を始めるには、まず、会話からどんな情報を引き出したいのか、はっきりさせることだ。目標がはっきりすればそれだけ、人とのやりとりを思慮深く進められる。だが注意してほしい。目標はなんでもいいというわけではない。求める情報は、用いる背景設定や相手とのラポートのレベルと大まかに合っていなければならない。ある会社の社員に電話をかけ、ＩＴ部門の人間と名乗って社会保障番号を尋ねたとしたら、相手は疑いを抱き、なかなか教えてはくれないだろう。しかし、人事部の人間だと言えば、警戒を解いてくれやすいはずだ。人事部は源泉徴収などの税務関係の仕事をしているから、社会保障番号を必要とする理由はわかるからだ。

②関心相手をよく観察する

つぎに、相手が赤の他人であれ、身近な人であれ、可能なら二〇秒から三〇秒――細かい点に気づけて、かつ相手に不快感を与えない時間――じっと相手を観察する。そうすれば、いまが情報を得られるチャンスかどうか、手がかりが見つかるはずだ。急いでその場を離れようとしているか？　すでにほかの誰かと会話をしているところか？　ヘッドフォンをして自分だけの世界に入りこんでいるか？　うまくいきそうもない兆しが見えたら、会話は延期しよう。会話ができそうだったら、きっかけをどうするか、相手のボディランゲージに手がかりを探す。何かに困っている様子なら、手を貸す方法があるかもしれない。失望しているようなら、同情してもいい。ほかに連れがいたら、あなたの目的を果たすのにその「仲間」が役に立つか、邪魔になるかを考える。

観察がきちんとできないと、次のステップも台なしになってしまうかもしれない。

③会話に「誘いこむ」質問と出口戦略を考える

知らない人に話しかける場合、最初の「誘いこむ」質問はとても大事だ。最初の三秒でラポートが築けなければ、会話は続かないだろうから。そのことを私はたいへんな思いをして学んだ。あるとき、受講生の何人かが、ホテルのバーで「誘出」のテクニックを披露してほしいと言った。私は自信をみなぎらせて、バーに続くロビーに坐っているひとりの男性に近づいた。男性を観察することも、質問を考えることもなく、すぐそばまで近づくと、大声で言った。「こんにちは。ちょっとお訊きしてもいいですか?」男性は年輩の紳士で、私よりもずっと体が小さかった。ずかずかと近づいたことで私は彼を驚かせてしまい――椅子がうしろに傾いて、体が床に落ちそうになった。私はぎょっとして、うしろにまわって椅子を戻そうとした。ところが、椅子が思ったよりずっと軽かったので、結局その男性を数メートルまえに飛ばしてしまい、彼は近くのソファに顔から突っこんだ。私がその男性を襲ったと思ったホテルのスタッフが駆け寄ってきた。最悪だった。彼のフルネームと生年月日と住んでいる町を聞き出せたか? まさか。

会話に「誘いこむ」質問をするまえに、まず、そばに行ってもいいことを確認しよう。「こんにちは」と声をかけ、「少しお時間いいですか?」と訊き、相手がほんの少し心の防壁を下げるのを待つ。そこから次の会話につながるような、実質的な質問を続ける。最大のまちがいは、会話がつながらない質問をしてしまうことだ。「こんにちは。このあたりでいいレストランを探しているんですが、どこか知りませんか？」と訊いたとすれば、相手はこう答えるかもしれない。「いいえ、すみません。このあたりの人間じゃないもので」もしくは、こう答える。「ええ、この道を二キロほど行ったあたりにいいペルー料理の店がありますよ」いずれにせよ、それ以上会話を続けるのはむずかしい。向こうはあなたが礼を言ってそのまま立ち去ると思うはずだ。去らずにさらに質問を続ければ、疑いを招くことになる。

最初の質問には「出口戦略」をひそませるべきだ。できれば、やりとりの初めに誰もが抱く四つのおもな疑問のひとつ――この人とはどのくらいの時間やりとりする？――に答えるのが望ましい。そこで、こんなふうに言う。「こんにちは。ちょっとだけお力を借りられませんか？　一分ですみます」あるいは、「急いでいるんですが、ちょっとお訊きしなければならなくて……」そうやって始めれば、会話がすぐに終わることがわかる。そして、実際にすばやく終わらせるのだ。もっと時間が欲しいなら、相手からの誘いが必要となる。相手の心のなかであなたに割こうと決めた時間がすぎてしまえば、距離を置かれ、「誘出」の努力が無駄になるかもしれない。

④会話をまえに進める

会話に誘う質問をしたら、さらに質問を重ねる。会話とはおもに自分が話す機会だと考える人がほとんどだが、「誘出」の会話では、**質問することで会話をリードし、相手にもっと話させる。**望みの情報が得られるまで会話を続けたいなら、自由に答えてもらえる質問をすることが必要不可欠だ。

⑤積極的に聞く

もちろん、関心相手に話をうながす質問をするということは、会話全体をつうじて積極的に聞くということでもある。たいていの人は積極的に聞くのが苦手だ。ほかの誰かが話しているあいだ、次に自分が言うことを考えてしまうからである。相手の言うことを積極的に聞かなければ、それに関係した次の質問ができなくなる。

積極的に聞く能力をつけるために、会話中に相手の話を反映した質問をしてみよう。そのためには、**相手の最後のフレーズをくり返し、それを質問として投げかけるといい**。旅行の話をしていて、相手がこう言うとする。「ああ、ペルーはこれまで行ったなかでいちばんすごい国だよ」相手の話を反映した次の質問はこうなる。「いちばんすごい国？」こういう質問をすれば、相手は目下の話題について話しつづける。それだけでなく、こうした努力をすることで、あなたも会話に深くかかわり、積極的に聞く習慣をつけることができる。相手の話を反映した質問によって、真剣に注意を払っていると示すことにもなる。

相手の話にちゃんと耳を傾けないと、次のステップの妨げになる。

⑥詳細を憶える

すばらしい会話をして対象者から巧みに重要な情報を引き出したとしても、詳細を憶えていられなければ、努力が無駄になるだけだ。私の受講生のなかにも、宿題をして望んだ情報を手に入れたものの、きちんと憶えておらず、私に充分報告できなかった人が何人もいた。そもそも記憶力がよくないので、プロのハッカーのようにくわしく憶えられるわけがない？　そんなふうに思ってはいけない！　私も昔は記憶力が弱かったが、練習を積んで相手の話の詳細だけでなく、ボディランゲージや装いのような数多くの付随情報まで憶えられるようになった。相手の話を反映した質問をすることで、詳細についての記憶力もよくなるかもしれない。相手が話した情報をくり返さなければならないからだ。もちろん、やりすぎはよくない。退屈させたり、愚かしく聞こえたりしてしまう。詳細を憶える記憶力の向上に役立つちょっとしたゲームを紹介しよう。

カフェやホテルのロビーなど、公の場に入ったときに、特定の人種や性別、年齢のグループに注目する（白人女性、アフリカ系アメリカ人の男性、年輩の人々、アジア系の女性など）。そして、最初に目についた人が着ているシャツかブラウスの色を憶えておく。たとえば、最初の人がグレーのシャツを着ていたら、「グレーのシャツ」と何度か頭のなかでくり返し、その場を離れてからも憶えているかどうか確かめる。それができるようになったら、ちがうグループに属する複数の人について、ほかにも細かいことを憶えるようにする。たとえば、スターバックスに入って、最初に目に入った白人女性のセーターの色と、最初のアフリカ系アメリカ人の男性のシャツの色と、カウンターの奥にいる少なくともひとりのスタッフの名前を憶える。それを一、二カ月やると、自分の記憶力の向上に驚くだろう!

⑦相手の気分をよくする方法とタイミングで会話を終える

たいてい最初の質問(「一分だけ話してもかまいませんか?」)によって、会話の長さは自然と決まるが、注意してほしい。「誘出」のテクニックが思った以上にうまくいって、関心相手が会話に夢中になることもありうる。求めていた情報が得られたからといって急いで会話を打ち切れば、不作法で自分の目的にしか関心がないように見えてしまう。相手は敬意を払われていないと感じ、あなたに会ったことで気分がよくはならない。**望むものを得たあとも辛抱強く会話を続け、積極的に聞いて、親切に反応するように。**会話は自分だけのものではないのだ。

本書で説明したほかの戦術と同様に、「誘出」のテクニックも、練習を積めば自然に感じられるようになる。日々出会う人に試してみよう。友人や家族や同僚だけでなく、まったく知らない人にも。まずはスターバックスの店で会った客のフルネームや、わが子が中学校や高校で何をしているかなど、相手があまり気にしない情報を得てみる。自信がついたら、「誘出」のテクニックを使って、まわりの人から意味のある情報を聞き出してみよう。あなたの大事な人は、あなたとの関係を本当はどうしたいと思っているのか？　上司はあなたの業績に満足しているように見えるが、本当だろうか？　いちばん親密な顧客は来年注文を増やしてくれるだろうか、それとも減らすつもりか？　先週わが子が参加したパーティで何があった？　そういうことがわかるようになるのだ！

「誘出」のテクニックを次のレベルへ

会話を自分の思った方向へ進めるのが楽になったら、テクニックを追加してさらにいい結果を得ることもできる。この章の初めで、そのテクニックのひとつ――「信頼による打ち明け話」――を紹介した。私がＦＢＩ行動分析プログラム（ＢＡＰ）の元責任者ロビン・ドリークと共同で開発した**「誘出」の五つの追加テクニック**を用いれば、相手を引き寄せて情報を「もらして」もらうことに役立つだろう。

1　明らかに真実と異なるか論理的でない発言をする

本書のほかのテクニックを試さないとしても、このテクニックだけは試してほしい。**人は生来、まちがった発言を聞いたら訂正したくなる**ものだ――とくにその話題に強い信念を抱いている場合には。[6]　食料品店で、誰かがあなたの好きなアメフト・チームについてまるでまちがっていることを話していたら、きっと訂正したい強い衝動に駆られるはずだ。少なくとも気持ちが乱れ、「この人たちは自分が何を言っているのかわかっていない！」と思うだろう。

人間のそんな傾向を、情報を引き出す際にうまく利用することができる。その話題に相手が本当に関心を寄せているかどうか確かめるために、わざと真実ではないことを言うのだ。相手は訂正せずにいられず、その過程で新たな情報を与えてくれる。馬鹿げたこと、意味をなさないことを言ってもいい。相手は正しい情報をもたらしてそれを訂正してくれる。私の受講生のひとりは、昼食を食べている人々に話しかけて誕生日を明かさせたことがあった。「こんにちは」彼はひとりに話しかけた。「いちごを食べてらっしゃるんですね。つまり、あなたの誕生日は二月ですね」

いちごを食べていることと二月生まれということにはなんのつながりもないのは明らかだが、いずれにしても相手はそれを訂正した。「ちがいます。七月ですよ」

「あ、四日ですか？」

「いいえ、二一日です」

「へえ、すごい」と受講生は言ってその場をあとにした。

2　範囲を与える

誰かに正確な数を言わせたいときには、推測で高めの数字と低めの数字を与えてみる。すると対象者は、数がその範囲内にあることを明かすか、正確な数字を言ってくれる可能性が高い。[7] 車を買うのに慣れた人はいつもそういうことをして、交渉の余地がどれだけあるか確かめている。「この車を買うとしたら、割り引いてもらわなきゃならないんですが、提示価格より五〇〇〇ドルから一万ドルほど引いてもらえます？」販売員が交渉に応じるつもりなら、「割り引けるとしても、四五〇〇ドルほどです」と言うだろう。これで交渉可能な範囲が推測できる。ただ販売員を捕まえて、「これを買うには提示価格より五〇〇〇ドル引いてもらわないと」と言ったら、最初は値段を高く設定したい販売員はたいてい、できませんと答える。しかし、現実的でいくらか自分に有利な範囲を提示すれば、それを交渉の実際的な出発点にできるか、少なくともディーラーがその価格帯では交渉できないことがわかる。

3　こちらが何か・誰かを知っていると思わせる

あなたが何か、あるいは「内情にくわしい」誰かを知っていると告げれば、相手はもっと楽に話せるようになる。建物への侵入を試みたあるとき、私は自分の携帯電話に登録してある同僚の名前を、侵入しようとしている会社の副社長の名前に変えておいた。その同僚には、車のなかから建物の正面の窓越しに私と警備員のやりとりを見ていてもらった。私が苦戦しているのに気づいたら、「いったいどこにいるの？　もう一五分も待ってるんですよ」というショートメッセージを送ってくれることになっていた。

私はあらかじめ〈グラスドア〉〔訳注／従業員や元従業員が匿名で自分の会社を評価するアメリカのウェブ

サイト」でその会社を調べ、その副社長の評判が最悪であることを知っていた。彼女のもとで働いてどれほど非人間的な扱いを受けたか、みな怒りにまかせて書いていた。そのことを知ったうえで、私は書類を山ほど抱えてロビーに入っていった。警備員に近づいても止まらず、むしろそこを通りすぎるように足を早めた。「ちょっと、すみません」と警備員たちが声をかけてきた。

「待って。ここはそのまま通れませんよ」

「本当に?」と私は言った。「ほんの数分前に、車に置いてあった書類を取りに出たんですけど、見ませんでした?」

「何をおっしゃっているのかわかりません」警備員のひとりが言った。

「あの」私は言った。「時間がないんです。居眠りしてたのを起こしたんだったらすまないが、あと数分でミーティングが始まるので、ちょっとこの書類を取りに行ってただけなんです」

警備員は首を振った。「社員証を見せてもらわないと」

彼がそう言ったところで、同僚からのメッセージが届いた。私の電話では例の副社長からのように見えた。

「まったく」私はメッセージの送り主がわかるように警備員に電話を見せた。「彼女に電話して、どうして会議室にいないのか説明したほうがいいかな?」

警備員は手を振って私を通した。「いいえ、だいじょうぶです。通ってかまいません」

この件では、私は何か(この件の場合は誰か)を知らないのに知っているように見せかけて、嘘をついた。日常生活では、嘘はつかないほうがいいだろう。倫理に反するのはもちろん、もし嘘がバレたらどうなる？　別のときに、私は物理学の教授から情報を引き出そうと、量子物理学に関する彼の論文が気に入っているふりをして近づいた。量子物理学については何ひとつ知らなかった（いまも知らない）ので、教授に論文のどの部分が気に入ったか、どんな疑問を抱いたかと訊かれて、答えに窮した。彼は私が嘘をついたのを知って気分を害し、「読んでからまた来なさい」と言ってその場を去った。大失敗だった。

4　疑うふりをする

対象者の発言の何かが信じられないことを示すと、自己防衛に向かう過程で情報が明かされる可能性が高い。ただし、ここで注意すべきことがある。相手の話に疑問を呈して気分を悪くさせないように。誰かとおしゃべりしていて、その人が小説を書いたと言ったら、「きみにそんなことができるなんて信じられない」と言ってはいけない。「へえ、本を書いたの？　本当に？」とぼかして言おう。後者は「信じられない」とは言っていない。「きみの言っていることはにわかには信じられないから、くわしく話してくれ」という意味だ。多くの場合、相手は書いた小説や執筆の過程だけでなく、あなたが興味を持ちそうな日常生活のほかのことについても事細かに話してくれる。

5　確認ずみの事実を引き合いに出す

人間の行動について興味深い事実を取り上げることで、私はレストランじゅうの人々から銀行の暗証番号を聞き出した。みずから個人情報を明かすことによって、みんなにそれが本当かどうか試したいと思わせたのだ。私たちが引用した統計は、実際に見つけた本物のデータだった——でっちあげではない。このテクニックを用いるときには、**まえもって学習し、会話で役に立ちそうな事実を確認しておこう。**一般的に、会話を始めるまえに関連情報を集めれば集めるほど、会話はうまくいく。特別なテーマを掲げた業界の会合へ行って、自社の存在感を示したいなら、そのテーマに関する資料を読み、会話のきっかけになりそうな興味深い事実を集めておこう。

食料品店で誰かと会話を始めてみよう。課題は、会話の途中でこれまでに述べたテクニックをいくつか使って、相手の生まれた月を突き止めることだ。話しかけた最初のやりとりでそれができれば、ボーナスポイント。テクニックをひとつだけ試す場合には、わざとまちがったことを言ってみる。その効き目は怖いほどだ！

これらのテクニックを実践し、早い段階で成功を重ねれば、「誘出」の能力に自信がついてくる。とはいえ、うぬぼれは禁物だ。私の受講生がよく失敗するのは、自信を持ちすぎて、最初にめざしていた情報以上のものを求めるからだ。貪欲になると、やりすぎてしまう。無理に情報を引き出そうとしていることに気づいた関心相手は、利用されたと感じて瞬時に口を閉ざし、あなたに会ったことで気分も悪くなってしまう。それは望むところではない。相手の顔の表情やボディランゲージを見れば、用いているテクニックがうまくいっていないことはわかるはずだ。必要なら引き下がろう。求めている情報を誰もがいつでも明かしてくれるとはかぎらない。機嫌が悪いとか、急いでいることもあるだろうし、どれかの質問が的はずれだったということもありうる。

何より大事なのは、つねに相手の話に集中し、相手に合わせた話をすることだ。何を言うかだけでなく、どう言うかも大切だ。このちょっとしたコツをどこで見つけたのかは憶えていないが、受講生たちには**「RSVP」**を気にすることと教えている——相手が話すときの**リズム、スピード、ボリューム、声の高さ**《ピッチ》だ。会話のこれら四つの要素の変化は、相手の心のつながりが失われ、不信が募っていることを示す。一方で、彼らのRSVPを取り入れれば、よりよい結びつきを作ることもできる。誰かに会ってそのアクセントをまねしたら、詐欺師めいて見えるか、馬鹿にしているような印象を与えるだろうが、相手の気分を害することなく、そのRSVP、とくにボリュームとスピードに近づくことはできる。たとえば、大都市出身の人と話すなら、少し速度と声の大きさを上げると、相手には会話が自然に思えるはずだ。そして無意識のうちに、黙っていたことを話そうという気になるだろう。

より深い関係への道のり

アルコールは人づき合いの潤滑油と言われる――まさしくそうだ。しかし、この章で説明してきたテクニックも同じだ。生まれながらに「おしゃべりの才能」に恵まれている人もいるが、努力してそれを身につけなければならない人もいる。達人であれ、新人であれ、会話のコツをマスターして得をすることはできる。会話を自分の思う方向に進め、より多くの情報を得、相手にも楽しく話しやすい人だと思ってもらうことができるのだ。人と深い心のつながりを持つ機会にもなる。ときには思いがけず、まるで知らない人とそうなることもある。

見ず知らずの人に個人的な情報を明かしてもらう練習を思い出してもらいたい。私のふたりの若い受講生――男性と女性――がラスベガスのホテルでこの課題に挑戦した（いつものように、実習はラスベガスでおこなっていた）。ふたりは賭けのテーブルやスロットマシンのあいだをぶらついて、六〇代の夫婦に出会い、会話を始めた。すばやく相手とラポートを構築し、すぐに四人でこれまでの人生や家族、大事にしている考えまで語り合った。この快適だがさほど珍しくもない会話が二〇分ほど続いたところで、男性の受講生が、何を訊いてもまじめな答えが得られるくらい相手との関係が深まったと判断し、こんな質問をぶつけてみた。「今夜ここを歩いていたのは、知らない人に出会って関係を築けるかどうか試すためだったんです。それにいちばんいい方法は、たとえば、『これまで誰にも話したことのない事実を話してください』というような、本当に突っこんだ質問をすることだと思うんですが、どうですか？」

夫婦は目を見交わした。ふたりの目に涙が浮かび、妻のほうは泣きはじめた。

受講生は最悪の気分になった——自分はいったい何をしてしまったんだ？

夫が彼に目を向けて言った。「一年前、息子が自殺したんです。最悪の一年でした。二週間前に私たちは約束しました。私が家内を殺し、その後自分に銃を向けると」

受講生ふたりはことばを失った。

夫は袖で目をぬぐい、妻のほうは落ち着きを取り戻そうとしていた。「何もかも計画したんですが、最後の最後に実行することができなかった。そんなことをして、なんになる？　私たちはこれからの人生を、うつや自殺願望と闘っているほかの若者たちを助けることに捧げようと決めました。ここラスベガスに来たのは、最後に一度、楽しむためでした。このあとは、いまある貯蓄を全部使って使命を果たすつもりです」

受講生たちはこの夫婦を抱きしめ、その後の三〇分はともに話したり笑ったり泣いたりした。そして夕食をともにし、電話番号を交換した。実習が終わり、帰宅してからも、受講生たちはこの夫婦と連絡をとりつづけた。彼らの関係がさらに深まって、いまも連絡をとり合っているのかどうかはわからないが、わかっているのは、「誘出」のテクニックを用いることで特別な親密さが生まれ、意味ある関係が構築されたということだ。

受講生は、たんにこの夫婦に話しかけて、誰にも話したことのない何かを教えてくれと頼んだわけではない。ラポートを構築することで、この質問を投げかける機会を獲得したのだ。友好的に夫婦に近づき、彼らの人生に純粋な興味を示し、話に耳を傾け、それについてよく考えて質問し、夫婦が会話で見せるあらゆる反応に注目し、うまく合わせた。受講生には彼らなりの目的があったが、それを追求するからこそ、自分の話すことばや話し方についていっそう慎重に考えた。「誘出」は本当に強力なテクニックだ。倫理的に使えば、相手に圧力をかけたり命じたりして情報を得なくても、本物の関係（短命に終わるにせよ）を築いたうえで、自然に心を開かせることができる。「誘出」のテクニックや、本書で説明しているほかの戦術を練習すればするほど、対処はうまくなる。すべての人間関係がいまよりもよくなるはずだ。

ここまでで扱ったテーマ――背景設定、ラポート、誘出、影響――はすべて、社会に利益をもたらすヒューマン・ハッキングのポジティブな側面である。しかし、ハッカーの道具箱には、日々の暮らしで使用すべきでない道具も入っている。そうした道具は並はずれて強力だが、使えばかならず他人に害を及ぼし、深刻な被害をもたらすこともある。ここで言っているのは、邪悪な「心理操作」術のことだ。次の章では、心理操作の仕組みを説明する。自分の利益になるように用いるためではなく、詐欺師、ペテン師、スパイといった悪い連中にだまされないようにするためだ。彼らから身を守る最善の方法は、その手口を知ることだ。

6 邪悪な心理操作を阻止する

心理操作の仕組みを理解、認識することで、悪党から身を守る

ヒューマン・ハッカーを心理操作者《マニピュレーター》と見なす人は多いが、それには異を唱えたい。これまでの章で紹介したテクニックを使って人に影響を及ぼせば、相手はあなたの望みに進んで応じたい、喜んで力を貸そうと思うはずだ。「心理操作」はそれと異なり、ずっと邪悪だ。邪道な方法でだまし、相手の意思に反して望みにしたがわせるもので、往々にしてかなりの害を及ぼす。私のチームが心理操作のテクニックを使うことはめったにないし、読者のみなさんには完全に避けてもらいたい。しかし、邪悪な心理操作から身を守るために、それらについて知っておく必要はある。

昔、大学から追い出されてまだシェフになるまえのことだが、私はヒューマン・ハッキングのスキルを使って傷害保険を販売する仕事についた。顧客の大部分は農家の人々だった。農業や田舎の生活についていては、フロリダ西岸出身の二〇歳のサーファーが持ち合わせているだけの知識しかなく、保険の知識はさらになかった。それでも会社はチャンスをくれ、その地域でトップの成績をおさめていた営業マンを私の指導者につけて、苦労している小規模農家に傷害保険を売るコ

ツを教えさせた。

なんという「指導」だったことか。そのトップの営業マンのことは仮にグレッグと呼ぶ。彼は農家の人々に必要以上の保険を売るために、恥知らずなほど嘘をついていた。営業訪問でグレッグが訪ねた典型的な農家が、農場の価値と収入の水準から判断して仕事中の怪我に一七万五〇〇〇ドルの傷害保険を必要とする人物だったとする。グレッグは月々の支払いがずっと高くなる一〇〇万ドルの保険を買わせるために、そのくらいの保険金がなければ怪我をしたときにひどいことになるという話を聞かせて説得した。「ご家族は農場を失うでしょうね」とでっちあげた数字を読み上げながら言った。「生活は困窮しますし、お子さんたちは誰も大学に行けないでしょう。生活が破綻します」

このシナリオに真実味を持たせるために、グレッグは、農器具で両脚を失って困窮している隣の郡の農家というもっともらしい逸話をこしらえた。その農家の妻はウォルマートで時給六ドルの職についている。子供たちは学校を退学し、割の悪い長時間労働をしている者もいれば、麻薬依存症になった者もいる。怪我をした本人は月々の経費の支払いのために老いた両親から金を借りなければならず、一家は医療保険の保険料ですら払えなくなった。それもすべて、その農家が一〇〇万ドルではなく、数万ドルから数十万ドル程度の保険にしか入っていなかったからだ。その話が本当なら証拠を見せてほしいと顧客が言うと、グレッグは、顧客情報は秘密なので証拠は見せられないと断った。「八、九カ月前の新聞記事で読んだはずですよ」と言い、ほとんどの顧客は同意してうなずくことになった。

これまで見てきたように、「影響」のテクニックを用いると、相手にこちらと同じように考えさせることができる。こちらの望みにしたがうことが彼ら自身の考えとなり、彼らの利益にもなる。一方、**心理操作は、それがどういう影響を及ぼすかにかかわらず、相手の感情を食い物にして無理やりしたがわせる。**心理操作は簡単で、怖ろしいほど効果的だ（そしてグレッグからそのやり方を教わり、その後何度となく目にしてきたが、かならずしも明らかな不正というわけではない）。**人は怖れや痛みや欲望などの強い感情に襲われると、脳の理性を司る部分が機能しなくなり、扁桃核というクルミほどの小さな灰白質の塊が取って代わる**――ダニエル・ゴールマンの言う「感情のハイジャック」が起きるのだ。[1] グレッグはこの力学を心得ていて、恥知らずなほど活用し、相手に感情のハイジャックの反応を起こさせた。彼のターゲットは「戦うか、逃げるか」の状態に陥り、あわてて不合理な決断をした。なかにはこの罠からどうにか抜け出し、批判的な質問を浴びせてグレッグを追い払った人も何人かいたが、ほとんどの人はグレッグの言うことにしたがった。彼は売上を伸ばし、顧客たちは月々高い保険料を支払うことになった。

グレッグのような心理操作者はどこにでもいる。ほとんどの営業員、政治家、弁護士、ジャーナリスト、宗教家は倫理的な行動をとっていると思いたいが、相手の不安や憎悪や欲望をあおって自分の目的を果たそうとする人を見つけるのはさほどむずかしくない。心理操作はビジネスの世界でも顕著だ。時計を置かず、自然光をさえぎって客をブラックジャックのテーブルに釘づけにするラスベガスのカジノから、[2] 客を引き寄せ、より多くの商品を買わせるためにそそるようなにおいを漂わせる店や、[3] 感情に訴えかけて必要でもない商品やサービスを買わせるために何十億ドルもかけた広告に至るまで。そしてもちろん、犯罪者による心理操作もある——頼みもしないのに無数の電話やメールやメッセージが届いて、情報を提供したり料金を払ったりしなければ、法的措置をとるとか、仕事を失うとか、悲惨な結果を招くとか、さまざまな脅しをかけてくる。心理操作をおこなう詐欺師たちは、毎年巨額の金を不正に取得するのみならず、被害者に深刻な心理的ダメージを与える。ある悲惨なケースでは、ポルノのダウンロードが発覚したので罰金二万ドルの支払いが必要だと知らされた男性が、狼狽するあまり四歳の息子を殺してみずからも命を絶った。[4]

私はＩＴシステムや建物に侵入するためにいつも心理操作のテクニックを使っているが、それはクライアントが要望し、決めた範囲内でのことだ。ターゲットにされた人物の気分がよくならないこともままあるが、彼らがこうむったわずかな心理的ストレスは、犯罪者のハッカーから彼らの会社を守るという重要な目的に役立っている。この章では、ハッカーなどが望みをかなえるために用いる心理操作のおもな形態を説明することで、あなたが身を守り、安全でいられるように手助けしたい。そうした心理操作は犯罪であり、損害をもたらすことも多いからだ。

心理操作をやめる

心理操作のテクニックを理解したい理由はもうひとつある。あなた自身が意図せずそれを用いないようにするためだ。望みのものを手に入れるために邪悪な技を用いるのは不道徳な個人や会社だけではない。ときには私たちみんなが、あまり考えずに、些細でわかりにくいかたちで用いている。私はかなり大柄で、飛行機に乗るときには、窓側に自分が坐って隣の中央の席に誰かをはさむとつらいことになる。最初に搭乗し、予約席でないときには、乗ってくるほかの乗客に不安な目を向け、誰も隣に坐りませんようにと祈らずにいられない。こんなことを認めるのは嫌でたまらないが、祈る以上のことをするときもある。上着などの持ち物を隣の席に置いて、すでに誰かがいるように見せかけるのだ。両脚両腕を少し大きく開いて、あえて隣に坐るにはあまりスペースがないことを示したりもする。そして、ほかの乗客からこの席は空いていますかと訊かれないように、ヘッドフォンで音楽を聴いているふりをする。

「影響」のテクニックを使うのであれば、ほかの乗客と礼儀正しい会話をし、この隣の席は空けてもらえないかと丁寧に頼むことになるだろう。しかし、私がとった作戦は、偽りの見せかけによって人々に不愉快な感情を引き起こし、無理やり行動させるものだった。たとえば彼らは、「決まりを破る」ことにならないか、誰かが本当にこの席にいたら不作法に見えるのではないか、無愛想で他人のスペースなどまるで尊重しない汗かきの大男の隣に坐るのは嫌だ、などと考えただろう。私の心理操作は身勝手で、思いやりがなく、失礼だった。ひどい損害をもたらしたわけではないが、ほかの乗客の一日をほんの少し難儀にしたのは確かだ。

こうしたふるまいは、他人同士がスペースや数少ない商品を取り合う状況ではよくある。しかし、友人や親戚など、自分の人生で大事な人たちとやりとりするときにも、小さなかたちで相手を操作することはある。たとえば、パートナーに何らかの行動をとってほしいとき、いつも率直かつやさしい態度でそうしてほしいと頼むだろうか？　ときには、そういう行動をとらないと怖いことになるとか、そういう行動をとればすばらしいことになると言って相手の感情をかき立て、行動に向かわせないだろうか？

ある日の午後、私は夕食にステーキが食べたくてたまらなくなったが、妻は肉という気分ではなかった。いっしょに車でどこかへ出かけた際に、私は妻の心においしい肉料理のイメージを植えつけた。「昨日の晩、バーベキューのにおいがしなかった？　ああ、あれはすごいにおいだった！」私はグリルの話を延々と続け、グリルした肉がお互い好きなことを思い出させた。そのあと何気なく、妻に夕食は何にしようかと訊いてみた。「どうしよう」と妻は答えた。「でも、ステーキが食べたい気がする」その晩、私たちは実際にステーキを食べた――私が妻の心理を操作して、ベジタリアンの食事をしたいという望みを捨てさせたのだ。妻は別によくない結果にみまわれたわけではないが、状況がちがったら（たとえば心臓に問題があって、医者の指示で動物性蛋白質を避けていたとしたら）、その可能性もあった。いずれにしても、私は利己的にふるまい、妻の必要や要望を考えずに、心の弱いところにつけこんで望みにしたがわせたのだ。

あなたが親なら、子供に言うことを聞かせるために心理操作のテクニックを用いているかもしれない。子供が寝る時間になっても寝ようとしない、宿題に取りかからない、やるべき手伝いをやらないといったときには、話をし、彼らが決まりにしたがいたくなるようにうながす。しかし、親のほうがストレスを感じていたり疲れていたりすると、それもむずかしい。そこで今度は、子供たちのためにしたことをあれこれ思い出させて、**親の簡単な望みにしたがわないことに罪悪感を抱かせようとする。あるいは、したがわなければこれまで許していたことを許さないと脅して、不安をあおる。望みどおりにすればデザートを食べさせようと賄賂を使ったりもする。親がよく使うこうした方法は、どれほど些細に見えても、すべて心理操作の一種だ。**思いやりをもって導く代わりに、子供を無理やりしたがわせようとしている。

　心理操作を避ければ、人間関係の改善もできる。もっと頭を使い、労力もかけなければならないが、日常生活で自分の意思を押しつけずに「影響」のテクニックを用いれば、いまより親切で思いやり深い人間になれる。相手の話にもっと耳を傾け、相手を理解し、その望みや要求に応じ、協調関係や信頼を育てることができるのだ。配偶者と共同で何かを決定する際に、相手の自由意志による決断力をひそかに損なうようなことをしたら、どれほどの関係や信頼を築けるだろう？　宿題をすればキャンディをあげると約束することで、子供とのあいだにどれだけの関係を築けるだろう？　私もヘッドフォンをつけて足を広げて坐っていては、ほかの乗客とのあいだにラポートは築けない。そうする代わりに事情を説明し、ほかの席に坐ってほしいとお願いしたなら、相手には親切な行動をとる機会を、自分には感謝を表現する機会を与えられたのだ。

　心理学者のJ・スチュアート・アブロンが、著書『*Changeable*』のなかで、「共同問題解決《コラボレイティブ・プロブレム・ソルビング》」（CPS）と呼ぶ関係構築について説明している。親や教師など、力を持つ立場の人間が、できるからといって相手に無理強いするのではなく、「よりよい」親身な会話を通じて共同で問題を解決することだ。学校、精神科の病院、少年刑務所が、昔ながらの懲罰を排してCPSを用い、対象者の行動を劇的に改善させたとアブロンは述べている。ある小児精神科病棟では、問題行動を起こした子供をスタッフが肉体的に拘束しなければならないことが多かった――一年に二六三回も。だが、CPSを導入して一年後、拘束の回数はたったの七回になった。本書で説明した「影響」のテクニックは、非常に具体的で構造的なCPSと同じではないが、CPSの成功から、心理操作のテクニックであれ、懲罰であれ、弱者に強制して意にしたがわせる必要のないことがわかる。互いに敬い、信頼し、共感して強い関係を築くことのできるほかの選択肢があるからだ。[5]

心理操作のテクニックは、ヒューマン・ハッキングのなかでもかなり強力だが、「影響」のテクニックも同様であり、多くの状況で完全な心理操作より効果的だ。保険営業マン時代に私の指導係だったグレッグに話を戻そう。私がいっしょに仕事を始めたとき、彼は全社でトップクラスの営業マンだった。しかし私はその会社に正式採用されると、グレッグを抜いて六カ月のあいだ会社でトップの成績をおさめた。グレッグからは多くを学んだが、私は早いころから倫理的なやり方をしようと決めていた。顧客には必要な保険について正直に話し、保険を契約して苦情を申し立てた農家についても、証拠を示して事実を伝えた。私が売った保険はグレッグの実績より少額のことが多かったが、契約数でグレッグに勝った。何よりも、人が本当に必要とするものを提供し、彼らの生活を改善しているとわかっていたので、夜もぐっすりと眠れた。

もちろん、生死がかかっているような極端な状況では、すぐにこちらの望む行動をとらせるために相手を心理的に操作する必要があるかもしれない。それは理解できる。たとえば、人質に取られたとしたら、犯人に武器を捨てさせるために、ＳＷＡＴの狙撃兵とその狙撃の精度について語ってひどく怖がらせたとしても、やましい気持ちにはならない。しかし、そんなことでもなければ、自分の目的を果たすと同時に相手のためにもなったほうがずっといいはずだ。一方で、心理操作のテクニックを用いようとする相手に対しては、警戒をゆるめてはならない。

「影響されやすさ」の原則

相手が心理操作のテクニックを用いようとしても、すぐにそれを見抜けると思うかもしれない。電話やメールでそうした疑わしいものに日々出くわしても、だまされずに来たのだから。広告や狡猾な営業マンには疑いの目を向けたほうがいいということもわかっている。何も見逃したりはしない！　ああ、でも、見逃す可能性はあるのだ。たんに心理操作が蔓延しているせいで、私たちは無頓着になり、結果として無防備になる。機械的な声のたどたどしい英語のメッセージが、ある電話番号に連絡をとって法外な料金を支払わなければ（よくわからない理由で）刑務所行きになると警告しても、誰も反応しようとは思わないが、詐欺師たちはつねに腕をあげており、ますます念入りに練られた本物らしい策略の登場に驚かされる。

二〇一九年、イギリスのバークレイズ銀行が、美しい貸別荘のオーナーを装う犯罪者のオンライン詐欺について注意を喚起した。詐欺師たちは大幅に値下げした価格を提示し、なんの疑いも抱かずに貸別荘での休暇を望む人たちをおびき寄せた。彼らのウェブサイトの写真はほかのサイトから盗用した本物の写真で、イギリスの旅行代理店協会のロゴも掲載されていた。被害者たちは、本物らしく見えるすばらしい広告に幻惑されて、よく考えずに貸別荘を予約する前金を払い、何千ドルという金を失った。二〇〇〇人の消費者を調査したバークレイズは、人々が驚くほど無防備であることを明らかにした。大多数が「できすぎだとわかっていても」別荘を予約しただろうと認めたのだ。[6]

ますます増えてきた別の詐欺として、犯罪者が電話をかけ、家族を誘拐したからすぐ身代金を払えというものがある。彼らは電話の受け手に家族の電話からかけているように見せかけるスプーフィング攻撃のテクニックを使う。[7] ＦＢＩは次のように警告する。「昔ながらの誘拐とちがって、バーチャルな誘拐は実際には誰も誘拐しない。しかし、巧妙な策略と脅しによって、嘘がバレるまえに被害者に身代金を支払わせるのだ」。[8] こういう詐欺があることを知らず、誰かが電話してきて一時間以内に二〇〇〇ドル支払わなければ娘を殺すと言い、その電話が娘のスマートフォンからかけられているように見えたら、あなたもたぶん恐怖に駆られて身代金を払うのではないだろうか。

セキュリティ業界や法執行機関に身を置いていないかぎり、日々登場する新たな詐欺の手口にくわしいはずもない。それでも、詐欺師が人を心理的に操作する方法について深く理解しておけば、個々の詐欺はさまざまであったとしても、被害に遭う可能性を減らすことはできる。

犯罪者は**心理操作でストレスや不安や不快感を与え、被害者に不利な決断をさせる。**私の講座では、これを「影響されやすさ」の利用と呼んでいる。前述の男性とその子供が命を落とすことになった身代金型のハッキングは、この一例であり、したがわないと最悪の結果が待っていると脅す詐欺の多くがこれに当てはまる。老人を狙った典型的な詐欺に、内国歳入庁の職員を装って電話をかけ、社会保障番号が使えなくなっているので、再度使えるようにしないと今後年金を受け取れなくなると脅すものがある。それにはもちろん、手数料の支払いが必要だ。こうした詐欺を働く連中は用意周到だ。闇のウェブサイトで買った個人情報を使って、被害者を名前で呼び、住所などの個人情報を確認する。詐欺師の背後では忙しい連邦機関のオフィスから電話しているような音がし、電話はスプーフィングしたワシントンDC地域の番号からかけられている。こうした電話を受けた老人は月々の支払いを社会保障給付小切手に頼っているため、恐怖に駆られて手数料を払ってしまうものだ。

三〇分ほどコマーシャルを見てみよう。目的を達成するためにそれらがどういう心理操作術を使っているか分析すること。

「影響されやすさ」は、先ほど述べた貸別荘の詐欺や、親が何かと引き換えに子供たちに宿題をやらせようとする場合のように、ポジティブな感情にも作用する。なんらかの賞に当たったので、受け取るためにこのリンクをクリックせよとうながすメール、メッセージ、電話などもそうだ。もうひとつの例は、古典的な「色じかけ」のテクニックだ。詐欺師たちは自分勝手な目的を果たすためにターゲットの欲望をあおろうとする。テレビの宣伝はこのやり方で魅力的な人物を登場させ、その露出を高めることで視聴者を操り、商品を買わせようとする。「セックスは売れる」という言いまわしは誰もが聞いたことがあるだろう——ファストフード、美容用品、アルコール類、俗悪なエンターテインメントは、視聴者を誘惑するために性的刺激のある映像を日常的に使う。[9]消費者が衝動的に購入する、あまりリスクが高くない商品を売る会社にとっては、そういう広告も効果的に思えるが、もっと複雑で高価な商品についてはあまり効果がないことが研究からわかっている。この#MeTooの時代に、性的刺激のある広告は、かつては有効だったファストフードのような商品カテゴリーにおいても、効果を失いつつある。[10]

広告のなかには、ポジティブとネガティブの両方の感情を引き起こすものもある。テレビを見ていると、汚い場所に横たわる飢えた犬の映像が流れる。悲しい音楽とともにアナウンスが流れる。「こんな動物を救うために、一日ほんの数ペニーを寄付しませんか?」それから、幸せそうな音楽が聞こえ、あなたのような人が寛容な寄付をしたおかげで救われた健康で遊び好きな犬の映像が流れる。死にかけた犬を助けてあのすばらしく健康そうな犬に生まれ変わらせたいという、信じられないほどの思いが湧いてきて、あなたはそこに書かれた番号に電話して寄付をする。しかし、セックス同様、この戦術もいまはあまり効果的とは言えない。慣れた視聴者は本物らしさと現実世界のインパクトを求めるからだ。[11]専門家によると、重要な慈善目的の宣伝の場合には、創造力やユーモアを用いて結果を強調するほうが——つまり心理操作ではなく「影響」のテクニックを使うほうが——共感を呼びやすいそうだ。[12]

「影響されやすさ」につながる4つの道

器用な心理操作者は、人間心理のさまざまな側面に働きかけることで成功率を上げている。「影響されやすさ」につながる四つの道を紹介しよう。私はこれらにしょっちゅう遭遇しているが、日常生活で誰もが心に留めておくべきものだ。

1　環境のコントロール

研究者によると、私たちの身体環境は心理面にも強い影響を及ぼす。ハーバード大学の心理学者でポジティブ心理学の生みの親とされるエレン・ランガーは、この学問分野の最先端にいた。[13]

一九八一年には、胚細胞と遺伝子だけが老化の進行を決めるのか、あるいはほかの心理的要因も影響するのかを調べるために、前例のない革新的な実験をおこなった。当時まだ若手の学者だったランガーは、ニューハンプシャーに七〇代の被験者を八人集めた。改装された修道院で、七〇代という年齢の人間にはよくある体の痛みに苦しめられていたこの男性たちは、二〇年以上前の一九五九年、彼らがまだ若く元気だった時代に戻されることになった。衣服も、遊びの選択肢も、時事の議論も、家具調度も、すべて一九五〇年代を反映したものが用意された。そこでは当時の歴史的な出来事が現在形で語られ、そこへ入った男性たちも当時の年齢の人間として扱われ、荷物も階上《うえ》へ自分で運ぶように言われた。

ほんの五日後、彼らの生物指標化合物《バイオマーカー》は劇的に改善した――奇跡的と言ってもいいほどに。姿勢から視力、即座の意思決定に至るすべてが改善し、杖を捨ててタッチフットボールの試合をするまでになった！　残念ながら、のちに「反時計まわり実験」として知られるようになった古典的なこの実験は、費用の問題もあって再度おこなうことはむずかしい。だが、時代の先駆けとして、学界でも一般社会の意識においても、大きな影響を残した。数十年後の二〇一〇年、すでに数々の研究論文の共同・単独執筆者になっていたランガーは、BBCと共同研究をおこない、心と体の関係を探究する並はずれた貢献によって初めて広く認識されるようになった。[14]

ランガーの実験結果が、自分や他人の利益になる環境の整え方を示しているとすれば、ハッカーや詐欺師はターゲットを望みどおりに動かすために環境を変化させようとするだろう。それがターゲットに損失をもたらすことも多い。極端な例として、情報機関はテロリストから情報を得るために、拷問すれすれの環境コントロールのテクニックを用いる。二〇〇一年九月一一日のテロリストによるアメリカ攻撃ののち、ジョージ・W・ブッシュ政権は尋問強化プログラムを導入した。テロの容疑者に対し、絶え間ない騒音や、ウォーターボーディング〔訳注／背中を板に固定して頭に袋をかぶせ、逆立ちの状態で袋に穴を開けて口や鼻に水を直接注ぎこむ水責め〕、狭く暗い「監禁ボックス」への閉じこめ、睡眠の剝奪（拘束具を使って苦痛をともなう体勢をとらせることによる）など、環境コントロールのテクニックを用いることを認めたプログラムである。[15] こうした方法は議論を呼んだ――拷問は野蛮で効果がなく、ターゲットに重要な秘密を告白させることはできないと主張する者もいれば、「拷問には効果があり」、当局はテロと戦うために尋問強化などより厳しい罰則のテクニックを復活させるべきだと言う者もいた[16]。

これと正反対の精神状態をもたらすものとして、ラスベガスのカジノで用いられる環境コントロールがある。こうした場所は客から時間の感覚を奪うだけなく、室内の薄暗い照明、心地よい香り、スロットマシンから発せられる騒々しい音や明るい光が客の感覚に働きかけ、賭けに勝ったときの興奮をあらかじめ想像させる。カジノが無料で提供するアルコールや、露出の高いホステスたちが感覚に過剰な刺激を与え、客の批判的思考能力を停止させ、適切な範囲を超えて賭けようという気分にさせるのだ。

心理操作者が私たちの行動を操作しようとするときには、社会的な環境が大きくかかわってくることが多い。大学の友愛会に加わるために、新入生は大酒を飲まされるのがふつうだが、そこにはしたがわざるをえない社会的圧力を受ける環境がある。やりたい放題の乱暴な上級生が何十人と集まった部屋を思い浮かべてほしい。やかましい音楽が流れ、アルコールが大量消費され、まわりに止めてくれる人はいない。ここで述べるのもはばかられるほど野蛮な方法で殴られたり、肉体的虐待を加えられたりといったいじめを甘受する新入生もいる。その意味は明らかだ——したがわなければ、負け犬として友愛会からははじかれてしまう。そういう環境で個々人の理性的な判断力は大幅に鈍り、「流れに乗る」しかないと思うようになる。翌朝目覚めて気分が悪いと、新入生は「どうしてあんなことができた?」と考えるだろう。答えは単純だ。友愛会の上級生たちが社会的立場を用いて、彼の「影響されやすさ」を高めたのだ。

2 見直しの強要

「影響されやすさ」につながるふたつ目の道は「見直しの強要」と呼ばれる。矛盾する事実をいくつか示すことで、相手がこれまで教えられてきたことや、知っていると思っていたことを疑うように仕向けるテクニックだ。「ガスライティング」〔訳注／誤情報や嫌がらせで、被害者がみずからの記憶や知覚を疑うように仕向ける心理的虐待〕ということばを聞いたことがあるかもしれない。相手に対して、特定の事実や考えだけでなく、正気さえも疑わせるテクニックだ。見直しを強いる行為の極端な例である。矛盾は大きな不安につながる。世の中が一定の法則で動いていると思っていたのに、突如としてその基本的理解が頼りにならないとわかるのだ。その不安がパニックにつながり、自分に不利益な行動へ駆り立てられることにもなる。

研究によって、不確かな未来のほうが、先に悪いことが待ちかまえているとわかっている未来よりストレスになることが証明されている。一九九四年、カナダの学者たちが、不確かなものに対応できない程度を「認知的脆弱性」で示し、それがどのくらい不安や摂食障害といったネガティブな結果に結びつくかを示す「あいまいさ耐性尺度」（ＩＵＳ）を開発した。[17] 二〇一六年には、あるジャーナリストが「不確実性とストレスの関係についての史上もっとも高度な実験」と呼んだ研究の結果を発表した。[18] ゲームをする人の多くは、ゲームが真に迫っていて「実体験」に近いことを好む。では、実際に体験してもらったらどうか、ということで、被験者に岩をひっくり返していくビデオゲームで遊んでもらい、岩の下にときどきひそんでいるヘビが出たときには、強い電気ショックが与えられるようにした。

研究者は、危険があった箇所（その研究で言う「不可避の不確実性」）をたどり、被験者が自己申告したストレス、および瞳孔の拡張や発汗のような生理的指標と突き合わせてみた。[19] すると、ストレスと不確かさには正の相関があり、ストレスレベルはショックの不確かさが五〇パーセントに達したとき（すなわち、かぎりなく完全な不確かさに近づいたとき）に最高になることがわかった。[20] 物事の結果が予測できないとき、ドーパミンの活性化に関係する脳の一部が厳戒態勢に入るのだ。[21]

不確かさがストレスを生むことは、統計学者や脳科学者に言われなくてもわかる。誰もが経験したことがあるはずだ。高校時代、きちんと勉強せずにむずかしい試験を受けたことはないだろうか？　Dの成績を取ることがわかっていれば、おそらく心配するのはやめて（少なくとも心配の度合いは減る）、その状況をどうにか切り抜けることに注力するはずだ（たとえば、補講を受けるとか、両親にどう知らせるか考える）。一方、成績がわかっていなければ、余計に不安になり、どうにかBプラスを取ったと夕食の席で意気揚々と両親に告げる自分の姿や、がっくりした顔で落第したと告げて両親を失望させる姿など、さまざまな情景を思い浮かべずにいられない。[22]

熟練した心理操作者によって、これまで強く信じていたことに疑問を抱かされる（見直しを強いられる）と、あまりに大きな不確実性が生じるので、不安を和らげるために、ふだんなら抱かないような望みに頼ってしまう。たとえば、一〇月のある夜、あなたは大学生の娘が無事に大学の寮にいると思っている。そこへ電話が来て、娘が誘拐され、これから一〇分以内にアップルのギフトカードで二〇〇〇ドル送金しなければ、娘をレイプして殺すと犯人が言う。娘が脅されている情景が浮かんであなたは恐怖に駆られるが、娘が無事寮にいると信じていたのに、どこか知らない危険な場所にいるとわかってショックも受ける。それにより、娘や娘の生活環境、さらには人生そのものについてさえも、わかっていると思っていたすべてを見直さざるをえなくなる。詐欺ではないかと疑ったとしても、その瞬間は不確かな思いが強すぎて、何を信じていいかわからず、危険を冒すより言われたとおり送金してしまうのだ。

職場でも見直しを強いられることはある。たとえば、情報開示に非常に厳しい決まりのあるＩＴ企業で働いているとする。誰かが電話してきて、この二日のあいだに二〇〇もの深刻な情報流出があり、担当者が何人か解雇されそうだ、ＣＥＯが流出した情報の内容を確認したがっている、と言ったとすれば、あなたも情報を与えてしまうかもしれない。こんな緊急事態に会社もうるさいことは言わないだろうと理由をこじつけるのだ。混乱に動揺し、ここでもやはり何を信じていいかわからなくなって、ＣＥＯを怒らせる危険を冒すより、不安な気持ちに負けて例外を作ってしまう。

ときには会社が「見直しの強要」のテクニックを使って、従業員をもっと働かせようとすることもある。単純に解雇するのではなく、誰と特定せずに、何カ月後かに何人か解雇すると宣告するのだ。そうした動きが個々の労働者にどれほどの影響を及ぼすか想像してほしい。その宣告があるまで、彼らは会社の業績はよく、仕事も安泰と思っていたかもしれない。ところがじつは業績が悪く、解雇が予定されていると知らされるわけだ。個人の業績は悪くなかったとしても、疑念の種が心に植えつけられる。会社についてわかっていると思っていた重要なことが真実でなかったと悟る。ほかに何が真実でないのだろう？　不安が募り、従業員たちは念のためもっと懸命に働くようになる――解雇の事前予告が会社の思惑どおりの効果を発揮する可能性が高い。

3　無力感を高める

相手の「影響されやすさ」を高めるきわめて効果的な第三の道は、その人から力を奪うことだ。人は自分が主導権を握っていると思いたいものだ。心の底の原始的なレベルで、人間という種族は主導権を力ととらえ、力を生存ととらえてきた。[23]そして主導権の中核にあるのが「選択肢」である。人間も動物も選択肢を持つことを好むのは同じだ。たとえそれによって結果がよくならなくても。[24]ある研究では、「置かれた環境をコントロールし、望ましい結果が得られるという信念が、個人の幸福には必要不可欠である」[25]と結論づけている。成功している企業はこれを理解し、従業員の自主性を尊重して、彼らの生産性、幸福感、業績を高める。[26]ハーバード・ビジネス・スクールの教授ランジェイ・グラティはこう述べる。「人々が最善を尽くし、自由な発想を追求し、その場で賢明な判断を下すためには、心の余裕が必要であることを、指導者たちは知っている。陳腐になるほどくり返し言われてきたことだ」。とくに、何十年にもわたる研究で、従業員は「職場でなんらかの選択肢と発言権を欲しがり、それが業務への意欲をかき立て、実績を改善する」ことがわかっている。[27]

選択肢があるという感覚（幻想であることも多いのだが）を誰かに奪われ、それゆえに主導権の感覚もなくしたら、不安と心配に呑みこまれ、ふだんはしないような軽率な決断をしてしまうだろう。主導権を失ったという感覚が長く続くと、たんにそれに慣れてあきらめてしまうかもしれない。その結果は、マーティン・セリグマンと同僚のスティーヴン・F・マイヤーの言う「学習性無力感」だ。[28]一九六〇年代なかば、ペンシルベニア大学の大学院生だったセリグマンは、犬の回避反応について研究していた。セリグマンのチームが犬に電気ショックを与えると、犬はその苦痛に耐えるか、柵をのぼってそこから逃れようとした。電気ショックをくり返すと、逃げようとするのをやめ、元気をなくして苦痛に耐えようとする犬たちが現れた。研究者たちは実験のやり方を変え、その犬たちにショックだけでなく逃げ道も与えたが、結果は同じで、大半は元気をなくしてその場にとどまったままだった。セリグマンは残忍な人間ではない。人間と犬に共通する「学習性無力感」をくつがえしたいと思い、「学習性楽観主義」を通して「学習性無力感」を克服することに、その後の著名学者としての人生を捧げている。

4 罰

心理操作者は、ときに罰や罰の脅しによってターゲットから強い感情を（たとえば、不安や恐怖すらも）引き出し、望みにしたがわせようとする。もっとも顕著な例は拷問だ。拷問は「告白」を引き出すのには驚くほど効果的だが、「真実の情報」を引き出すのには最悪であることが研究によって明らかになっている。「四〇〇年前から拷問に効果がないことはわかっていた」とサイエンティフィック・アメリカン誌の記事は述べる。ヨーロッパの魔女狩りで拷問をおこなった審問官を引き合いに出し、記事は誰もが直感的に真実だとわかっていることを論証している――人は痛みを止めるためなら、何についても告白する。[29] しかし、うまくやれば拷問は奇跡を起こすという信念はいまも残っている。ヒットしたテレビ・シリーズの『24 ‐TWENTY FOUR‐』で、キーファー・サザーランドが演じるまじめな捜査官ジャック・バウワーは、必要とあればどんな手を使ってもテロリストから情報を引き出し、都市圏が悲惨な大混乱に陥るのを防ぐ。「あれはハリウッドのファンタジー」とサイエンティフィック・アメリカン誌は結論づける。「現実では、囚われの身となった人はテロリストかもしれず、ちがうかもしれない。テロ攻撃について正確な情報を持っているかどうかも、有益な機密情報をもらすかどうかもわからない。とりわけ、その人の目的が拷問をやめさせることなら」[30]

数多くの詐欺において、犯罪者は拷問より軽いにしても相手を恐怖に陥れる「罰」のテクニックを用いる。たとえば、相手のコンピュータをロックして支払いを求める身代金型のハッキングや、罪を犯したと相手を責め、罰金を払わないと逮捕されると脅す無数の詐欺。罰を加えるという脅しは、とくに厳しいとか劇的でなくても、答えを強要することができる。心理操作のテクニックを使って従業員から重要な口座情報を引き出すことを私たちに依頼した銀行があった。私たちのチームの女性が、その銀行の顧客のアシスタントのふりをして口座取引の担当者に電話をかけ、任務に成功した。妊娠中の上司が産気づいたのだが、業務の最終段階にその口座の情報がどうしても必要なのだ、と偽のアシスタントは説明した。口座担当者は上司の身分証明のために通常の確認の質問をしたが、そのたびに上司の陣痛は少しずつひどくなり、電話越しにうめいたりうなったりが聞こえた。

口座担当者は同情したが、どうしても教えるわけにはいかないと説明した。そうして二〇分ほどやりとりしたあとで、ついに「上司」はいまにも出産する状態に入ったことにして、アシスタントに叫んだ。「口座情報を教えてもらうまで電話を切っちゃだめよ。わかるまで給料は支払えないんだから！」アシスタントはパニックに襲われ、途方に暮れたふりをして、最後にもう一度、担当者に口座の情報を教えてくれと懇願した。その男性はとうとう降参した。上司とパニックに陥ったアシスタントに同情したのは明らかだった。私たちが言外に科した「罰」は、切羽詰まったふたりの女性を助けずに電話を切ったら彼が感じるであろう罪の意識だった。罪悪感とそれがもたらす心の痛みを増幅させることで、望みのものを手に入れたのだ。

ここで述べた四つの方法は同時に用いられることもよくある。程度の差はあれ、一度に全部を用いる心理操作も頻繁に目にする。ある会社が近い将来に解雇をおこなうと宣告した状況を思い浮かべてもらいたい。すでに述べたとおり、見直しを強いられた従業員は懸命に働くようになるが、それだけではない。解雇され、将来失業するという「罰」の脅しによっても、二倍努力するように仕向けられる。将来のキャリアがどうなるかわからないという不確かさとともに、無力感も募る。役員フロアにいる重役が、あなたのすべてを変える決断をしたのだ。職場環境が変わる可能性も不安をあおり、あなたはいっそう懸命に働くようながされる。会社は近い将来の解雇を宣告すると同時に、オフィスの支給品や出張の予算を削るかもしれない。突如として、まわりの誰もがスナックを持参し、夜遅くまで働くようになる。みな仕事を失う数少ない不運な社員になりたくないからだ。日々机でそんな光景を目にすれば、あなた自身が不安に負けて遅くまで働くようになる姿も容易に想像できる。

今後数日か数週間のあいだに、誰かに頼みごとをしなければならない状況を考えてほしい。紙を一枚用意し、まんなかに線を引く。線の片側には、目的を達成するためにどのように「影響」のテクニックを用いるか書き出す。もう一方の側には、ここで説明した「影響されやすさ」の道とその用い方を考えて書き出す。「影響」のテクニックは倫理的に正しく用いてほしい。宿題をしたがらない子供のいる親なら、心理操作のどの戦術をつい使ってしまうだろう？ そして、どうすれば、それらを避けながら望みの結果が得られるだろう？

私の転換期

何年かまえ、プロのヒューマン・ハッカーとして会社を立ち上げてすぐに、私たちは非常に大きな会社に雇われ、フィッシング、ビッシング、実際の施設への侵入など、持てるテクニックをすべて用いることになった。しかし、その会社のセキュリティ対策は万全で、侵入することができなかった。万策尽きたその時点であきらめ、負けを認めるべきだったが、私はそうせず、エゴが命じるまま心理操作を用いて侵入する計画を立てた。

女性の同僚と私はその会社のカフェテリアにおもむいた。カフェテリアは屋外にあり、警備もなく、簡単に入れた。私たちはその会社の人事部の人間を装い、社員に健康保険に関する質問票への記入をお願いするという演出でそこにいた。記入する内容にはひそかに私たちが求める情報が含まれていた――社員のフルネーム、生年月日、社員番号。その情報を使えば、会社のコンピュータ・システムに侵入することができるはずだった。

まえもって決めたとおり、同僚は所定の締め切りを守れなかったと私に報告した。私は立ち上がって彼女に質問票の束を押し返し、かなりの大声でプロジェクトの失敗を責めているように見せかけた。「役立たずのダメ女」と私は言った。「会社をすぐにクビになるのも無理はないな。今夜までにこれをどうにかしないと、きみはまたクビだ」そう言って大股でその場を離れたが、近くに坐って一部始終を聞いていたふたりの男性が急いで立ち上がり、私のあとを追ってきた。おそらく私を殴るつもりだったのだろう。

私はふたりには気づかないふりをした。同僚が彼らを止めて私を守ってくれた。「いいの」と彼女は言った。「お願い。あの人もすごいストレスにさらされているの。家でも奥さんとのあいだに問題があって。私はこの仕事を終えることになってたから、全部私が悪いの。あの人には怒鳴る権利がある」そう言いながら声を詰まらせ、肩を落として泣きだした。ストックホルム・シンドロームのふりをしたのだ。

「怒鳴る権利なんて誰にもない」と男性のひとりが言った。「あんな言い方をするなんて」

その場に居合わせた人のなかに会社の上級管理職がいて、何があったのかと訊いてきた。

「この人が上司に怒鳴りつけられたんです」善きサマリア人よろしく、男性のひとりが言った。

「今日クビにするって」

「誰も今日クビにはならないよ」上級管理職は言った。そして質問票を手に取ると、カフェテリアにいた全員に記入を命じた。一〇分もしないうちに七〇枚の質問票が集まり、コンピュータ・システムに侵入するには充分すぎるほどの情報が手に入った。

大成功かって？　いや、まったく。私たちは心理操作のテクニックを用いて目的を果たした。社員たちはみずから進んでではなく、私たちがかき立てたネガティブな感情のせいでこちらの望みにしたがった。私たちは「罰」を用いた。ほかの社員が屈辱を与えられ、クビになったら心が痛むとターゲットに思わせたのだ。職場での行動規準に反する上司と部下のやりとりを生み出すことで、いくらか「見直しの強制」もした。私たちの行動を見たターゲットは、嫌なものを見たと感じた。私の同僚を気の毒に思い、私に怒りを覚えた。つまり、私たちに会ったことで気分が悪くなった。その会社が私たちに二度と仕事を依頼してこなかったのも偶然ではない。

通常のテクニックがすべて失敗したとわかったときに、私たちはテストを終了し、効果的なセキュリティ対策をおこなっている会社にお祝いを言うべきだったのだ。あるいは、きわめて不道徳な陰謀から会社を守るために、心理操作のテクニックを用いることを事前に提案し、同意を得ておくべきだった。その場合にかぎっては、こういうテクニックを用いても、気分よく終えることができただろう。

この仕事を始めてまもないころのこの案件で、私は倫理にもとることをした。以来ずっと、深く反省している。ただ、喜ばしいことにこれが転換点になった。そのときまでは、他者に害を及ぼすことを最小限に抑えて、正しいことをしようと努めてはいたが、守るべき倫理規準についてはあまり考えていなかった。どんな種類のハッカーになりたいのか、目標は何か、と自問することもなかった。金のためにやっているのか？　それとも、よいことをして他人の人生を変えることにキャリアを捧げたいのか？　金がすべてだとしたら、私たちがとった方法も悪くはない——さほど人に害を及ぼしたわけではないのだから。だが、よいことをしたいのなら、いくつかの例外を除いてああいうやり方は避けなければならない。たとえうまくいくとわかっていてもだ。

この一件ののち、私は自分の核となる信念についてよく考え、子供たちの行く末を想像した。子供たちが私の会社で働くようになったとしたら、私が日常的に人の心理を操作している姿を見せたくはない。ましてそんな行為に子供たちをかかわらせたくなかった。彼らが私の会社で働かないとしても、私が日々まわりの人にひどいことをしているとしたら、親としてどんな見本になれるのか。そんなふうに考えたおかげで、自分のしたいことが非常にはっきりした。よいことをしたい、とわかったのだ。心理操作で成功しても嫌な気分になることがわかり、できるだけそのやり方は避けたいと思った。

さらに、作戦の立て方や、チームの訓練方法、クライアントへの対処など、会社の運営方針も基本的にすべて変えることにした。それを忘れないように、ロビン・ドリークの金言——「**あな**

たと会うことで人々の気分をよくする」――をわが社の「社是」として採用した。

私生活においても倫理を重視するようになった。うっかり心理操作のテクニックを使わないよう注意し、そうした行動を避けるようになった。ヒューマン・ハッキングのテクニックをよいことに用いる新たな道も模索した。二〇一七年には非営利団体のイノセント・ライブズ基金を創設し、児童ポルノ作家を捕まえて有罪にするためにハッキングのテクニックを用いるようになった。これまでこの基金は二五〇件以上の案件に力を貸している。私は完璧な人間ではないが、昔よりはずっとましになった。人との関係が深まって幸せになったのは確かだ。自分の行動をしっかりと明るい側に保ちながら、心理操作から身を守るためにアンテナを張っておくことができる。それによって気分もよくなり、安全を向上させながら、なおかつ相手から望みのものをずっと多く得られるようになる。

心理操作を避けながら望みをかなえる可能性を高めるために、追加のテクニックを紹介しよう。これらをうまく用いれば、「影響」のテクニックの効果をさらに伸ばすことができる。「背景設定」を本当らしく自然に見せるために、会話の細部をどう調整するかについて説明したいが、そのまえに、人とのやりとりを劇的に改善する基本的なボディランゲージの読み取り方を説明したい。犯罪者やプロのハッカーは、相手のボディランゲージを即座に正確に解釈して、精神状態を知ることができる。また、自分のボディランゲージで相手の感情をかき立てる方法も心得ている。ボディランゲージに注意を向ければ、相手の気持ちに敏感になり、自分自身の存在も意識するようになる。そこからラポートが生まれ、相手はあなたの力になりたいと思うようになるだろう。

7 体に語らせる

ことばを超えることで関係を改善する

プロのヒューマン・ハッカーは、手の動かし方、顔の表情など、相手のことば以外の《ノンバーバル》コミュニケーションに気づく達人である。そうならざるをえないのだ。心理学者が示しているように、私たちのコミュニケーションのほとんどはノンバーバルだからだ。本章では、この分野における私の研究に加えて、有名なボディランゲージの専門家ポール・エクマンの研究を参考にし、ノンバーバル・コミュニケーションの重要な要素を紹介する。

だいぶまえのことだが、私は政府の請負業者が所有するセキュリティ万全のオフィスビルに侵入する任務に雇われた。マルウェアへの対抗手段として、その会社は従業員が会社のコンピュータに外国製のUSBを挿入することを固く禁じていた。オフィスのすべてのコンピュータに「外国製USB禁止」と書かれた小さなステッカーが貼られていた。私の使命は、私たちのコンピュータとの交信を可能にする不正コード（「リバースシェル」と呼ばれる）を載せたUSBを、受付係が挿入するかどうかを確かめることだった。

私は駐車場に車を入れ、おりるときに偽の履歴書のコピーを入れたフォルダーを持ち出して、その上にわざと熱いコーヒーをこぼした。そのフォルダーを手に、正面の扉からなかへ入った。「こんにちは。何かご用ですか?」受付係はほほ笑んで訊いた。しかし、私は笑みを返さなかった。悲嘆と落胆とストレスと苛立ちの入り混じった表情を浮かべていた。「あら」受付係の女性は私の手元を見て訊いた。「どうかなさったんですか?」

私は彼女の机の上の写真に目を走らせ、子供と、夫と思われる男性と、ラブラドール・レトリーバーの写真に気づいた。「その、ここへ来たのは、人事部との面接があと一〇分ほどで始まるからです。どうしてもこの仕事につきたくて。でも、ここへ来る途中、犬が車のまえに飛びだしてきたんです。ブレーキを思いきり踏んだら、カップホルダーからコーヒーカップが飛びだして、車内にコーヒーがぶちまけられて履歴書が濡れてしまったんです。あと一〇分で面接が始まるっていうのに」

「まあ、それは災難ですね」女性は言った。「何かお手伝いできます?」

「わかりません。もう半年も無職で、本当にこの仕事につきたいんです。いくつも面接を受けたけど、どうやら今日は何ひとついいことがなさそうだ。宇宙全体に嫌われたみたいです」

「あ、ここをまっすぐ行くとプリントショップのキンコーズがあります。そこへ行って履歴書を印刷してくればいいわ」

私は首を振った。「時間がない。こういう面接は時間に厳しいんです。遅れないように準備してこいと言われてて。遅刻して最初の印象を悪くしたくない」

受付係の女性はうなずいた。「ええ、そうでしょうね」

私はポケットからUSBを取り出した。「あの、もしよければ助けてもらえませんか？　履歴書を一部だけ印刷してもらえないでしょうか？　このUSBに入ってる。そうしてくれたらすごく助かるんですが」

私はUSBを手渡した。受付係の女性は受け取ったが、会社の決まりを破ることになるかどうか考えているのが見て取れた。そこで私は気まずい空気が流れるまえに、眉を寄せて上げ、唇の両端をおろして、内心の悲しみを表現した。彼女のなかに決め手となるような共感をかき立てられたらと思ったのだ。案の定、彼女はUSBを差しこもうと身をかがめ、「外国製USB禁止」の表示を見て一秒間動きを止めたが、それでも挿入した。「あら、フォルダーがふたつあるわ」

たしかにふたつあった。最初のが不正ファイルで、もうひとつが履歴書だった。

「たぶん上のファイルが最新ですから、クリックしてください」と私は言った。彼女はクリックした。するとすぐに私のチームから、彼女のコンピュータにアクセスできたと告げるメッセージが携帯電話に来て、大きな着信音がした。

私は電話に目を落とした。「ああ、面接がもう始まるというアラームだ」

「そう、急いだほうがいいですね」彼女は言った。「このファイルはうまく開かないわ」

「下のファイルを開いてみてください」と私が言うと、彼女はそれにしたがった。それから、履歴書を印刷してくれて、きれいな新しいフォルダーに入れ、人事課のミセス・ヘンリーのところへ案内しましょうかと言ってくれた。

「ちょっと待って」と私は言った。「ここってＡＢＣ社ですよね？」

「いいえ。それはお隣です。ここはＸＹＺ社です」

「嘘でしょう。ああ、困った。お恥ずかしい」

「今日は本当に最悪の日みたいですね」

私は隣の会社へ行くと言い、オフィスを急いであとにした。任務完了だった。

この一件では数多くのテクニックを使ったが、きわめて重要なのは、最初に私が顔に浮かべていた、疲れてピリピリした表情だった。その表情が無数のことばの代わりになり、それ以降のすべてを決めたのだ。受付係に私の力になりたいと思わせ、私の説明はすでに顔に書かれていた真実を裏づけただけだった。


ノンバーバル・コミュニケーション術をマスターすれば、ことばだけに頼った場合に比べて、望みにしたがってもらうことがずっと楽になる。相手の顔の表情、些細な癖、肩の位置などから心の状態を探ることもできる。ＦＢＩの尋問担当官や、スパイや、セキュリティの担当者は、ボディランゲージについて徹底的な訓練を受ける。そのなかでも、私の友人のジョー・ナヴァロのように最高に優秀な人たちは、まったく知らない人が相手でも、すぐさま感情に気づき、会話が進むなかで、かすかでも重要な感情の変化を追う技術にすぐれている。

この章では忍者並みの技の習得を保証したいが、まあ、そうはいかない。ノンバーバル・コミュニケーションは奥の深い（そしてチャールズ・ダーウィンの著書にまで記述があるほど古くからある）テーマだ。[1]頭、顔、手、腕、足、胴体など、体の多くの部分は感情や考えを伝え、さまざまなかたちでコミュニケーションに利用できる。身につけている衣服や宝石、アイコンタクトをするか、するとしたらそのやり方、声の調子、他者とのボディコンタクトのとり方（もしくは避け方）、体臭など、ことば抜きで感情を伝える要素はほかにも幅広くある。文化によって手まねや合図の意味がちがうことを考えれば、なんとも複雑な構図ができあがる。トップクラスのセキュリティのプロと同じレベルに達するには、何年もの訓練が必要かもしれない。

そこまでの習熟度をめざすなら、まずはボディランゲージやそれに関係するテーマについて書かれた数多くの本を参照すべきだろう。なかでも注目すべきは、ナヴァロとポール・エクマン博士の著書である。[2] そして、ノンバーバル・コミュニケーションの練習や、さまざまなやりとりをする人々の観察を始めよう。ただ、ヒューマン・ハッカーの技術向上のために、顔の表情づくりや手の動きなどに習熟する必要はない。私たちの体の「語り」が、人への影響力を大きく向上させることを、いつもよりほんの少しだけ意識すればいい。とくに顔の表情に注目し、いま使えるいくつかの基本的なテクニックを試しながら、相手の感情を見抜いたり、相手から感情を引き出したりしてみよう。そうしたテクニックの練習に何時間か費やせば、やりとりで相手の感情に敏感になり、慎重にふるまうようになるはずだ。本書のほかの章で説明したテクニックを使う能力も向上させることができる。

まずは相手の癖を観察する

まず、人とのやりとりを改善するのに、いますぐ練習なしに使える強力なテクニックを教えよう。これは、誰かと会話をしているときに、相手が話の内容におおむね満足しているか、気まずく感じているかを知るのに役立つ。すなわち、相手のボディランゲージのかすかな癖を観察するのだ。たとえば、腰や腹をこちらに向ける、ジョー・ナヴァロの言う「腹側を見せる」[3]傾向がある場合には、満足していることを示す。「腹側」は、動物で言えば下側だ。友好的な犬は仰向けになって柔らかい腹を見せ、なでてもらおうとする。それは腹側を見せる行為で、心を開いていて、無防備で、相手に関心があり、心のつながりを持ちたいということをはっきりと示す動作だ。人間の場合、ほかにもそれと同じ意味を持つ仕種がある。たとえば、てのひらや手首の内側を見せること。誰かをランチに誘うときにてのひらを見せれば、その人を知りたいという熱意を、少しやさしく受け身な方法で示すことになる。てのひらを下に向けたままだと、強く、威圧的で、堅苦しい態度になる。頭を傾けて首を見せたり、笑みを浮かべたりということも気安さを表す態度だ。

私は誰かとやりとりするとき、こうしたノンバーバルの部分にすぐに注意を向ける。腹側を見せる仕種にしても、その人が真に心を開いて関係を築こうとしているのか、それとも私に心を開かせて望みにしたがわせようとおもねっているのか、私にはわかる。この仕種については、相手がわざとそうしていることもあるので注意が必要だ。史上もっとも悪名高い詐欺師や犯罪者の一部は、疑いを抱いていない被害者に取り入るために、すねたように友好的な態度をとる魅力的な人物だった。ただ、**たいていの場合、腹側を見せることは真の気安さと関係構築の熱意を示し、腰をまっすぐこちらに向ける動作とともに、関係を築きたいと思わせようとする意図がある。**話すうちに相手が腹をかばう防御的な態度に変わったら、会話が悪い方向へ進んだ合図だ。そうなったら、ちがうやり方を試みるか、会話自体をやめよう。

感情の「ビッグ・セブン」

ボディランゲージを大まかに理解したところで、人間がさまざまな感情を、とくに顔の表情としてどう表すか復習しよう。科学者は顔の表情をふたつに分類した。意識して感情を表に出そうとする**「マクロ表情」**と、感情に合わせて無意識に筋肉が動き、ふつう自分ではそれに気づかない**「微《マイクロ》表情」**である。マクロ表情が数秒以上続くのに対し、微表情はほんの一瞬ときわめて短い。たとえば、オフィスの廊下を歩いていて、行く手の角からあなたのことを嫌っている同僚が現れたとする。あなたに気づくやいなや、同僚の顔には嫌悪が走る。頰や口の端など、顔の一方がわずかに持ち上がる――かすかに嘲笑するように。それが「微表情」だ。少ししてあなたが近づくと、彼は作り笑いを浮かべ、軽く会釈して、「やあ、久しぶり」と言う。その笑みと会釈は「マクロ表情」だ。[4]

微表情は、セキュリティの専門家にとってもヒューマン・ハッカーにとってもきわめて重要だ。それらがわかるようになると、相手自身が気づくまえに即座に感情を推し量ることができる。とはいえ、微表情は訓練を積んだ目でないと気づくのがむずかしい。顔の表情を読むのに慣れていないなら、まずはマクロ表情を読み取ったり用いたりすることを学んだほうがいい。それですら、たいへんに思えるかもしれない。私たちは欲望、愛情、憎悪、自己満足、物悲しさ、落胆、興奮、意気阻喪、好意、慰み、不満、幻滅、懸念、恍惚、後悔など、あまりにも多くの感情を経験する。それらを整理して、人間の顔への表れ方を学ばないかぎり、相手の感情に気づくことはむずかしい。

ならば「ビッグ・セブン」に注目すればいい。研究によって、数ある人間の感情が「基本」もしくは「構成要素」と呼ばれる数種類に分けられることがわかった。画家のパレットのたくさんの色が、理論上、三原色（黄、赤、青）にもとづくのと同じだ。基本感情を何種類と見るかは科学者によってまちまちだが、エクマン博士を含む多くの研究者は七つと考えている――**怒り、恐怖、驚き、嫌悪、侮蔑、悲しみ、喜び**だ。

相手の顔に浮かぶこれらの主要な感情が即座にわかるようになったら、どれほどコミュニケーションが円滑になるか考えてみてほしい。感情に関する誤解がずいぶん減り、効果的に協調関係が構築できるはずだ。相手が怒っているときに自分勝手な要求をしたり、相手が悲しんでいるときに冗談を言ったりせずにすむのだから。

逆に、基本感情を自分の顔に出す方法を学べば、「影響」のテクニックを用いる際に、相手のなかにこちらに有利な感情を生じさせることができる。たとえば、私がある建物に侵入するために受付係と会話を始めるとする。彼女に要望を伝えるときには、共感へとつながる若干の悲しみを感じてもらいたい。共感してくれれば、要望を聞いてもらえる可能性も高くなるからだ。しかし、どうすればいい？　簡単だ。話すときに唇の端を下げて悲しみを表現すればいい。顔の表情以外のテクニックも使うとしたら、両手をポケットに突っこんで肩を丸め、声を下げてさらに悲しみを表現する。

自分の顔にこうした感情を表すことで、意図的に相手にも同様の感情を起こせることが研究からわかっている。科学者の言う「ミラーリング」という現象だ。[5]われわれのこの能力は、脳のなかのいわゆるミラーニューロンから来る。ふたりの研究者のことばを借りれば、ミラーニューロンは「観察した相手の行動に反応し」、「自分がその行動をとるときにまったく同じようにさせる」特別な細胞だ。[6]興味深いことに、顔に表情を浮かべることで、自分の心にその感情を引き起こすこともできる。ある画期的な研究で発見されたことだが、晴れた日にサングラスをかけずに外を歩く人は、ずっと目を細めているせいで怒りに駆られることが多いという。私たちは怒ると目を細めがちで、別の理由で目を細めても脳がそれを察知し、後追いで怒りの感情を引き起こすらしい。[7]サングラスを家に忘れてきたときのほうが、運転中に怒りを感じがちではないだろうか？　その理由はこれでわかる。この次誰かに何かを頼むときには、目を細めず、顔の表情で悲しみを伝えてみよう。本当に役に立つ！

感情の「ビッグ・セブン」の表情を理解すべき第三の理由は、自分の癖にもっと敏感になるためだ。とくに、自分のためにならない癖について。たとえば、近年広く知られるようになった、**「真顔が怒って見える顔《レスティング・ビッチ・フェイス》」**（ＲＢＦ）という概念がある。批評家のなかには女性差別と見なす人もいるが、[8]研究者によると、ＲＢＦは「一事象」であり、ビッチ（牝犬）ということばを使っていても女性にかぎった話ではない。ある研究では、顔認識システムを使って、感情的に中立な顔とＲＢＦのちがいを検証しようとした。結論として、ＲＢＦはわずかに侮蔑の感情を伝えるようだった。**侮蔑は、「誰か・何かに尊敬や承認を与える価値はないという感情」**と定義される、かなりネガティブな感情だ。[9]ＲＢＦはかすかではあるが、見る側が気づくだけの侮蔑を伝える。[10]だとすると、人とのやりとりでそれが示唆するものは、かなりネガティブになる。

　私たちが無意識に見せてしまうネガティブな感情は、侮蔑だけではない。私の受講生のひとり、ラモーナはズンバのインストラクターとして働く、友好的で非常に魅力的な若いドイツ人女性だ。初めて彼女に会って思ったのは、講座で出した課題も彼女なら難なくできるだろうということだった。その推測はまちがっていた。目的を達成しようと他人と会話を始めるたびに、失敗してしまうのだ。ラモーナには理由がまったくわからず、公の場所で知らない人に話しかけるところを観察してほしいと私に頼んできた。原因はほんの数分でわかった。ラモーナは本人も気づかないまま、顔の表情から怒っているように見えてしまい、相手を遠ざけたり、ネガティブな反応を引き起こしたりしていたのだ。

　彼女にそのことを説明して、わかったことがある。ラモーナはうまくやろうと決意して課題に神経質に取り組むあまり、熱意が怒りの表情として出てしまっていたのだ。その後意識して怒りではなく喜びを表すようになると、相手も温かい態度を示し、彼女は課題をやりとげることができた。私の講座を終えたあと、その表情の調節を日常生活でもおこなって、大きな成果をあげた。受講後長年にわたって、ラモーナは私に人との関係が変わったという手紙をくれた。非常に長いあいだ、知らず知らず相手に怒りや嫌悪の表情を見せてしまい、実際にその感情を抱くことすらあったのだという。喜びを伝える癖をつけたいまは、誰もが彼女を温かく友好的で話しやすい人と見なしている。

「ビッグ・セブン」をくわしく知るために、ひとつずつ順番に検討していこう。それぞれについて、その感情がどう顔に表れるかを説明し、顔以外にその感情を伝えるボディランゲージについてもいくらか補足する。ここでの説明は、以前上梓したノンバーバル・コミュニケーションに関する拙著『*Unmasking the Social Engineer*』に協力してくれた、エクマン博士の研究に大きく頼っている。私自身の経験も紹介しながら、日々のハッキングでこれらの感情を利用する方法をいくつかアドバイスする。

感情1　怒り

人が怒りを感じると、顔の筋肉が緊張する。眉を寄せ、唇をすぼめずに引き結び、怒りの対象をにらみつける。体のほかの部分もこわばるが、とくに顕著なのは握った拳と顎だ。胸はふくらみ、頭と顎はまえに突き出される。本気で怒って攻撃的になると、顎が引かれる。声はかすれ、ふつうは大きくなる。

マーク・トウェインは怒りを酸にたとえ、「振りかける相手よりも、入っている入れ物のほうに大きな害を及ぼす」と書いた。[11] ラルフ・ウォルド・エマソンもこう述べた。「怒りつづけている一分ごとに、心の平和を六〇秒ずつあきらめている」。[12] 幸い、ヒューマン・ハッカーは、怒ったふりをする——あるいは実際に怒る——必要はあまりない。戦略的にほかの感情を引き起こそうとすることはあっても、怒りは避けたほうがいい。肉体的な暴力や辛辣なことばへとつながることが多いからだ。あなたも相手が怒っているのに気づいたら、その怒りを鎮めようとするだろう。うまくいかなければ逃げようと心の準備をしながら。後ずさりながら、肩と手を下げて言う。「あれ？　本当に怒ってるようだね。何かあった？」こんなふうに**懸念を表すのはいいが、敵意に満ちた攻撃的な口調で相手の怒りを指摘してはいけない。**そのせいで相手が気まずくなり、ますます怒るかもしれないからだ。**つい無意識に怒りの表情をしていないか、気をつけよう。**ノンバーバルの小さな表情も、状況を悪化させることがある。相手が顎を引いたら、逃げるには遅すぎるかもしれない。それはふつう、たんなる怒りではなく、暴力に走るサインだ——パンチがくり出されるか、もっと悪いこともある。動けずすぐに逃げられないときには、先制攻撃をしてすぐにその場を離れること。

感情2　恐怖

怖いと思う刺激に直面すると、私たちの体はその場で凍りつく。情景を取りこもうとするように眉を上げ、大きく目をみはる。口は開き、唇は「ひいっ！」とでも言いそうに耳のほうへ引っ張られる。酸素を取り入れるために音を立てて息を呑むことも多い。首、顔の上半分、両手が、血を無理に流そうとしてこわばる。血流にはアドレナリンが放出される。そのすべてが恐怖に対する生理反応で、私たちを「戦うか、逃げるか」の状態にさせる。

ヒューマン・ハッカーである私たちは、相手に多少の恐怖を与えることが役に立つのを知っている。きょうだいを説得して母親の医療費支払いを援助してもらおうとする場合、（共感への道筋として）悲しみをかき立てることが最善の方法かもしれないが、「母さんにとっていちばんいいようにしたいんだ。最高の介護を受けられるようにしないと、母さんの生活の質が心配になってしまう」というようなことを言って、いくらか心配させたいとも思うはずだ。しかし、恐怖をあおりすぎると（「一万ドルの小切手を書いてくれないと、三カ月以内に母さんは死ぬ」とか）、きょうだいを心理的に操作することになりかねない。心の痛みを減らすために相手がどんなことでも（たとえ本人の利益に反することでも）するとわかったうえで、ひどく苦しませることになる。

ほかの多くの状況でも、恐怖を伝え**ない**ほうがいい結果に終わるだろう。上司のオフィスに入って三週間の休暇を申請する場合、緊張が顔に恐怖として表れ、それが上司の恐怖をかき立ててしまう可能性もある。すると上司は、あなたが休暇をとると顧客や同僚にどんな影響があるかという自分の心配に集中しはじめる。恐怖が彼らの決定に影響を与え、ネガティブな反応につながるかもしれない。

ただ、**本当に怖いときには、それを隠さないのがいちばんだ**ということも心に留めておいてほしい。たとえ恐怖を伝えることが理想的ではないとしてもだ。ある興味深い研究で、私たちが恐怖を感じたり、「精神的ストレスを受け」たりした場合、自分で認めても認めなくても、まわりの人は実際にそれを感じることがわかった。汗のなかにそうとわかる化学物質が放出されるのだ。研究者によると、まわりの人々の脳の一部がそれに反応して活性化し、脅威に警戒するらしい[13]。誰かに影響を与えようとするとき、怖いのに怖くないふりをしたら、信用を落とすことになるかもしれない。怖がっていることは、ある程度（無意識のレベルであれ）相手に知られてしまうからだ。

自分の感情は意識しておいたほうがいい。それが事前に考えた背景設定に合わなければ、相手が自己防衛的な反応をするかもしれない。母親の医療費をきょうだいに援助してもらいたいとき、同じ心配をする家族の一員を演じるつもりなら、「母さんのことについて話したいんだけど、正直、すごく神経質になってる。だって、おまえはすぐカッとなるだろう。どんな反応をするかわからなくて」とは言わないこと。それよりも、「母さんのことについて話したいんだけど、ちょっと神経質になってる――ぼくにとってはむずかしい問題で、感情が乱れてるから」と言うほうがいい。

誰かに頼みたいことがあって話しかけ、恐怖を感知したら、会話をやめるか、相手の恐怖を減らす行動をとろう。何年もまえのことだが、私はスーパーマーケットの駐車場で、車へ戻ろうとしている年輩の女性のポケットから札束が落ちたのを目撃した。そこで駆け寄って金を拾い、渡してあげようと女性に近づいた。彼女は私に背を向け、車のトランクに食料品を積んでいたが、私はいきなり相手の肩を叩いて「すみません」と言った。女性は振り返り、すぐ目のまえにかなりの大男が立っているのを見てショックを受けた。顔に恐怖を浮かべただけでなく、悲鳴をあげた。「強盗！　強盗よ！」

ハンティング・ジャケットを着た屈強そうな男性三人がその声を聞きつけ、私を制圧するために駆け寄ってきた。今度は私が恐怖に駆られる番だった——その三人が武器を持っているかどうかもわからなかったのだ。ほかの人が私の立場に置かれたら、反射的に身を守ろうとするかもしれない。三人に立ち向かって、攻撃的に「おい、下がってろ、おまえら」と言ったかもしれない。だが、私はその場の緊張を解くことを選んだ。男性たちには顔を向けず、女性に注意を向けたまま、ことばと態度で彼女の恐怖を減らそうとした。大きく一歩下がって肩を落とし、従順な態度を示して言った。「わかりました。ちょっと落ち着いて」私はもう一方の手も相手の見えるところに置いたまま、片手で現金を差し出し、声をひそめて言った。「奥さん、驚かして本当にすみません。店を出たときにあなたがこれを落としたので。それをお返ししようとしていただけなんです」女性はポケットのなかを探り、金がなくなっているのに気づいた。金を私から受け取ると、丁重に礼を言った。そのときになって初めて、私は男性三人のほうに顔を向けて言った。「ほらね？　強盗じゃないんです。私はゆっくりここを離れますから」それが締めくくりだったが、私はノンバーバルの表現を意識したことで、危険につながりかねない誤解を解くことができた。

感情3　驚き

驚きを表すには、恐怖と同じく眉を上げ、目を大きくみはって息を呑む。しかし、恐怖を伝えるときに唇を耳のほうに引くのに対し、驚きでは口をOの形にする。まず体をうしろにそらす傾向もある。みんなが出てきて「サプライズ！」と叫ぶようなうれしい驚きの場合、体をそらしてほほ笑むことが多い。そうでなければ、身を乗り出したままでいる。驚きを感じた人は手を構えるように持ち上げたり、胸やうなじ（後頸部）を押さえたりもする。

驚きはヒューマン・ハッカーにとって有利に働くことが多い。一度、建物に侵入しようとしたときに、赤く腫れた目から判断して泣いていたらしい受付係に遭遇したことがあった。挨拶をされた私は、だいじょうぶですかと訊いた。すると彼女が苦しそうなため息をついたので、私はハッカーのモードから抜け出して、どうかしたのかと尋ねた。受付係の女性は夫と結婚二〇周年を祝ったばかりで、高価なダイヤモンドのイヤリングをもらったと語った。「そのために彼は二年もかけてお金を貯めたんです。それで今日、みんなに見せようと思ってつけてきたんですけど、片方をなくしてしまって」そう言うと、女性は肩を上下させ、身を震わせてすすり泣きはじめた。「そうですか。探してみましょう」私は四つん這いになって机のまわりを探した。

「もうこのへんは見たんです」と女性は言った。

「そうでしょうが、別の目で見ると、ちがうかもしれない」

女性も床にしゃがんで探しはじめた。数分後、ライトが彼女に当たったときに、私は何か光るものに気づいた。「あの、あなたの体に触れるのは失礼だと思いますので、着ているセーターを自分で調べてもらえますか？　肩のうしろで何か光った気がした」女性は肩に触れてくれてかまわないと言った。案の定、セーターの生地にイヤリングが引っかかっていた。私はそれをはずして彼女に渡した。彼女は口を、喜びの混じった強い驚きを示す古典的なOの形にし、大喜びして、私を思いきり抱きしめた。

私たちは立ち上がった。「あら」女性はイヤリングをつけ直しながら言った。「失礼しました。これを探して一五分いっしょにいただけなのに」それを聞いて、私はハッカーのモードに戻らずにいられなかった。その驚きの表情から、彼女に信じられないような贈り物をしたことがわかったからだ。いまなら何を頼んでもポジティブな反応が得られる。「ああ、いけない」私は時計を見ながら言った。「人事部とのミーティングに遅れてしまった」と自分の荷物をつかんで扉へ向かった。女性が私のＩＤを確かめ、なかへ入れてくれることを祈りながら。実際、彼女は入れてくれた。


誰かが驚きの反応を示し、その驚きがポジティブだったとしたら、あなたにとってチャンスかもしれない。ネガティブな驚きで、それを引き起こしたのがあなただとしたら、自分が恐怖をかき立てていないかどうか、やり方を見直したほうがいい。

逆に、**あなた自身が驚きの感情を見せることで、好結果が生まれることもある。**興味深い事実を教えてくれた相手に、その事実は正しいと伝えたい場合、もっと興味深い事実をつけ加えたくなるかもしれない（多くの人がそうだ）が、その衝動に抗って驚きの表情を浮かべ、「へえ、それは知らなかった。すごいね！」というようなことばを返してみよう。相手は認められたと感じ、協調関係を築いて、最終的にあなたの望みのものを与えてくれるかもしれない。

感情4　嫌悪

嫌悪を表すには、鼻の両側の筋肉を引き締めて鼻にしわを寄せる。極端な場合、眉を下げ、口をゆるめて上唇を引き上げる。嫌悪を見せるために目を細める人もいるが、実際には鼻の両側の筋肉がその表情を作る。それを収縮させると、呼吸がむずかしいことがわかるだろう。嫌なにおいが鼻から入って嗅覚の受容器官に接触するのを止めようとしているのだ。嫌悪を表す人は顔をそむけ、目を守り、手で口や鼻を覆ったりもする。

相手に嫌悪を生じさせることには慎重であるべきだ。嫌悪はきわめて強い感情であり、その後何年もつきまとうことすらある。ただ、ごくまれに嫌悪が役に立つこともある。あなたが自分の赤ん坊のおむつを替えたいが、もうひとりの子の世話で手が離せないとき、母親に手伝ってもらいたければ、汚いおむつのままでいる赤ん坊を見て嫌悪の表情を浮かべ、意図を伝えることができる。そして母親がおむつを替えてくれたら、表情を笑顔に変え、その子がどれほど甘いにおいでかわいらしいかを示す。はっきりと感情を表すことで、母親にポジティブな影響を及ぼし、進んでおむつを替えてくれるように仕向けるわけだ。

感情5　侮蔑

嫌悪と侮蔑を混同する人が多い。嫌悪はふつう行動やものに向けられるのに対し、侮蔑はかならず人に向けられる。嫌悪とちがって、侮蔑は対象者に対する倫理的批判や優越感を示唆する。人間関係の専門家ドクター・ジョン・ゴットマンの研究によると、侮蔑は夫婦が離婚するかどうかを左右するもっとも重要な要因だそうだ。夫婦は互いに怒ったり、恨んだり、苛立ったりする。それだけでも充分悪いが、倫理的な優越感に根差した嫌悪を相手に感じるようになったら、夫婦生活は悲しい運命をたどる。よく考えれば納得できるはずだ。相手があなたより倫理的にすぐれていると自負し、そのように接してくるとすれば、幸せな結婚生活など送れるだろうか？　逆の立場でも同じだ。ゴットマン・インスティテュートのウェブサイトの記事はこう述べている。「侮蔑は人間関係を破壊するありとあらゆる要因のなかでもっとも有害である。これはどんなに強調してもしすぎることはない。侮蔑は心理的、精神的、肉体的健康も損ねる[14]」。

侮蔑は「ビッグ・セブン」のなかで唯一、顔の片側だけを持ち上げる表情になる。私たちは侮蔑するとき、片側の頬をかすかに持ち上げてそれを示す。同時に顎も持ち上がり、相手を「見下す」顔になる。一方、胸はふくらみ、背筋は伸びて相手を見おろす恰好になる。

侮蔑は非常にネガティブな感情なので、ヒューマン・ハッカーとして引き起こしたい日常的な状況は思いつかない。**侮蔑を引き起こして、出会ってよかったと思わせることは実質上不可能だ。誰かが一瞬でも侮蔑を表したら、気をつけるべきだ。怒りと同様に、侮蔑も暴力に結びつくことが多い。**外国人嫌い、人種差別、反ユダヤ主義、その他の人種的な憎悪と関連してよく目にする。

感情6　悲しみ

顔の筋肉を引き締める怒りや恐怖のような感情と比べて、悲しみは顔の筋肉をゆるめたり柔らかくしたりする。まぶたをたるませ、口の端を下げることでそれを穏やかに表現することもある（不安や心配も同じように表される）。一方、眉根は寄って上がる。体のほかの部分についても、悲しみは肉体的な動きを減少させ、体を小さく見せる。頭が下がり、肩が落ち、腕は組まれるか自分を抱きしめ、全体として柔らかく静かな姿勢になる。

すでに見たように、ヒューマン・ハッカーとしては、悲しみを自分の利益になるように用いることはできるが、共感を得るために相手のなかに引き起こすのは、軽い悲しみか心配にとどめることが肝心だ。しかめ面、涙目、声に出してのすすり泣きが引き起こす強い悲しみは、相手を不快にするので、会ってよかったと思わせるのはむずかしくなる。

一方、**誰かの悲しみを察したら、自分の態度にも反映させよう。**声をひそめ、肩を落とし、いつもよりゆっくり話す。そうしたすべてが思いやりと気遣いを示すことになる。また、人道的な観点からも、ヒューマン・ハッカーとしても、原因を探って力になれるかどうか、しっかり判断しよう。少なくとも相手にいくらか寄り添って、気遣っているところを見せる。それで相手の人生がいい方向に進めば、(ハッカーのモードなら)その立場を利用して望みを達成できるかもしれない。

感情7　喜び

「ビッグ・セブン」の最後は、すべてのなかでもっともポジティブな感情──喜び──である。もちろん、喜びは唇の両端をこめかみのほうに持ち上げる笑顔で表される。頬が持ち上がり、目尻にはカラスの足跡のようなしわができる。さらに体も、背筋を伸ばし、顎を持ち上げ、胸をふくらませて、大きく見せることが多い。声のリズム、速さ、大きさ、高さも増す。うれしいときには自分の体のすべてが上に向かっているように思える。世界はすばらしい! 私たちはすばらしい!

自分の目的を達成しつつ相手の気分もよくしようとする場合、喜びの感情を引き起こすと役に立つことが多いが、悲しんでいる人に会ったときに陽気で楽しい様子を見せてしまうと、無神経と思われるかもしれない。愛する親を亡くしたばかりで深く悲しんでいる人は、「明るい面を見たほうがいいよ」と陽気に助言されても慰められたりはしないだろう。善意から発せられたにせよ、「気持ちはわかる」というようなことばを聞いても同じだ。本当にその人の気持ちがわかるのか？　そのときその人は明るい面を見る心の準備ができているのか？

悲しんでいる人には、喜びで接するより、「お父さんの好きだった趣味は？」とか「お母さんはどんな映画が好きだったの？」というふうに、幸せな記憶を引き出すような質問をしよう。相手の悲しみがあまりに深くて、こうしたやり方さえ役に立たないこともあるが、その場合には、その人を明るい気分にしようということ自体をあきらめ、ただそばにいてあげればいい。どのくらい親しいかにもよるが、泣いている相手の肩を抱いて慰めるのが適切なこともある。やさしい声でいま自分のしていることを説明してもいい。たとえば、「どんなことばも慰めにはならないから、こうしていっしょにいるんだ」というふうに。

誰かに何かを頼みたいとき、その人がノンバーバルな喜びを表していたら、あなた自身も心に喜びをかき立て、心のつながりを作るといい。**喜びを感じている人は、たいていその瞬間に満足しているから、他人の要求に共感しにくくなっている。**頼みごとをする過程で、そんな状態の人から悲しみや共感を引き出せば、喜びに水を差すことになる。幸せそうな人とはしばらく会話をし、どんなすばらしいことがあったのか質問して、すべて聞き出そう。その喜びを共有し、ともに真の喜びを見いだすのだ。しばらくして、相手があなたのことを訊いてきたら、会話を頼みごとに向けることができる。あなたに会ったことで得をしたと思ってもらうように努力する。会ったときに相手が感じていた喜びが途切れてしまったら、相手が気持ちよく頼みを聞いてくれることもないだろう。

「ビッグ・セブン」を活用する

「ビッグ・セブン」を楽に扱えるようになるには、練習が必要だ。まず人々を観察し、感情表現に体、とくに顔をどう使っているかに特別な注意を払おう。そして、すでに述べた「腹側を見せる」ことから始めてみる。

大勢でにぎわう公の場所――ショッピングモールのフードコート、大きな公園、混み合っているスターバックスなど――へ行く。顔の表情に注意を払うまえに、人々が相手に自分の体をどう向けているかに注目する。互いに関心を抱いている場合（性的であれ、それ以外であれ）、人は足と腰を相手にまっすぐ向け、身を乗り出していることが多い。そういう例が見つかるだろうか？ 話している相手とまっすぐ向き合っていない人はいないだろうか？

そこまで観察したら、次に顔の表情に注目する。

姿は見えるが話している声はよく聞こえないくらいの距離を置いて、人々を観察する。口がどう動くかよく見ること。唇をすぼめている？ 唇をなめている？ 突き出している？ 想像するとしたら、彼らは何について話している？ どんな感情を表している？ 顔の表情を読むのがうまくなったと感じたら、今度は会話が聞こえる場所で観察する。顔の表情の解釈は正しかっただろうか？　最初はまちがうかもしれない——苛立ちを表していると思った唇をすぼめる表情は、たんにその人が何かを真剣に考えるときの癖かもしれない。時間をかけて注意深く観察すれば、ノンバーバルの感情表現をもっと正確に見きわめられるようになる。

次に「ビッグ・セブン」をあなた自身が表してみよう。

今週毎日一五分ほど、鏡に向かって「ビッグ・セブン」の感情表現のどれかを練習してみよう。毎日ちがう感情を選び、週の終わりには七つすべてを練習できているようにする。表情を作るときには、内心どう感じているかを意識する。顔や体で何分か悲しみを表現したあとに、急に悲しみに襲われたりしないだろうか？　怒りを表したときはどうか？　ノンバーバルな表現と感情のつながりを意識するようになると、特定の状況でいい結果が出せるように自分を「訓練」できる。たとえば、デートに行くときに緊張しているのがわかれば、相手に会う直前に意識的に喜びを表してもいいかもしれない。

プレゼンテーションや誰かとの面会で、与えられた課題についてある程度長く話をしなければならない場合（たとえば、セールストークや就職面接）、次のようにやってみよう。

人に会う一、二週間前に、自分が望みどおり感情を伝えられないかもしれない顔や体の表現をビデオに撮って観察し、事前に修正しておく。肩を落としていないか？ 拳を握っていないか？ 怒ったり蔑んだりしているように見えないか？ これから会う相手や、プレゼンの聴衆や、これから発表するアイディアについて、実際にはどう感じているのか？ まえもって録画すると、映った自分の姿に驚くかもしれない。こうした感情表現について調節すれば、プレゼンがどれほどうまくいくか、同じくらい驚くことになるだろう。

ノンバーバルの表現に慣れたとしても、この知識に限界があることは忘れないでほしい。相手の感情がわかったとしても、本当に相手の心を読んでいるわけではない。**顔や体の表現によって、ある感情を抱いていることはわかるが、その理由まではわからない**のだ。この現実を見失うと、解釈でかなり大きなまちがいをしてしまう。

私が講座で教えていたあるとき、マイクという受講生がずっと顔をしかめていた。私はそれを怒りと解釈したが、どうして彼を怒らせたのかはどう考えてもわからなかった。たまらず講座の休憩中に、直接訊いてみた。マイクは怒っていたのではなかった。腰をひねったせいで痛みに襲われていたのだ。私はマイクの感情を、動揺しているという点では、おおよそ正しくとらえていたが、実際に訊いてみるまで、問題が何なのか見当もつかなかった。推測は大はずれだったのだ。

まわりの誰かが「ビッグ・セブン」のどれかを表していて、その理由を知ったほうがいいと思ったら、たんに推測するのではなく、直接訊いてみることだ。ただし、訊くときには相手を気遣い、丁重に。マイクの場合も、私がクラスのまえで大っぴらに理由を訊いたとしたら、恥ずかしい思いをさせたかもしれない。マイクの感情は彼だけのものなのに、外の世界にそれを知らせることになった。ふたりきりで話せる場所を見つけ、責めたてるように訊くのではなく、興味と共感をもって尋ねたい。

焦って結論に飛びつきがちな人にひとこと。ノンバーバルの感情表現を、ほかの人とはちがった理由と独特のかたちでする人もいる。「ビッグ・セブン」の原則はあくまで一般論であり、例外もある。腕を胸のまえで組み、明らかな怒り顔で遠くから早足で歩いてくる人がいたら、その人は怒っているか不快なのだと思うかもしれない。しかし、たんに寒いのだとしたら？　疲れているか、二日酔いだったら？　肩を怪我していて、そうやって歩くほうが痛くないとしたら？　シャツの袖が短すぎ、見た目を気にして腕でそれを隠しているとしたら？

顔の表情やボディランゲージの解釈をもっと正確にしたければ、簡単な方法がある。誰かに初めて会ったとき、すぐに相手の感情を判断するのではなく、顔の表情や体の動かし方や声の調子（リズム、速さ、大きさ、高さ）を含む相手の態度をまず観察するのだ。それが「基準」となる。そして会話を始めたら、その基準からはずれた「変化」に着目する。早足でこちらに向かってくる男性の例で言えば、その人が近くの女性に気づいて足を止め、体全体をそちらに向けたとしたら、女性が彼の（性的にしろ、そうでないにしろ）関心をとらえたのはまずまちがいない。足を止めなかったら、関心は引かなかったということだ。足は止めたけれどほんの一瞬顔を向けただけだとしたら、若干の関心を引いただけということになる。

基準を決めるテクニックは、他人だけでなく、よく知っている人の場合にも役立つ。たとえば、私が仕事から帰宅したとき、妻がテーブルについていたとする。腕を胸のまえで組み、眉を寄せてコンピュータの画面を見つめている。この態度は怒りか動揺を示しているのかもしれないが、たんに読むことに没頭しているだけかもしれない。その「基準」を意識し、そこからの変化を観察することで、私は自分の言動が適切かどうかをすぐに確かめることができる。たとえば、帰ってすぐにこう声をかける。「ただいま！　今日はすごくいい日だったよ！　何もかもすばらしかった！」妻が怒っているか動揺しているなら、私の陽気さは彼女を不快にするだけかもしれない。眉間のしわはさらに深くなるだろう。拳を握ったりもするはずだ。私は胸の内で「大失敗だった。彼女は喜んでいない」とつぶやく。逆に、もっと穏やかに静かな声で話しかけ、どんな一日だったか訊いたとすれば、妻は腕をほどき、眉に怒りよりも悲しみを表すかもしれない。私は「おやおや。今日は何か悪いことがあったんだな」と考え、いくつか追加の質問をして、問題をはっきりさせる。

「基準」を意識する習慣ができると、嘘を見抜くこともうまくなる。相手をしっかり観察するようになるからだ。たとえば、あなたと私が話していて、私が贈った高価な箱入りのチョコレートはどうだったと訊いたとしよう。そこであなたが、否定するようにわずかに首を振りながら、「ええ、美味しかった。これまで食べたなかで最高ですよ」と答えたなら、態度とことばが相容れないことになる。あなたは嘘をついたのか？　明らかな食いちがいはよくないサインだが、確実なことはわからない。もしかしたら、あなたはほとんどどんなチョコレートも好きだが、オレンジリカー入りのものだけは耐えられないのかもしれない。だとすれば、ことばと裏腹な態度も納得がいく。嘘をついているのかどうか確かめるために、私は会話を進めてオレンジリカーについて尋ねる。あなたが「そう、オレンジのやつは子供にあげたので、私は食べてないんです」と言えば、態度とことばが一致しない理由が少しはっきりする。質問をくり返してもはっきりしない場合には、嘘をついている可能性が高くなる。

相手を観察する練習をして、スキルを磨こう。ただ、ボディランゲージを過剰に解釈してはならない。追加の質問はつねに役立つ。それをしないでいると、まちがった解釈をして、相手に影響を及ぼせなくなることがじつに多いのだ。

もっと敏感に

ノンバーバルの感情表現は概念としては単純だが、本書で紹介したほかのテクニックと比べると、実際に用いるのはかなりむずかしいと思うかもしれない。大多数の人は、他者に影響を与える方法を多少なりとも理解しているが、私の経験からすると、ノンバーバルの感情表現を重視する人はほとんどいない。子供のころは、家でも学校でもノンバーバルの感情表現についてあまり訓練を受けない。大人になればなったで、スマートフォンなどの機器の普及によって多くの人は画面ばかり見てすごすので、他人を観察してその感情に注意を向けることははるかに少なくなる。

また、日々の生活の必要に忙殺されて、自分の体や心に注意を向けることが減り、両者につながりがあることについてもあまり考えない。

ノンバーバルの感情表現を練習するのが奇異に感じられたとしても、あきらめないでほしい。誰でも学べるテクニックなのだから——必要なのは練習と向上心だけだ。

その点を強調するために、ひとつ私の好きな話を紹介しよう。娘のアマヤが八歳のころ、エクマン博士とじかに会う機会があった。彼の研究に関心を抱いた娘は、著書『顔は口ほどに嘘をつく』を読み、ひそかにそのスキルを磨いた。当時私は、そうしたスキルが身につくとは思ってもいなかった。なんといっても八歳なのだから。ところが、私は驚かされることになった。

ある日、私は娘と時速六〇キロ以上で車を走らせていた。アマヤが私の肩を叩いて言った。「パパ、いまそばを通りすぎた道端の女の人を見た？　悲しそうだった」私はその女性に気づきもしなかったので、最初はそのまま走りつづけようとした。「パパ」アマヤは言った。「パパはいつも言うじゃない。困っている人がいたら助けてあげなきゃいけないって。戻って何があったのか、確かめなきゃだめよ」

そんな娘を拒むことができるだろうか？　私は車をUターンさせ、来た道を戻った。すると、六〇代初めくらいに見える女性がベンチに坐っていた。私は道路のほかの場所に注意を向けていて、彼女には気づかなかったのだ。きれいなTシャツ、セーター、ジーンズという恰好だから、ホームレスではなさそうだったが、赤く腫れた目など、顔には深い悲しみの徴候がすべて現れていた。出血はなく、肉体的苦痛を示すものはなかった。「あの女の人と話さなくちゃ」とアマヤは言った。私はその女性の精神が不安定で危険かもしれないと心配になり、止めようとしたが、アマヤは聞かなかった。

私が車を停めて外に出ようとすると、アマヤが言った。「パパ、あたしひとりで行く。そうさせて、いい？　お願い」娘が女性に近づくあいだ、私は離れて立ち、何か起きそうだったらすぐ駆けつけられるように油断なく見張っていた。アマヤは女性のそばまで行き、車で通りかかったときに悲しそうに見えたのでと説明して、「だいじょうぶですか？」と訊いた。

女性は顔を上げてわっと泣きだした。少し落ち着くと、別れを切り出した夫に家から追い出されたのだと語った。貯金はなく、自己破産するしかない。支援住宅で住まいを得ようとしたが、うまくいかなかった。道路脇に坐っていたのは、ほかにどうしていいかわからなかったからだ――彼女の人生に希望はなさそうに見えた。

私と娘は、何かできることはないかと訊いたが、女性はないと答えるだけだった――自分の問題は自分で解決しなければならない。ただ、ひとつだけお願いがあるという。アマヤを抱きしめてもいいか？　私はうなずいていいと伝え、ふたりは抱き合った。「ありがとう」女性はアマヤに言った。「私に気づいてくれて、こんなに親切にしてくれて。あなたのおかげで今日が少しだけいい日になったわ。それだけでもかなりすごいことよ」

八歳の子が時速六〇キロ以上で通りすぎた道端の女性に気づけるほど、ノンバーバルの感情表現をマスターできるのだとしたら、あなたにもできるはずだ。このアマヤの話からわかるのは、ノンバーバルの感情表現をマスターすれば、人にうまく影響を与えることができるだけでなく、いまより人の感情に敏感になり、思いやりを示せるようになるということだ。アマヤはこの女性から何かを得ようとして話しかけたわけではないが、その場を去るときにはとてもいい気分になっていた。人の感情に気づき、丁寧に対応することで、相手の一日をほんの少しだけ明るくすることもできた。

人と心のつながりを作り、望みどおりに相手に影響を与える可能性を最大にしたいなら、ノンバーバルの感情表現と同じくらい重要なテクニックがほかにもある。影響を与えながら相手の気分をよくする基本原則はわかったはずだが、会話中のことばやふるまいの細部まで考えているだろうか？　細部に気を配れば、本物らしさと説得力が生まれる。それがなければ、不自然でぎこちなく、利己的な感じを与えてしまう。細かい点で失敗すれば、最初から相手とやりとりしなければよかったと思うことだろう。その反面、細かい点がうまくいけば、望みのものを手に入れ、相手にとっても得になる可能性が高まる。そこを見ていこう。

8　見せ方に磨きをかける

会話の精度を上げ、相手とのやりとりを「本物らしく」する

どれほどもっともらしく背景設定しても、衣服やことばや態度の細かい点のせいで、行動が本物らしく見えなかったり、信じられなかったりすることがある。成功の可能性を最大化するために、「本物らしさ」を保つことを第一に考えて、ハッキングの数々の重大な「失敗」を避けるようにしよう。巧みな話術はどこをとっても本物らしく見え、信じられる。あなたが人と会話する際にもそうすべきだ。

少しまえ、私のチームは大きな銀行の本部に侵入するために、ある発展途上国を訪れた。現地では、アメリカとは事情がちがい、銀行の防犯対策としてタフな見かけの男たちが銃を持ち、オートバイで敷地内をまわっていた。幸い私たちにはヒューマン・ハッキングのテクニックがあった。調べたところ、当時その銀行が国際規準を満たしているかどうかの技術的なテストを受けていることがわかった。さらに調べて、そのテストをおこなっている会社もわかったので、その会社のロゴの入った、専門家らしく見えるシャツを作った。地元の人を雇って先に本部に入ら

せ、警備員と会話をさせた。仕事をしに来たという説明で、なかに入るのに必要な書類を尋ねたのだ。

その会話が続いているあいだに、同僚と私は作ったシャツを着てそちらへ歩きだした。私は携帯電話で話し、ふたりとも職務を果たしているように見えるクリップボードを持っていた。

私はあらかじめ計画していたとおりに携帯電話を耳に当て、うなずきながら、「ええ、ええ、いま階上《うえ》にうかがうところです。すぐにテストは終わります」と言っていた。警備員のそばを通りすぎたが、誰も何も言わなかった。本部のなかに入ると、歩きまわってすぐに目当ての場所を見つけた。時間はかぎられていた――捕まりたくはない。「ATM試験センター」と書かれた扉に近づくと、女性がなかに入るところだった。彼女はバッジを使って扉のロックを解除し、私たちも女性のあとからなかに入った。「なんですか?」と彼女は言った。

「え、ああ」私たちは応じた。「PCI（ペイメント・カード・インダストリー）コンプライアンス・テスト〔訳注／クレジットカード業界のセキュリティ基準を満たしているかどうかを調べるテスト〕です」

「ああ、そう」と彼女は言った。

女性は部屋のなかで用事をすませると、一分後に出ていった。それで終わりだった。それからの一五分で私たちは銀行じゅうの情報を手に入れた。

銃を持った警備員がいたにもかかわらず、この仕事は順調に完了した。すでに述べたように、自分たちの目的に合った「背景設定」を考案したからだ。とはいえ、どう実行するかも重要だった。私たちは見た目や態度の細かいところまで設定に合わせ、それらが望ましいかたちで設定を裏づけ、意味を持たせるように調節した。制服とクリップボードという小道具は、手始めにすぎない。警備員に近づくときにビクビクして見えたり、身分を説明して正当な仕事で来たと言い張るのに時間をかけすぎたりすれば、警備員は疑いを抱いただろう。どこへ向かえばいいかわからない様子だったり、テストの技術者ならわかるはずのところを理解していなかったり、警備員に直接サーバー室の場所を訊いたりしていれば、やはり疑われることになった。どこかおかしく、偽物のように見えたはずだ。

そうした微妙なちがいを理解していた私は、慎重に調整した最低限の方法をとった。地元の人間に警備員の注意をそらしてもらっているあいだに、必要以上に話さず、その場にふさわしくふるまい、携帯電話で指示を受けて忙しいふりをした。警備員にも聞こえるように、いま階上《うえ》に向かっていると言ったりもした――それも警備員の脇をふつうに通りすぎたことと同様、これまで何度も来ていて私がそこにいるのは当然だという設定を後押しした。ひとりではなく、ふたりで実行したことも功を奏した。大がかりなテストを実施している会社が複数のスタッフを送りこむのは理にかなっている。こうしたすべての詳細がうまく嚙み合って、「この人たちはここにいて当然だから、なかに入れていい」という意味づけを生み出した。だから警備員たちもそうしたのだ。

嘘の上手な人間はつねに、信頼できて自然に見えるよう注意し、作り話の詳細にまで気を配る。映画製作者や小説家は、たったひとつのまちがいが物語を嘘くさくし、受け取る側の気持ちを遠ざけてしまうことを知っている。そうなると、すべての魅力が失われる。本書で紹介したヒューマン・ハッキングのテクニックを成功させるには、嘘の上手な人の心構えを見習って、本物らしさを追求し、やりとりの詳細に注意を払わなければならない。「聞き手」を充分に調べ、彼らにとって本物らしく自然に見えるものは何かを考えながら、背景設定し、感情を引き出し、「影響」のテクニックを用いるのだ。

本書では随所で「本物らしさ」に触れてきたが、この課題は非常に重要なので、きちんと整理して、集中的に取り組まなければならない。ヒューマン・ハッキングのテクニックを毎回完璧に自然に見せる方法は提供できない。人とのやりとりはあまりに複雑で多種多様だからだ。私にできるのは、ハッカーがやってしまう最大の失敗を紹介することくらいだ。それはターゲットを「目覚め」させ、嘘に敏感にする。これらの失敗を憶えておいて回避すれば、「影響」のテクニックがもっと本物らしくなり、説得力が増して、容易に信じてもらえるようになる。

「本物らしさ」がなくなる5つの大きな失敗

私の経験からいって、この五つのおもな失敗は、影響を及ぼそうとしてうまくいかない大多数の例に当てはまる。これらの失敗を犯すと、相手は隠れた動機やテクニックに敏感になってしまう。あなたの目的を正確に理解しないまでも、何か目的があってそういう行動をとっていると気づく。それだけでもガードが固くなり、会話を有利に進めたいあなたの努力の妨げになる。日々の会話でみないつもこの失敗を犯し、相手にかけていたはずの魔法を解いてしまうのだ。

失敗1　あからさますぎる

物語については、昔から「語らず行動で示せ」という格言がある。すなわち、主題や教訓を登場人物や語り手に過剰に語らせず、登場人物の行動によって示せということだ。あまりにくどくどメッセージを語ると、相手は自分をしたがわせようとして発せられたメッセージであることに気づいてしまい、そうなると、用いたかったテクニックのすべてが効力を失う。言語学者ジョージ・レイコフのことばを借りれば、組み立てようとしている意味の「枠組み《フレーム》」に相手の注意を引いてしまうのだ。レイコフはこう書いている。「フレーム」とは「われわれの世界観を作る精神構造だ。結果として、それは私たちの追求する目的や、立てる計画、行動する方法、行動の結果の良し悪しを決める」[1]。しかし、フレームがうまく機能するのは、気づかれないからこそだ。人はふつう、ありのままの真実を見ていると考える。フレームに気づいたとしても、自分に用いられていると感じなければうまく機能するかもしれないが、悪意に気づいたら危険を察知する能力が働き、フレームは効力を失うのだ。

　老いた母親の介護に妹の資金援助を得ようとする例を思い出してもらいたい。そのとき助言したように、「影響」のテクニックをうまく用いるひとつの方法は、妹の好きなレストランに行き、彼女が仕事のせいで疲れやストレスを感じていないときに話をすることだ。妹の好きなアペタイザーかワインのボトルを注文し、ラポートを築いてから会話を始める。まえもって考えておいた

「背景設定」を実行に移すときには、こんなふうに切り出す。「なあ、こうして夕食をしたかったのは、おまえの援助が必要だからだ。母さんの状態が悪くなっていてね。もうひとり暮らしは無理だ。どうすればいいのかよくわからないけど、おまえの意見には一目置いているんで、これからどうすべきか意見を訊きたくてね」

そこから「影響」のテクニックを使って、妹を母親の介護に貢献させる方向へと導くことになる。信頼できる親戚や友人がそれぞれ母親の介護に貢献していることを告げ、「社会的証明」のテクニックを使うかもしれない。あるいは、妹が母親にとって昔からどれほどいい娘であったか敬意を表して、「好意」の原則を用いてもいい。**してはいけないのは、すべて影響を及ぼすためだと相手に気づかれるような言動だ。**ウェイターが妹の好きなワインを持ってきたときに、「あぁ、ほら、好きなワインを注文しておいたよ」と言ってはならない。また、メインコースが出てきたときに、「これが好きなことは知っているよ。ここで食べようと思ったのは、おまえのお気に入りのレストランだからだ」と言ってもいけない。そういう一見害のない発言によって、その場の雰囲気にひたっていた妹がわれに返り、あなたや食事の目的に注意を向けはじめるのだ。実質的に、「なあ、いい思いをさせてやるのは、こっちの頼みを聞いてもらいたいからだ」と言っているようなものだ。こうなると、うまくいかない。

私がエレベーターの修理業者を装って建物に忍びこむ場合には、わざわざ警備員に、「これは修理業者の制服で、これは修理の道具、私はエレベーターの修理業者です」とは言わない。身につけている制服と手に持った道具箱で修理業者であることはわかるからだ。相手の行動に影響を与えるために考えた設定や行動を、あからさまに認めるのはよくない。たとえば、私が〈オーチス・エレベータ〉の修理員を装い、会社のロゴ入りのシャツを着ているとする。警備員がたわいない会話を求めて、「ああ、オーチスのかたですか?」と訊いてきたら、そうだと認めるほうが自然な会話の流れになるが、質問されないなら、自分の職業をわざわざ説明する理由はない。説明すれば、かえって警備員は警戒して私をよく調べようとするだろう。

失敗2 「フレーム」を台なしにする

ヒューマン・ハッキングに失敗する人のなかには、もっと不器用な人もいる。関心相手のためにしていることを全部説明するだけでは飽き足らず、相手を安心させるために、自分は何も悪いことをしていないとあえてつけ加えたりするのだ。私の受講生がセキュリティの厳しい施設に忍びこもうとして、偽の身分証を掲げてこんなことを言ったらしい。「ほらね? 私は従業員です。ここに入ってもなんの問題もありませんよね」それから、不注意にもこう言った。「つまり、ハッカーでもなんでもないってことですよ」

え⁇ それを言っちゃいけない! 有能な物語の語り手は、たとえば人生の無意味さを伝えたいときには、決して「人生に意味がないことを納得してもらうためだけに、こんな話をでっちあげたのではない」とは言わない。そんなことを言えば、語り手がどれほど本物らしい話を作ったとしても、すべて台なしだ。レイコフは政治の議論で有名なことばを残している。「フレームを否定すれば、そのフレームに気づかせることになる」[2]。ある考えを否定するために言ったことばが、相手の心にその考えを植えつけてしまうのだ。

妹に「今夜夕食に誘ったのは、母さんの介護の金をせがもうと思ったからじゃないよ」と言ったとすれば、妹はどう思うだろう？　妹は、あなたに思惑があるとはまったく思っていなかったかもしれない。しかし、そこでまかれた種は会話のあいだに芽を出し、懐疑心と疑惑の嫌な草へと育ってしまう――あなたの意図とは正反対に。「背景設定」や「ラポート構築」、「影響」のテクニックの活用を通して作り上げようとしている「フレーム」や作り話を、わざわざ否定しないこと。多少触れるだけでも、すべてが台なしになる。

失敗3　完璧すぎる

どんな話をするときにも詳細は必要だ。さもなければ、ぼんやりとした抽象的で意味のない話になってしまう。また、細かい点まで気を配った背景設定をする際には、その意味を補強しなければならない。たとえば、害虫駆除業者を装う場合、私は用意した設定が本物らしく見えるように制服を着てスプレー缶を持ち、偽の作業指示が書かれたクリップボードを持つ。ただし、そこまでで充分だ。スプレーで除去する害虫について警備員にうんちくを垂れる必要はない。使っている殺虫剤を教える必要も、その週、ほかにいくつの施設で害虫駆除をしたか話す必要もない。ひとつの試みを「完璧」にするためにあまりに多くの詳細を積み上げると、ターゲットはそれについて考え、ずいぶんと多いなと感じはじめる。そして、自分のために作られた背景設定があることに気づき、信じる気持ちが薄れるのだ。私は不安そうなビクビクしている印象を与えるはずで、偽者と気づかれる可能性が高くなる。

前述した銀行侵入の件では、私のチームは関連事項の詳細をいろいろ考えた。装う人間の名前、会社名、そこに来た理由、コンプライアンス・テストとは何か、銀行のどの部門のテストか……。しかし、銀行に入って、会社のシカゴ・オフィスのラフィック・ガリリという名前のマネージャーから、六月一七日に開かれた会議の席で、九月一三日に予定されているＰＣＩコンプライアンス・テストを完了するよう指示されて派遣されてきた、とは告げなかった。過去六年半、同社でコンプライアンス・テストに従事しており、訓練はメリーランド州ボルティモアにある会社の施設で受けた、と警備員に説明することもなかった。誰もそんなくわしいことは気にしないのだ。私がそうしたことをつらつらと話そうとしたら、警備員は奇妙に思ったことだろう。

ハッカーは細かいことをあまり語らないが、わずかに語った詳細が極端すぎることもよくある。ターゲットの心をつかむ「完璧」で強烈な詳細を生み出そうと嘘をつくことも。私は最近、私がロックバンドのクラッチのファンだと知っている同業者と打ち合わせをした。その同業者は私のことをあまり知らなかったが、車で迎えに来てミーティングの場所へ向かう途中、ダウンロードしたクラッチのアルバムをかけてくれた。私とラポートを築こうとしたのだ。私が音楽の選択について指摘すると、彼は言った。「そう、このあいだ、とても好きだと言っているのを聞いたので、あなたのためにアルバムをダウンロードして車でかけようと思ったんですよ」

同業者は、にわかにクラッチの大ファンになったとは言わず、バンドがリリースしたすべての歌やアルバムを知っているふりもしなかった。していたら、それまでとくにクラッチや彼らの音楽スタイルを好む発言もそぶりもなかったので、私は彼の正直さを疑ったかもしれない。そしてもし私が何気なく、いま聴いているアルバムのなかで好きな曲は何かと尋ねたり、バンドのことをよく知らなければ答えられないような質問をしたら、彼は答えに窮してぎこちなく反応したかもしれない。ラポート構築を本物らしく見せようとして、台なしにしてしまったことだろう。

人とのやりとりで「完璧」をめざしがちな人は、古代ローマ皇帝マルクス・アウレリウスのことばを心に刻んでおくといい。「パンを焼くと、表面に裂け目ができ、それらは……パン屋がめざしたできあがりとはちがうが、美しく……奇妙に食欲をそそる」[3]。たいていの人は「完璧でないもの」に価値を見いだす。美しくて心を引かれるだけでなく、本物らしく見えるからだ。ある研究者が「望ましいリアリティ」と呼ぶものである[4]。それはパンなど多くの商品にとって真実であり、人とのやりとりにおいてもそうだ。だから、見せるものすべてを完璧にしなければならないと考えないこと。「そこそこ」がいちばんうまくいく。

失敗4　どこかずれている

失敗するハッカーは、たんに詳細にこだわりすぎるだけではない。こだわり方をまちがえて、自分が考えた設定からずれていたり、矛盾すらしている言動をとってしまう。たとえば、親切で思いやり深いきょうだいや、威厳があって尊敬される権力者や、立派なプロフェッショナルの役を演じようとしているのに、会話のなかで何度も汚いことばを使ったら、その設定は信用性に欠ける。それは私の業界では大きな問題だ。ヒューマン・ハッキングは昔から男性中心の世界なので、ヒューマン・ハッカーの多くは何も考えずに最悪の性差別用語を用いる。会社のコンピュータ・システムへの侵入に成功したセキュリティの専門家が、よく「サーバーをレイプしてやったぜ！」と言うのを耳にするが、それはどんなイメージを伝えるだろう？　相手に影響を与えたいのにそんないかれたしゃべり方をしたら、失敗は目に見えている。同様に、結婚したばかりで、英語が母国語ではない配偶者の家族とラポートを築こうとするときに、「談笑した《コンファビュレイティッド》」とか、「癇性だ《イラシブル》」といった、配偶者の身内がおそらく理解できない高尚な単語を会話に詰めこんだとしたら、新しい家族を歓迎して温かく受け入れるという設定は最初からつまずくだろう。

ことば以外にも、気をつけないと相手の気分を害してしまうことはある。前章で説明したように、ボディランゲージも相手にそれとなく合図を送っている。大男が自分よりずっと小柄な女性と会話をするときに真正面から向かい合ったとしたら、相手は潜在的に脅威ととらえるかもしれない。あるいは、どんな体格であれ、男性がヒジャブを身につけた新しい女性の受講生とラポートを築こうと握手を求めれば、うっかり相手を侮辱することになるかもしれない。厳格なイスラム文化では、知らない異性同士が触れ合うことは禁じられているからだ。また、耳の遠い年配者に話しかけるのに、小声の早口だったとしたら、意図せずその人を不愉快な立場に置き、影響を与えようとする努力が台なしになるかもしれない。そのとき、思いやり深い孫や隣人や友人を演じているとしたら、なおさらだ。子供思いの父親を演じながら、息子や娘が話しているときに絶えず携帯電話に目をやっているとしたら、やはり本物らしさが失われ、影響を及ぼそうとする努力が水の泡になりかねない。

全体的な見た目——相手に自分がどう見えるか——についても考えなければならない。とくに相手がこちらを知らず、ステレオタイプの印象を受けるだけの場合には注意が必要だ。長身で髪を丸刈りにした男性を、怒っているか攻撃的と見なす人は多いだろう。本当は誰よりもやさしく思いやり深い人間だとしても、それがステレオタイプというものだ。相手に影響を与えたいときには、そのステレオタイプを念頭に置いて、話し方や態度で修正しなければならない。たとえば、いつも以上に温かい笑みを浮かべる、小声で話す、テーブルにつくときに少し座高の高い椅子を勧める（そうすれば、相手を優位な立場や強い立場に置ける）。同様に、豊満な女性が部屋じゅうの男性に影響を及ぼしたいなら、袖の長さや襟ぐりの深さなど見た目の要素を考え、相手がこちらの目的について、良かれ悪しかれどう推測するかを考える。性別に関係なく、見た目から判断される社会経済的水準を念頭に置いておくべきだ。裕福な人が、あまり財産を持たない誰かとやりとりする場合、グッチのバッグやロレックスの腕時計はラポート構築に役立つだろうか？それとも、相手に高慢と見なされる原因になるだろうか？

人がステレオタイプで人を分類し、偏った判断を下すのは気に入らないと思うかもしれない——私はそうだ。だが、どれほどまちがっていて有害でも、相手のそうした偏見を無視して影響を与えることはできない。私は毎週毎週、誰かにリンクをクリックさせたり、セキュリティの関門を通させたりするために、こうした偏見を利用している。ステレオタイプは大嫌いだが、それは現実であり、社会に深く浸透している。こうした残念なステレオタイプを毎度否定せずに利用していることを批判する人には、犯罪者も人々の偏見をためらわずに利用していると指摘したい。私の仕事は組織のセキュリティ改善に力を貸し、社会を安全な場所にすることなのだから、こちらも同じようにしなければならないのだ。

専門家でなくても、そうした偏見をただ無視するわけにはいかない。友人や親戚や隣人に偏見を知らせて変化をもたらすほうがいいと主張する人もいるし、ときにそれが必要なこともあるだろう。本書で何度も言っているように、人とのやりとりでは、心の底に抱く自分の倫理的原則を汚さないようにするのが重要だ。しかしたいていの場合、**目的が相手に影響を与えることなら、いつもより多少へりくだって、できるだけ相手に合わせた立場で接したほうが、いい結果が出る。**日々のやりとりで、世界の人々の考え方を変えることはできない。私たちにできるのは、いいいいい、いいりする隣の人の考え方を変えることぐらいだ。それを達成するには、その人にできるだけ気分よくなってもらい、会ってよかったと思ってもらうのがいちばんだ。その過程で、もしかしたら、彼らが抱いた私たちへの偏見を正すこともできるかもしれない。相手の人種的、性的、年齢的な偏見のせいで、あらかじめ考えた背景設定がうまくいかないことがあるのも受け入れなければならない。さらに、私たちの外見の何かが、相手のなかに引き起こしたいものと強く衝突することもあるかもしれない。

失敗5 「頼む」のに押しが強すぎる

「昨晩、オフィスの照明を消して家路につこうとしたときに、オフィスの隅で糸からぶら下がった虫がいて、別の虫が網に引っかかっているのに気づいた」――この文章を読んでどんな情景が頭に浮かんだだろう？　おそらく、クモを思い浮かべたはずだ。文中に「クモ」ということばを使う必要はなかった。

「意味のフレーム」がある場合にはつねに、フレーム内で定義されることばやもの（網、引っかかった虫）がフレームを連想させる（クモが部屋の隅で狩りをしているイメージ）。この原則があるから、ハッキングで過剰に説明する必要はないのだ（ハッキングの失敗1）。フレームのひとつかふたつの要素だけで充分機能する。一方、この原則の必然的帰結として、望むものを単刀直入に求める必要はないし、さらに、あまり要求をはっきりさせすぎると、こちらが作りたい意味のフレームに相手が気づいて失敗しうるという問題もある。

たとえば、私の隣人――バーブと呼ぼう――が大きなゴールデン・レトリーバーを飼っていて、バーブが朝と夕方に外に出すと、大声で吠えつづけるとする。この犬が早朝六時から吠えるせいで、私のふたりの幼子がいつもの起床時間より一時間は早く起こされてしまう。私は家族の睡眠の邪魔にならないよう、バーブには少なくとも午前八時まで待って犬を外に出すか、ほかのやり方を考えてもらいたい。ある晩、バーブが車からおりるのを見かけた私が、彼女の家の近くまで行き、単刀直入に犬を八時まで外に出さないでと頼んだとしたら、彼女は守りを固めるかもしれない。とくに長い一日の仕事を終えて疲れ果て、ストレスを抱えていたら。私の「助けを求める愛想のいい隣人」の役柄は、直接的な要求と合わず、背景設定が台なしになるだろう。

もっといい解決法は、日曜の朝、私が散歩に出かけるときに、庭で日光浴中の愛犬マックスのそばでくつろいでいるバーブに話しかけることだ。そのときでも、単刀直入に早朝マックスを静かにさせてほしいと頼んだのでは、うまくいかないかもしれない。代わりに、こう話すこともできる。「お宅が今度植えたバラの木はすごくいいね。とてもきれいだ。マックスも大好きみたいだね。ああ、そう言えば、ちょっと困っているんだけど、力を貸してもらえないかな。子供たちのことであれこれ話し合ってて、どうしていいかわからなくてね。マックスの吠える声が聞こえるそうで、朝早く目を覚ましてしまうんだ。窓を閉めたりもしたんだが、うまくいかない。マックスが外に出なきゃならないのはわかってるけど、何かいい方法はないかな?」

こうして疑問形にすれば、会話が始まり、バーブのほうから午前八時まで待ってマックスを外に出そうと言ってくるか、吠えてもうちの子供に聞こえないように、庭に出す代わりに早朝の散歩に連れていくというようなほかの解決策を思いつくだろう。そうなったら、私は単刀直入に頼まなくても望みがかなう。もちろん、バーブが何も提案してくれず、ただこんなふうに言う可能性もある。「それはお気の毒ね。たぶん吠える声が聞こえないように、子供部屋の近くに睡眠導入のサウンドマシンを置いたらいいわ」いかにも利己的な反応で、私は苛立ちを覚えるかもしれないが、愛想のいい隣人という演技をやめる代わりに、もう一度こんなふうに言う手もある。「いや、子供たちはサウンドマシンが好きじゃなくて——一年ほどまえ、下の子が生まれたときに置いてみたんだが。ほかに何かできないかな?」

そこでバーブが望ましい解決法を提案してきたらすばらしい。私は忍耐強く彼女に影響を与え、信じられる範囲で役柄を演じつづけ、それがうまくいったわけだ。バーブが解決法を提案してくれず、もう一度くり返しても状況に変化がなかったら、その時点で私は午前八時まで犬を外に出さないでほしいとずばり頼むことにする。背景設定がかならずうまくいくとはかぎらないが、少なくとも私はそれを隣人の目に本物らしく、信じられるかたちで見せ、できるかぎり維持したことになる。

単刀直入に頼まざるをえなくなっても、責めたり、意見を押しつけたりせずに頼む。「バーブ、いいかい、私はいい隣人として丁重に頼もうとしたんだが、きみとうるさい犬のせいでイライラさせられているのは理解してくれないと。その犬を八時までなかに置いておけないなら、保健所に連絡するよ」と言うのと、「バーブ、お互いいくつか解決策を出し合ったけど、マックスを八時までなかに置いておけないかな。土曜は週のなかで唯一ゆっくり寝られる日で、そのおかげで精神状態を保ってるんだ。力を貸してくれないか?」と気を遣って頼むのとでは、大きなちがいがある。注意すべき点は、どうして彼女が配慮のないふるまいをするのか、私にはわからないということだ。たんに利己的だからかもしれないが、ほかにもっと正当な理由があるのかもしれない。私の目的は、望みをかなえてもらいながら、私と話したことで彼女の気分もよくなることだ。激しいことばを浴びせても、そういう結果にはつながらない。

最近の人とのやりとりで思ったほどうまくいかなかったものを思い出し、自分の会話のしかたを分析してみよう。どう始めた？　相手との関係をどう築いた？　どんなふうに背景設定した？　ボディランゲージはどんな感じだった？　そのときの身なりは？　相手のことと、相手にどう見られるかということを考えたか？　話し方や行動でほかのやり方ができたことを三つか四つ考え、次に同じような機会があったら修正してみよう。

ターゲットを知れ（ただし考えすぎないこと）

以上五つの失敗を俯瞰してみると、**ハッカーが失敗するのは、ターゲットときちんと関係を結んでいないときだ**とわかる。影響を与えたい相手を理解するために費やす時間が、短すぎるか、逆に長すぎるのだ。ターゲットをきちんと観察せず、彼らのものの見方や感情や要望に注意を払う必要はないと考えているか、ターゲットにどう見られるかということを過剰に気にしている。どちらも偏っているので、細かいところでまちがったり、のらりくらりしすぎたり、直接的すぎたり、詳細を示しすぎたり、設定を成功させてターゲットの考えをコントロールするためにあからさまな嘘をついたりする。

バランスよくターゲットについて考えることを怠ってしまうのは、新米のハッカーだけではない。新米の場合、どこまでターゲットを理解すれば成功できるのかという判断を誤り、まちがった情報や方法で状況をコントロールしようと無駄に努力するかもしれない。しかし、熟練したプロのハッカーも、過去の成功を当然と見なし、以前うまくいったことは今回もうまくいくだろうと、まちがった推測をする。そうしたプロが慎重なCタイプなら、さらに細かく計画を立てすぎ、完璧を求めすぎる傾向があるかもしれない。

私はCタイプではないが、ときに自信過剰なせいで失敗してきた。数年前、政府や軍と大きな契約を交わしている製造会社をフィッシングしたことがあった。当時、外国政府はリンクトインを使ってスパイをスカウトしたり、機密情報を手に入れたりしはじめていた。私たちは魅力的な若い女性を装い、この会社の七五〇〇人の従業員全員に、リンクトインの特別なグループへの招待メールを送った。会社のコンピュータに侵入するために、できるだけ多くの従業員にリンクをクリックしてもらいたかった。

その会社でフィッシングを始めたときは、ターゲットの約五〇～六〇パーセントが私たちの作戦に引っかかった。この会社にたずさわって約一年半後には、従業員も以前よりフィッシング・メールを見抜くようになっていて、引っかかる率も二五～四〇パーセントに下がった。それでも、リンクトイン作戦は大成功だった。従業員の合計七九パーセントがグループに加わろうとリンクをクリックしたのだから。

私の業界にいれば、ここまでの成功は興奮を呼ぶ。私もすっかり有頂天になった。数カ月後、別の会社——従業員一万人の大手小売業者——が私たちを雇って、自社にフィッシング攻撃をさせた。「最初のフィッシングでごっそり引っかけてもらいたい」と新たなクライアントは言った。「問題ありませんよ」と私は請け合った。「いい方法を見つけましたから」

私たちは最初の製造会社で大成功したのと同じ作戦を用いた。メールを送った日、私はワクワクして結果を待ったが、二四時間以内に私たちの作戦に引っかかったのは、従業員のたった一パーセントほどで、ショックを受けることになった。二日目の終わりでも二パーセント。三日目の終わりもまだ二パーセント。その週の終わりまでにクリックしたのは従業員のたった七パーセントほどだった。もうひとつの会社の七九パーセントには遠く及ばない結果だ。いったいこの会社はどうなっている？

会社の迷惑メールのフィルターに私たちのメールがはじかれているのではないかと疑ったが、確かめてみると、そんなことはなかった。技術的な問題で多くの従業員がメールを受け取れなくなっているのではないかと調べたが、何も問題はなかった。

意気消沈した私はフィッシングを終了し、クライアントの社内の管理職を通して、メールを受け取った従業員にクリックしなかった理由を訊いてもらった。その結果、この会社の従業員はリンクトインに興味がないことがわかった。先の製造会社では、従業員の多くは四〇〜五〇代の男性だった。彼らはリンクトインが大好きで、いつも利用していた。また、一日じゅう狭い仕切りのなかに坐っている男性の多くは、魅力的な女性からのメッセージに弱かった。一方、小売業者では、ほとんどの従業員が二〇〜三〇代で、女性の割合もずっと多かった。この世代はリンクトインを年寄り向けのサイトと見なし、スナップチャットやインスタグラムのようなネットワークを好んでいたので、リンクトインの招待メールを見ても、あまり注意を払わなかった。そして女性社員は、魅力的な女性からの招待というだけでクリックはしなかった。

私たちが失敗したのは、ターゲットはこうだと勝手に決めつけたせいだった。過去にメールでの作戦がとてもうまくいったので、現在のターゲットについて調べることを怠った。同じ大企業の従業員という基本知識から、以前と同じ手段――ソーシャルメディアを使った友好的な行動の勧誘――でうまくいくだろうと踏んだのだ。しかし、そうした演出の細かい点をうまく調整するだけでは充分ではなかった。今回のターゲットについてよく調べ、彼らの基本的な性質、嗜好、必要などをもっとはっきりと（それでも表面的ではあるが）把握しなければならなかったのだ。そうすれば、それに合わせて作戦を変え、たとえば、フェイスブック上の活動に関係したメールを送ってクリックを求めただろう。三カ月後、私たちは二度目のチャンスを得て、そのとおりのメールを送ったが、今度はクリック率が跳ね上がった。

関心対象を甘く見てはいけない。健全な範囲内で注目し、彼らの言うことに耳を傾け、精いっぱい理解しよう。ただ、状況のコントロールにこだわりすぎてはいけない。落ち着きを保ち、コントロールしたいという衝動を抑え、できるだけ真実に沿って行動する。嘘をついているときに、本物らしく見せるのは非常にむずかしい。真実から離れればそれだけ考えるべきことが増える。交流や関係構築が進むなかで言動が矛盾しないように、ついた嘘はすべて憶えておかなければならないし、それができたとしても、相手に見せる背景設定がぎこちなくなったり堅苦しくなったりする。何かがおかしく見えるのだ。

ラポート構築の練習をしているときに、私の受講生のひとりが知らない人に出身地を訊き、かならず自分も同じ町の出身だと言って共通の土台を築こうとしたことがあった。はっきりした共通点がわかって最初はターゲットも大喜びしたが、やがてその受講生が故郷の町について何も知らず、嘘をついているらしいとわかって、興奮も急に冷めてしまった。そうなってはいけない。私が知っているもっとも優秀なアマチュアのハッカーは、影響を与えたい相手について理解するだけでなく、相手を気遣い、尊敬して、嘘をつかない。それによって望む以上のものを得て、相手も得をするので、最高の気分でハッキングを終えることができる。

これまでの章で説明したテクニックを練習する際には、失敗のビッグ・ファイブを念頭に置いておこう。また、相手を知り、落ち着きを保ち、嘘をつかないという一般的な戒めも忘れないこと。自分よりも相手のことを考えるように努力しているなら、その努力を二倍にする。あなたは自分で思っているほど相手のことを知っているだろうか？　相手についてこれまで知らなかった詳細を三つか四つ、新たに学んでみよう――何が好きで、何が嫌いか、どんな困難に立ち向かっているか、生い立ちのどんな要素が世界観を形作っているか、などなど。

うまく頼めば多くが得られる

本物らしさを考えながら人とのやりとりのテクニックを磨くことは、言い換えれば、社交術を洗練させることだ。細かいことに気をつければ、会話は円滑になり、自然な説得力が備わる。やがて人生の重要な人間関係にも変化が現れ、失望が少なく愛情あふれる充実した関係になるだろう。

たとえば、あなたにとって大事な誰かが長い一日を終えて帰宅する。疲れてストレスを感じており、体もあちこち痛い。帰ってくるなりソファに腰をおろし、大きなため息をついてテレビをつける。そこへあなたが、解決すべき問題を持ちかける。「ねえ、またバスルームに服を脱ぎっぱなしにしたでしょう。それに、トイレットペーパーを使いきったのに新しいのを補充してくれなかった。いったいどうしちゃったの？　私だってあなたと同じように一日じゅう働いているけど、そういうことは忘れないわ。ちょっとは考えて」その不満はしごくもっともかもしれないが、言い方があまりに攻撃的だし、いまこの瞬間の相手の精神状態をまったく考慮していないので、相手が受け入れることはないだろう。しつこく言えば、怒りだす可能性もある。そうなると何ひとつ解決せず、相手との関係もむずかしくなる。こういうやりとりが続くと、やがてあなたはためにならない行動をくり返し、相手との関係は悪化の一途をたどる。

対照的に、一五分かそこら待って、大事な人がリラックスする時間を持てるようにしたらどうだろう。話を持ちかけるときにも、やさしく体に触れ、相手の好きなアイスティーを手渡す。「ああ、どうやらたいへんな一日だったみたいね。帰ってきたときに『ただいま』も言わなかったけど、だいじょうぶ？」大事な人がその日の苦労を説明したら、あなたはこう言う。「それはたいへんそう。ねえ、気持ちが落ち着いたら教えてくれる？　ちょっと話があるの」相手はいま話そうと言ってくるかもしれない。「ううん」とあなたは力づけるような笑みを浮かべる。「何分かしてからでいい」会話を始めるときにも、望みのものをすぐに手に入れようとはせず、バスルームをきれいに使おうとしてくれているのはわかっている、と相手に敬意を払う。そう言ったほうが、本当にそうなる可能性がずっと高くなる。

もちろん、そのとき、本当は大事な誰かに自分の苛立ちを伝えたいと思っている。しかしそれでは、バスルームをもっときれいに使ってほしいという目的に近づくことすらできない。そこで、「愛情と思いやりに満ちた配偶者・パートナー」という役柄を演じるのだ。さらに、詳細にも気を配る。アイスティーのグラスを手渡すことは、あなたにとってはたいしたことではないが、相手にとっては「あなたの好きなものはわかっているし、これを手渡すだけあなたのことを思いやっている」と言われているも同然なのだ。あなたはもちろん、「ねえ見て、あなたの好きな飲み物よ」とは言わない。ちょっとした贈り物をしただけだ。「ほら、あなたのことを気遣っているから、愛情をこめて肩をもんであげてるの」とか、「あなたを非難するまえに、リラックスする時間をあげているの」とも言わない――ただそうするだけだ。

この状況でラポートを築くために、アイスティーを手渡す代わりに二〇〇ドルのワインのボトルを開けるとか、「一日じゅうあなたをどれだけ愛しているか考えてすごしていた」と嘘をつくような、過剰なこともしない。そんなことをすれば、おかしく思われてしまう。自分の要求や要望からいったん離れ、相手の精神状態を考えて、あらかじめ考えておいた背景設定をシンプルに、親切に、わかりやすく実行する。今回それが成功しなくても、相手との関係を損ねることはない。むしろこちらの望みを相手に知らせつつ、関係性をほんの少し向上させることができるかもしれない。

いまの例は身近すぎるかもしれないが、ヒューマン・ハッキングのテクニックを用い、細かい点までうまくやれば、本当に重要な状況で大きなちがいを生み出すことができる。私の受講生のひとり、コンラッドは、コンサルタントとしての仕事に役立てようと私の講座を受け、本書で紹介したテクニックを数カ月練習した。ある日、電話がかかってきて、父が末期の肺がんと診断されたことを知らされた。全身にがんが広がっていて手のほどこしようがなく、余命数カ月だった。コンラッドの父はひどい痛みに襲われており、診断を受けた地元の病院では最善の治療法がわからないようだった。コンラッドはちがう町のもっといい病院へ移したいと思い、父を車に乗せ、数時間かけて新しい病院へ運ぶ手筈を整えた。一方、父の主治医は、新しい病院の受け入れ態勢が整うように、いくつか電話をかけて患者について説明することになった。

父子が新しい病院に着いてみると、主治医は約束した電話をしておらず、病院には入院可能な部屋がなかった。入院待ちの長い列ができているほどだった。お父さんの力になることはできませんと病院のスタッフに告げられたが、どうしてもということなら、肺がん患者を扱っている呼吸器科に行き、そこの医師に直談判してみたらどうかと助言された。コンラッドは言われたとおりにした。父のことはひどく心配だったが、ヒューマン・ハッキングのテクニックを思い返し、どう用いられるか考えた。そしてとくに、相手にうまく影響を与える意味のフレームをどう組み立てるか、細部まで気を配って考えた。

「その医師を個人的に知っているわけではありませんでした」とコンラッドは振り返った。「でも、ふつう医者はひとつのカテゴリーに属していると考えた。全体として真剣で、知性と知識を重んじる。プロとしての自分たちの使命を重視している。だから、ハッキングの効果を最大にするために、私は医者ではないけれど――それは確かなので――同じことに価値を見いだす人間を装いました」つまり、上品な服装で、教養の高い人間にふさわしいことばを使うということだ。また、医師が過重労働をしがちで、ストレスをため、いつも急いでいることを考えれば、すばやく要点に入る必要もあった。そしてさりげなく、友好的、丁重で、目のまえの問題に集中した人物に見えなければならなかった。事実に即し、父親の状態について論理的かつ具体的に説明し、何を望むかをはっきりさせる。また、本物らしく見える必要もあった。「そういう人間のふりをしたわけではなく、自分に備わっているそうした部分を表に出したんです」コンラッドが医師の話に耳を傾け、共通の土台を築きながら、強く主張しすぎず、五つの失敗を避ければ、うまくいくはずだった。

会話は順調だった。まず医師に丁寧に挨拶し、父の病気について簡単に説明したあと、この病院での治療がどうしても必要だと訴えた。医師が理解しやすいように、論理的にこれまでの経緯を話した。相手の反応に注意を払い、ラポートを築くために医師のことばとボディランゲージを自分の言動にも反映させた。感情的にはならず、自分の不安と父の不安を率直に、しかし品位を保って表した。ベッドの空きがないと医師がくり返すと、うなずいて理解を示し、礼儀正しく、「だとすると、この状況について私たちに何ができますか?」と訊いた。コンラッドは、医師と共通の土台が築かれ、仕種や語彙も似てきたので、この時点で父の問題を医師といっしょに解決すべき問題と見なしてもいいだろうと考えたのだ。「ベッドの空きがないのなら、廊下に寝かせて、ベッドが空くまでそこで治療することも可能かもしれない」と提案してみた。医師は考えたうえで同意し、コンラッドをほっとさせた。たった四〇分ほどの会話で、コンラッドはよくある官僚主義を打破し、混んだ病院で父親に治療を受けさせるという、不可能に思われたことを見事成功させたのだ。

彼の父親はその病院に数カ月入院し、病気のため亡くなった。父の入院中、コンラッドは医療スタッフと頻繁に話し、医師に用いたのと同じ思慮深く洗練された方法で接した。ボディランゲージもうまく使った（落ち着いた表情、開放的な仕種、両手を広げ、相手とまっすぐ向かい合う）。「医師や看護師に話しかけるときには、かならず相手の気分もよくなるように最善を尽くしました」とコンラッドは言う。確実なことはわからないが、ヒューマン・ハッキングのテクニックを意識し、細かい点まで気を配ったことがちがいをもたらした、と考えている。父親がほかの患者より親切に看護されているように見えたのは、細やかに気を配り、丁寧で本物らしく見える彼のふるまいに、医療スタッフが反応してくれたのではないか。患者やその家族がたいてい苛立ちやネガティブな感情を見せるたいへんな状況で、医療スタッフはコンラッドが彼らの立場をできるだけ考えて接していることに気づいたようだった。彼は父を失って悲しみに暮れていたが、父が亡くなるまえにすばらしい看護を受けられ、自分が精いっぱいの努力でそれを可能にしたことが、慰めになった。

コンラッドの話は、ヒューマン・ハッキングの原則やテクニックを最大限活用したときにどれだけの力を発揮できるかを示している。本書をここまで読めば、あなたもあと少しでその力を発揮できるはずだ。とはいえ、それぞれのテクニックを練習する必要はある――もう少しだけ。どれだけ勤勉に、集中してできるかによって、数カ月で習得できることもあれば、数年かかることもあるが、あきらめずに努力すればめざましい成果があがるだろう。人との自然なやりとりでも、自分と相手の言動を改めて意識するだけでなく、意識することから自信と冷静さも得られたと感じるはずだ。毎回完璧にはいかない――予想外のことはかならず起きる――が、そうした予想外のことを好転させるのもうまくなる。あらかじめ決まっていて、準備ができる人との出会いにも、もっとうまく対処できるようになるだろう。

本書の締めくくりとして、これまで紹介したテクニックをまとめ、検証していこう。就職面接や、大きな取引のかかった営業訪問、訴訟手続き、重要な関係構築の会話など、予定された人との出会いのまえには神経質になる人が多い。そういう機会で事前にヒューマン・ハッキングの原則を体系的に用いられたら、気持ちを集中させ、不安を最小限に抑え、成功の可能性を高めることができるのだ。

まとめ――テクニックを総動員する

事前に計画して重要な会話を成功させる

重要な会話が控えているときには、ヒューマン・ハッカーのようにすべてを計画しよう。企業への侵入を試みるヒューマン・ハッカーは、それを「攻撃経路」と呼ぶが、日常生活では、「会話のアウトライン」と呼んでいいだろう。本章では、「会話のアウトライン」の作り方を段階ごとに説明し、重要な会話をうまく運ぶための一般的なアドバイスをしたい。

チームといっしょに私が企業や政府の施設への侵入の準備をするときには、おざなりにはすまさず、何週間もかけて「攻撃経路」を考える。ターゲットの施設を調査し、場所や建物のレイアウトやセキュリティや管理者や従業員など、ありとあらゆるものについて情報を仕入れる。ジェームズ・ボンドばりに、大型のゴミ箱に飛びこむ、高度なオンライン検索をする、鍵となる人物の実地調査をおこなう、メールをフィッシングする、ふつうのペンや腕時計やネクタイに見える装置を使って会話を録音するといったテクニックを用いる。ターゲットについて充分な情報が得られたあとは、本書で説明した原則を使って計画を立てる。背景設定やラポート構築の概要を組み立て、参加者、服装、小道具、ボディランゲージ、台詞を決める。詳細を詰めて、役柄に応じた会話を作り上げる。こうした努力をしても、成功するとはかぎらないが、可能性はずっと高くなる。実際に建物に侵入する際に、リラックスして落ち着きを保つのに役立つからだ。宿題をしたから自信が持てる。

これからおこなう重要な会話のために、緻密な計画を立てることで（もちろん、こそこそしたスパイの技は使わずに）、相手に影響を及ぼす能力を高めることができる。私自身も、私生活や会社経営でそれを実行している。少しまえ、うちの社員のジミーの勤務態度に問題があることに気がついた。総じていい人間なのだが、少しだらけてきていて、業績が以前より落ち、仕事にひどく無気力な態度をとるようになっていた。改善しなければ、彼の勤務態度のせいで複数のクライアントが離れ、彼が怠けた部分を補わされるチームの仲間の士気にも影響しそうだった。ジミーを呼びつけてあまり考えずに問題を切り出し、実質的に「私はきみの雇い主だ。勤務態度を変えられないなら解雇する」と言うこともできただろう。それでジミーは行動を改めたかもしれないが、雇い主としての権威を振りかざしたことで、彼との関係はあまりよくならず、ジミーの仕事や会社への愛情がかき立てられることもなかっただろう。

代わりに私は状況を見きわめ、第1章で説明したＤＩＳＣのジミーの分析結果（わが社では入社前に全員がＤＩＳＣのテストを受ける）を見直す「調査」をおこない、そこから背景設定を考えた。ジミーは感化（Ｉ）タイプで、スポットライトを浴びるのが好きなチームプレイヤーだった。このタイプの人はふつう欠点に注目されるのを嫌うため、ネガティブな批判は控えめにしなければならない。勤務態度の悪いところを指摘し、改善に向かわせるさりげない方法を見つけなければならなかった。「怒った雇い主」として立ち向かえば、彼の心が離れてしまう危険性があるが、「友人」として対応すれば、ラポートを構築して彼自身に態度を変えたいと思わせることができるはずだった。

　四半期に一度のチェックイン・ミーティング〔訳注／業務の進捗状況、検証、報告をおこなうミーティング〕が近かったので、私はそれに向けて大まかな計画を立てた。まずは「今期はどうだった？　自分の強みと弱みをどう見る？」というような一般的な自由回答の質問をする。話し合いが私の思いどおりに進んだら、ジミーは今期だらけたことを認めるだろう。認めなければ、それを引き出すために「ＸＹＺプロジェクトのできはどうだったと思う？」とか、「先月、クライアントＸを担当したはずだが、プロジェクトの進捗状況は？」というように、さらに質問する。クライアントＸとのプロジェクトがあまりうまくいかなかったことはわかっていて、ジミーにそれを認めさせたいからだ。彼が認めれば、「ああ、そのことについて話してくれ。どうすればうまくいったと思う？」と訊く。抱えている問題について彼が何か手がかりを与えてくれればと思う。手がかりが得られれば、その問題のせいでチームの前進が妨げられないように業務のやり方をどう変えればいいかと尋ねる。解決策を生み出すのは私ではなくジミーだ。それが彼の問題の理解と解決策の実践に大きなちがいを生む。

　ジミーのＤＩＳＣ分析結果にしたがって計画を練るときには、彼の改善を支援しながらも、彼が活躍できる方向に会話を構築した。ジミーが慎重（Ｃ）タイプだったら、私はあえて詳細にこだわったかもしれない。主導（D）タイプなら、だらけているから勤務態度を変えてもらわなければならないと単刀直入に言ったかもしれない。人を支えたい安定（S）タイプだったら、彼がチームに与えている影響を強調したかもしれない。ジミーはIタイプだったので、「力を合わせて改善する方法を私に理解させてほしい」という方向でポジティブに会話を構築した。もちろん、その一環として、会社全体でどう改善できるかを理解するために、彼の意見には真剣に耳を傾けた。そうして彼に、必要な変化を起こすと約束させることができた。改善が見られれば、ジミーには社員として残ってもらえる。

私の計画はうまくいった。最初ジミーは自分の勤務態度がだらけていることをなかなか認めず、業務が「驚くほどうまく」いった話ばかりしていた。私がクライアントXのことを話題にすると、しぶしぶそのプロジェクトがあまりうまくいかず、それは自分のせいだったと認めた。私はジミーがすばらしい社員であり、チームには改善の可能性が大いにあると応じて、彼が楽に受け入れられるようにした。そのうえで、「次の業務でわれわれが真に輝くためにはどうしたらいいと思う?」と訊いた。そこまで来て、ジミーは自分が変わらなければならないことを認め、いくつか提案をした。その後数カ月のあいだに、彼の勤務態度は改善し、私との関係も深まった。

「会話のアウトライン」を作る

就職面接、顧客や業者との交渉、同僚や家族や友人とのむずかしい会話、恋人との大事なデートなど、ぜひとも成功したい機会が控えている場合、決してぶっつけ本番でいこうなどとは思わないように。私は、実りある会話のための強力な一〇ステップを開発した。ほぼどんなやりとりにも必要となる「会話のアウトライン」——想定される会話の骨組み——を準備するときに、これが役立つ。読めばわかるとおり、こうして多少の準備をすれば、会話はきびきびして、明確で、なめらかになり、生産性も上がる。それは自信にもつながって、会話が予期せぬ方向に流れても、あきらめずにすむ。ここから先は一〇のステップをざっと紹介し、もっともすぐれた会話のアウトラインの作り方を説明する。そのあとで、特殊な会話の場合にアウトラインをどうするか、よく練った計画が不首尾に終わったら（そうなることのほうが多い）どうするか、説明しよう。

ステップ1　下調べをする

想定される会話のアウトラインを作る最初のステップとして、関係する事実を書き出す。会話の相手は誰か？　対象者についてＤＩＳＣ分析をおこなうか、その人物のプロフィールについて、おおよその推測をする。就職面接や車の購入の交渉などのように、相手が知らない人の場合、事前の調査でできるだけたくさん情報を集めておく。その人がソーシャルメディアの一般公開のアカウントを持っていたら、投稿された記事から、コミュニケーション・タイプや性格のその他の面について何がわかるだろうか？　彼らとやりとりしたことのある別の人に接触することで、何がわかるだろう？　車を買うとしたら、ディーラーを軽くのぞいてみて、販売員を何分か観察できないだろうか？

対象者の精神状態、要求、要望について、わかっている事実を書き出す。昇給の交渉で上司のオフィスへ行く場合、上司が話せる時間はかぎられているか？　相手はいまどんなプレッシャーを受けているか？　それに対してあなたがどう力になれるか？　あなたの要望がどんな懸念を引き起こすか？　どの範囲まで交渉すべきか？　そのやりとりで、あなたにはどのくらいの力があるか？　どちらのほうが相手の力を「必要」としているか？　要望を断られたら、ほかに選択肢はあるか？

ステップ2　目的を明確にする

次のステップは非常に重要だ。これからのやりとりを想像する際、会話の始まりから終わりまでを考える人が多いが、まず目的を定め、それにもとづいて会話の多くの要素を考えていくほうがずっといい。目的は明確に決めること。少しまえ、私は娘のアマヤが家の決まりを破ったことを知った。妻と私がはっきり禁じていたにもかかわらず、ほかのティーンエイジャーとのオンラインのチャット・グループに加わったのだ。妻も私も腹を立てたが、アマヤと話をするときの目的は、ただ自分のやったことを認めさせ、二度としないと約束させるだけではなかった。娘が約束にしたがわず、私たちをだますようなことをした理由を知り、彼女との関係を強化することのほうが重要だった。そうした明確な目的があったので、アマヤに対して攻撃的な態度で話すわけにはいかないとわかっていた。弁解するだけで、本当のことを打ち明けなくなるかもしれないからだ。娘の行動に失望したことはわからせながらも、穏やかに話しかけなければならなかった。

目的を決めるときには、下調べをする（ステップ1）際に気づいたことに注意を払おう。車の販売店に行く場合、車がすぐに必要で、力関係が自分に有利ではないとすると、目的は「欲しい車を提示価格から五〇〇〇ドル安く買う」ことではない。その値引きは現実的ではないかもしれず、販売員が二〇〇〇ドルしか値引きしなかったとしても、買わずに店をあとにするわけにはいかないからだ。**目的を決める際には、相手の利益や要求にも気を配ること。あなたと会ったことで彼らの気分がよくなるには、どうしたらいいだろう?** 私たちとアマヤの場合、互いの関係が強化されれば、私たちに娘の行動の理由がわかるだけでなく、彼女も気分よく会話を終えられる。そうなれば、娘が家の決まりを破ることにつながった問題を理解し、適切な対処ができるだろう。

ステップ3 「背景設定」を決める

ほぼどんな状況でも、目的をはっきりさせれば、用いる背景設定は自然に決まる。アマヤとの会話の場合、娘がそんな行動をとった理由を知りたいので、「腹を立てた厳格な親」の役柄は演じられないが、「心配している親」は演じられる。そこで背景設定は決まった。レンタカーを借りるとき、店員に無料で車種をアップグレードしてもらいたいなら、「不満な顧客」を演じるのは避けたほうがいい。それより「最悪の一日をすごし、多少力になってもらいたい顧客」（それが真実にもとづいていると仮定して）を演じるほうがいい。吠えてばかりいる隣人の犬に不快な思いをしつつも、隣人とは友好的な関係を維持しなければならないなら、「訴訟も辞さない怒った隣人」より、「睡眠を奪われ、助けを必要としている若い親」を演じる。

目的がはっきりしないと、役に立つ背景設定を考案するのはむずかしくなる。私が物理学の教授にハッキングを試みて関係構築に失敗した話はすでにした。彼が発表した科学論文に大いに関心があり、知識もあるふりをしたが、論文について突っこんだ質問をされ、それを読まないで嘘の設定をしていたことがバレてしまったのだった。充分時間をかけて準備もしておらず、目的も絞っていなかった。心のどこかで、目的は「教授に賢いと思われること」と設定していたのだ。そこで賢く見せようとして、失敗した。もっとよく考えていたら、よりよい目的がみつかっていたはずだ――教授をうまく言いくるめて建物のなかを案内してもらい、短い会話のなかで重要な情報を得たら、私と会ったことを忘れてもらう、というような。あとから考えれば、教授が教えている講座に「関心を抱いている学生」のふりをして、害のない短い質問をすればよかったのだ。その設定のほうが彼にとって受け入れやすく、私もさほど苦労せずに成功していたことだろう。

ステップ4　「ラポート構築」を想像する

背景設定が明確になったところで、相手と有効なつながりを築くためにそれをどう実行するかを考える。たとえば、別の会社から仕事の誘いを受けていて、それについて考えながら、いまの上司に昇給の交渉をしたい場合、「昇給がないなら仕事を辞めてもいい社員」という攻撃的な役柄を演じることもできる。あるいは、「ほかに仕事の口はあるが、いまの会社にとどまりたくて、それをかなえてくれる上司と働きたい社員」という役柄でもいい。いずれにしても、ラポートの構築には、いつ、どうやって会話を始めるかも含まれる。上司が月曜に大きなプレゼンをするのを知っていながら、金曜の午後四時半に、帰ろうとしている上司のオフィスに前触れもなく飛びこむか？　それとも、プレゼンがうまくいくまで待って、翌日サンドイッチのランチでもいっしょにどうですかと誘うか？　後者のほうが、ざっくばらんでリラックスした会話になり、上司のプレゼンの成功を祝って詳細を尋ねるなど、会話をはずませることができる。もちろん、そこで配偶者や子供のことまで訊いて親しさを示しすぎないこと（すでにそういう親しい関係になっていれば別だが）。

ステップ5　「影響」のテクニックや「感情」のテクニックを選ぶ

会話をするときの状況や相手とすでに築いている関係を考え、「影響」のテクニックのなかで使えるものを特定する。ひとつに定まらなくても、どれを用い、どれを避けるべきかということが大まかにわかっていると役に立つ。

上司に昇給を頼もうとしている場合、「権威」の原則（第4章）を用いたいとは思わないはずだ。この会話の目的にとって、権威があるのは明らかに上司だからだ。しかし、「好意」の原則は役立つかもしれない。上司に好意を持っていて、いっしょに働くのが楽しいなら、協力して成功したプロジェクトのことを思い出させて、上司のリーダーシップと指導のおかげでどれほど助かったかを伝えるといい。そしてこんなふうに言う。「今日お話ししたいのは、よそから非常に魅力的な仕事の話があって、それがストレスになっているからです。あなたと働くのがとても気に入っているので、その話は受けたくないんですが、提示された給料の額があまりにいいので、断るのがむずかしくて……」

また、昇給の要求に先立って、会社に自分がどれほど貢献したかを如才なく、穏やかに上司に思い出させて、「恩返し」の原則を試してみてもいい。「この会社は本当に気に入っているんです。最大のお客さんを扱う本当に楽しくて重要なプロジェクトにも加わりましたし。挑戦するのが好きなので、会社のために大きな仕事を続けていきたいと思っています」そのあと、他社から受けたオファーについて説明し、いまの会社で働きつづけるための解決策が見つかるかどうか、上司といっしょに考えたいというふうに話を持っていく。

誰かから情報を得ようとしている場合には、感情を引き出すテクニックのなかで使えるものがないか考えてみよう。車の販売店へ行って交渉でどのくらいまで値引きしてもらえるか知りたい場合、第5章で説明した「範囲」のテクニックを用いるといいかもしれない。可能性のある価格の範囲を提案して、相手がそれを受け入れるかどうか見てみる。アマヤとルール違反について話したときには、妻と私は彼女のしていることについて関係者から情報を得ていると言って、娘にくわしく話させようとした。本当に情報は得ていたが、攻撃的にならないように気をつけた——

FBIの尋問官を演じたいわけではなかったからだ。ボディランゲージに少し気をつけた（腹部を見せ、顔には悲しげな表情を浮かべた）だけで、うまくいった。

ステップ6　心理操作をしていないか、すばやく確かめる

計画のこの段階まで来たら、「影響」のテクニックと心理操作のあいだにある重要な一線をうっかり越えていないかどうか確かめてもらいたい。計画している言動が相手に恐怖を感じさせ、相手は行動を強制されることにならないか？　上司と話をするときに、昇給に応じなければ会社を辞めて大事なプロジェクトをつぶすと示唆したら、それは心理操作だ。妻と私がアマヤと話すときに、親としてどれだけのことをしてきたか延々と語り、娘の行動への失望をあらわにし、おまえには自分の考えを私たちに話す「義務」があると言って、娘の罪悪感に訴えるのも同じだ。ここでは正直になろう。あなたの行動や態度は実際に相手にどんな影響を及ぼすだろう？　状況によっては、あなたの言動と関係なく、相手が恐怖などのネガティブな感情を抱くこともある。その恐怖をあなたが引き起こしたのではなく、それを有利に利用したりしなければ、心理操作ではないし、自分の態度にも満足できる。

ステップ7　ノンバーバルの表現をふくらませる

背景設定やラポート構築を考えるときには、服装や声の調子や身ぶりなど、ノンバーバルの表現についてもすでに考慮しているかもしれない。たとえば、親友とけんかして仲直りしなければならないが、親友とは昔ながらの「兄弟のような」関係を結んでいるとする。挨拶代わりに軽く拳どうしをぶつけることがよくあるなら、最初のラポート構築のささやかな方法として用いてもいいかもしれない。また、たとえばこの一年、同じ人とデートしているが満足できず、つき合いをやめようと考えているとする。その人との会話は友人としてのハグで始めてもいいし、そうでなくてもいい。第7章を見直して、目標達成に向けて影響を与えたり関係を築いたりするのに役立つノンバーバルの重要な感情表現と、決して役立たない感情表現をリストアップしてみよう。重要な場面で表したい基本的な感情についても考えておく。最近それらを実践していないなら、用いるまえに数分時間を置こう。

ステップ8　本物らしさを確認する

会話のアウトラインがはっきりしてきたところで、それはどのくらい「本物」に見えるだろう？　背景設定やラポート構築、「影響」のテクニック、「誘出」のテクニック、ボディランゲージのすべてが、あなた自身の性格や、相手があらかじめ知っているあなたの性格、相手との関係性から判断して、本物らしく見えるだろうか？　計画した行動や発言は、一貫性がなかったり、過剰だったり、不適当だったりしないか？　念のため計画を第三者に説明して、印象を訊いてみよう。その際には、信用でき、社交術で尊敬できる人を選ぶこと。すべて問題なしと思えたら、本物らしさをさらに高めるために、調整したり加えたりできる詳細があるかどうか考える。背景設定を組み立てるとき、相手に信じてもらえるように、つけ加えることはほかにないだろうか？小道具をうまく使えないだろうか？　ことばではっきり言うより行動で言外に示すほうが好ましいのではないか？　詳細を詰めこみすぎたり、相手を欺くような設定を選んだりしていないか？ここで調整しておけば、重要な日が来たときに満足のいく結果が得られるだろう。

ステップ9　不測の事態に備える

「会話のアウトライン」を作るときには、すでに知っていることを吟味し、コントロールできることを最大限活かす計画を立てるが、どんな会話でもかなりの部分、コントロールできなくなることはある。関心相手の精神状態や反応を推測していたとしても、当たる保証はないのだ。さまざまな理由で当たらないことはあり、あなたの言動が予期せぬ不都合な効果をもたらすこともある。相手が会話の途中で予想外のストレスを感じたら？　物理的な環境の何かがあなたや相手の気をそらしたり、無用な感情を引き出したりしたら？　重要な情報が欠けていたら？　重要な瞬間にぎこちない反応をしてしまい、うっかり計画をだめにしたら？　言うだけのことを言い、するだけのことをしたあとで、相手がなぜかこちらの要求を拒んだら？

すべての困難を予測することはできないが、もっともありそうな不測の事態に備えておくことは有益だ。別の会社から魅力的な仕事のオファーを受けたと言えば、いまの上司は昇給に応じるかもしれないが、別の会社が約束した金額よりずっと少額かもしれない。そうしたらどうする？まえもって考えておけば、受け入れられる昇給の最低額を決めておき、それを規準に会話を進めることができる。あるいは、いまの上司の提案が一定の範囲以上にならないのなら、休みを多くしてもらうとか、就業時間をもっと自由にしてもらうといった別の便宜を交渉することもできる。それが低い給与の穴埋めになるだろう。

家の決まりを破ったアマヤとの話し合いの準備では、あらかじめ罰はひとつに決めておかなかった。申し開きできる状況があった可能性を考慮したのと、娘自身がそれほどやましく思っているように見えなかったからだ。その代わり、さまざまな厳しさの罰をいくつか考えておいた。アマヤと話し合ったところ、じつは友人のひとりが彼女をこっそりチャット・ルームに誘いこんだことがわかった。一度入ってしまうと、友だちの面目をつぶさずにそこを出るのはきわめてむずかしかったそうだ。それを私たちに言わなかったのは、恥ずかしかったのと、私たちの反応を怖れたからだった。アマヤが家の決まりを破ったのは明らかだが、みずから進んで親に逆らったわけではなかった。私たちは罰を与えなければならなかったが、厳罰は必要なかった。その代わり、不測の事態を想定した計画にしたがって、将来娘が同調圧力に対処し、私たちとよりよいコミュニケーションをとるための対策を考えることに重きを置いた。不測の事態を想定せず、娘に責任を認めさせて罰を与えるという単純すぎる計画にこだわっていたら、隠れていた問題を見つけて対処する機会を失っていただろう。

不測の事態とそれへの反応をまえもって考えておけば、いざというときにうまく対応でき、自分の得になるように行動できる。逆に、プロのハッカーも、ありそうな不測の事態を念頭に置かなかったために失敗することはよくある。私たちが害虫駆除業者を装ってクライアントの建物への侵入を試みたある任務では、遠くの街まで飛行機で行かなければならなかったので、背景設定に信憑性を与えるために通常たずさえるプロ仕様の害虫駆除スプレー装置をすべて持っていくわけにはいかなかった。しかたなくウォルマートへ行って安いスプレー缶を手に入れた。きちんと計画していれば、害虫駆除の作業を見たことがある注意深い警備員が私たちの乏しい道具に気がついて問いただしてくる可能性を考えただろう。それに対応して、相手を信じさせるに足る口実を考えていたかもしれない――たとえば、道具が安っぽいことを認め、小規模の仕事にはそれを使い、大規模で複雑な仕事にはプロ仕様の道具を使うのだと説明する。しかし、私たちはそれをせずにターゲットの施設に到着し、問われたときにうまく答えられなかった。警備員は疑いを抱き、私たちを建物に入れてくれなかった。

ステップ10　得たものを確保する

コントロールできないものがあったにもかかわらず、会話が計画どおりに進み、目的を果たすことができた。そのあとどうする？　ほとんどの状況で、得たものを確保するためにフォローアップをするのが有用で適切だ。上司が昇給に同意したら、お互い細かい部分を忘れないように記録に残しておくという同意を得よう。過度に法的な方法はとらず、友好的なメールに詳細を書いて送り、上司に感謝し、まちがっていることがあれば修正してほしいと頼むのだ。車を買う値段の交渉をしたのなら、その場で契約書に署名する。してはいけないのは、その場を離れることだ。販売員に再考の機会を与え、おそらくは値引きを撤回されてしまう。同意書がなく、メールを送るのも不適切な場合には、少なくとも握手して、同意した「条件」を疑問の余地のないかたちでくり返す。そうすれば、相手は面目を失わずに再考することがむずかしくなるはずだ。敷地の整備に庭師を雇うなら、こんなふうに言うといい。「あなたがたが見つかって本当によかった。草刈りに週七五ドルと春の大掃除に一五〇ドルというのは、かなりいい条件ですよ。本当にありがとう！」庭師に頼んで、同意した料金を名刺に書いてもらうか、メッセージで送ってもらってもいいだろう。面倒だと言われたら、過去に苦い経験をしたからと正当化すればいい。

「会話のアウトライン」を仕上げる

会話のアウトラインがどういうものか理解したら、予定している誰かとのやりとりのためにさっそく準備を始めよう。緻密に計画するには一〇分から一五分ほどかかるかもしれない。何度か経験すれば、それよりも少ない時間でできるようになる。準備を完璧にするためには、アウトラインを作ったあとでさらに数分かけて、お互い何を言ったりしたりするかを細かく想像し、心のなかで実演してみるといい。

ただ、計画しすぎてはいけない。**会話のアウトライン作りに一五分から二〇分以上かかったり、実際に話す日の何日もまえから何度もそのアウトラインを調整したり、会話のずっとまえに（数日ではなく何週間もまえに）アウトラインを作ったりするのは、やりすぎだ。**台本の棒読みに近づき、嘘っぽく不自然になるといった問題が生じるだけでなく、計画に頼りすぎると、会話が予期せぬ方向に進んだときに動揺したり、体がすくんだりしてしまう。成功するハッカーは計画を立て、細かい点に留意する一方で、即興の対応や即座の判断ができる余裕を持ち、そのバランスを保つ。とくにＤＩＳＣの分析でＣタイプの人は性格上、過度に計画してしまうことに気をつけたほうがいい。

不測の事態を想定して計画を立てたとしても、会話が計画から大幅にそれてしまうことはほぼ避けられない。昇給の話をしようと上司のオフィスに入ったら、彼女が身内の死を知ったばかりで涙していたら？　大きな受注がかかった営業訪問で、最大の競合他社が同じ製品の価格を二〇パーセント引き下げることがわかったら？　会話を計画どおり始めて最大限努力したにもかかわらず、相手を望みにしたがわせることがどうしてもできなかったら？

プロのハッカーはしょっちゅうこうした困難に直面し、状況にすばやく応じてどうにか計画を成功させようとする。銃を持ってオートバイを乗りまわす警備員がいる発展途上国の銀行に私たちがどう侵入したか憶えているだろうか（第８章）？　最初の計画では、私と同僚が直接建物を訪ねて侵入を試みることになっていたが、その国に到着して現地を偵察したときに、重装備の警備員が大勢いることを知って驚いた。誰も警備員については教えてくれず、遠くで調査しているときには彼らのことを知らなかったからだ。武器があることで、まったく異なるレベルの危険に直面することになった。計画が失敗したら撃たれる可能性もある。しかし、ハッキングを中止する代わりに、私たちは計画を危険の少ないものに変更した。その国ではほとんどの住民が黒い肌だったので、私たち白人のアメリカ人は人目についた。当初は技術的なテストを実施するといって強い態度で押しかけ、警備員になかに入れるよう要求する計画だったが、もっと柔軟でおとなしいやり方のほうが安全だと判断した。クリエイティブに考えた末、地元民を雇って警備員と会話させているあいだに、そこに何度か来ている業者のふりをして、急いでその脇を通りすぎることにした。

この例では、まえもって新たな計画を立てる時間が充分あったが、すでに始まった会話の途中で自然と解決策が湧き、成功につながったこともある。一例をあげると、大きな組織のＣＥＯのオフィスに侵入し、機密書類にアクセスできるかどうか試す仕事があった。ソーシャルメディアを調べ、そのＣＥＯが二週間、家族で外国旅行に出かけることはわかっていた。私は彼の休暇中にコンピュータ技術者の制服姿でオフィスに現れ、ＣＥＯのコンピュータを直しに来たと説明した。秘書にオフィスに入れてくれと頼むときには、この修理はＣＥＯが予定に入れたもので、休暇から戻ってくるまでに完了しておいてほしいと言われたと説明した。

説明はうまくできたが、秘書の女性は私をなかに入れてくれなかった。私は当惑した。計画はうまくいかず、あきらめるしかないように思えた。しかし、そこである考えが浮かんだ。私はクリップボードを取り出して言った。「いいでしょう、私をなかに入れられないということはよくわかりました。ただ、修理ができないとこっちが困ったことになります。本当にだめとおっしゃるなら、ここに修理を拒むと書いてサインをいただけますか？」それが彼女には追加のプレッシャーになった。私をなかに入れなければ、上司を怒らせる危険を冒すことになる。署名を頼むことで、このジレンマを明確に強調することになり、女性と私のあいだに新たな力の差が生まれた。作戦としては心理操作に近く、日常生活でこの手を使うことはないが、この会社との契約の条件から許される範囲のことだった。秘書はクリップボードに署名したくないと言ったが、私がそれならほかの誰かに署名してもらいたいと言い張ると、結局降参して、なかに入れてくれた。その場で柔軟に考えることで、もとの計画から幾分それたものの、結果的に成功することができたのだ。

　予期せぬ困難に直面したときに、ほかの人より柔軟に対応できる人はいるが、そうでなくとも落ち着きと順応性の高さを保つ能力は改善できる。ふつう、ストレスに満ちた状況に置かれると、誰もがうろたえ、「戦う《ファイト》か、逃げる《フライト》か、凍りつく《フリーズ》か」反応が作動する。柔軟さを保つ秘訣は、もっと自分の精神状態を観察する方法を学ぶことだ。恐怖や狼狽に襲われていると感じたら、その状態から抜け出して、落ち着きを取り戻すためにできることをする。それはたとえば、会話中に何秒か間を置いたり、一度か二度深呼吸するといった単純なことかもしれない。別の状況では、会話を中断してトイレに行き、五分か一〇分かけて落ち着きを取り戻し、解決策を考えるといいかもしれない。また別の状況では、会話を続けるまえに一日か二日考える時間が欲しいと頼んでもいい。人とのやりとりが控えているときには、自分の精神状態につねに集中する練習をしよう（そのやりとりが始まる直前にもそれを忘れないこと）。そうした会話の計画を立てるときには、一時的に礼儀正しくその場を離れて落ち着きを取り戻す方法を、まえもって考えておくといい。

会話を中断しなければならなかったときには、戻ってきたときにすばやく状況判断をする。相手とのラポートはまだそのままか？　それともだめになってしまったか？　いくつか質問して、相手のボディランゲージから精神状態を推し量るといい。ラポートが失われていたら、何かうまい方法を見つけて会話を終わらせる。まだ多少ラポートが残っていたら、新たな関係構築のテクニックを用いるか、異なる背景設定に切り替える。

背景設定を維持する場合、協力的でない相手に用いることができるひとつのテクニックは、**小さな交渉をくり返して少しずつ相手をこちらの目標に近づける**ことだ。警備員から政府発行の身分証の提示を求められ、それを持っていなかったにもかかわらず、大きな倉庫に侵入した話を紹介したが、警備員から当然それを指摘されたとき、私はそちらを向いて言った。「ねえ、これまで一〇分かけてあれだけのセキュリティチェックを通り抜けてきたんですよ。このあとも何度も止められるでしょう――ここで車まではるばる戻るなんてできない。うちの会社の社員証じゃいけませんか？」警備員が決められた手順にしたがっていれば、私に通れと手を振る代わりに、丁重に断っていただろう。しかし、私は建物に入り、彼は一応適切な注意はしたことで、私たちは互いに目的を果たし、妥協点に達した。計画した会話が進むうちに相手の抵抗を感じはじめたら、

「妥協点」を提案できないかと考えよう。ただ、踏みこみすぎたり、心理操作に入りこんだりしないように注意が必要だ。

予期せぬ困難があまりに大きいときには、潔くハッキングをあきらめたほうがいい場合もある。私たちのチームが、カメラマンを装って政府の施設に侵入を試み、セキュリティエリアへの立ち入り許可を求めたことがあった。本番まで私たちは知らなかったが、その日、政府高官がその施設を訪問しており、そこにはありとあらゆる類いの法執行機関の人間がいた。敷地内に一五〇人ほどいたにちがいない。計画どおりに進めるのがあまりいい考えでないことはわかったが、そうした疑念を振り払ってとにかくハッキングを試してみた。

セキュリティの関門に近づくと、そこには通常の雇われ警備員ではなく、保安官がいた。セキュリティ・バッジを手に入れるために偽の運転免許証を手渡すと、雇われ警備員とちがって保安官はすぐさまそれが偽物であることを見抜いた。免許証は本物だと私が言い張ると、保安官は疑いを強め、私に銃を向けた。そばにいた何人かの警官も同じことをした。私たちは手錠をかけられ、不法侵入と偽の身分証所持の容疑で逮捕された。真の目的が明らかになって、結局は釈放されたが、ハッキングは大失敗に終わった。再度その施設への侵入を試みてもよかったが、カメラマンの扮装はできず、まったく新しい背景設定を考えなければならなかっただろう。

人とのやりとりで無理を通そうとすると、失敗の危険が大きくなる。私のように逮捕されたり、撃たれそうになったりはしないだろうが、ぶざまで無神経に見えたり、相手に距離を置かれたり、要望を拒否するような反応をされたりするかもしれない。ここはこらえて日を改めたり、やり方を変えたりして、別の機会に目的を達成することを考えるほうがずっといい。計画をあきらめなければならなくなったら、失敗は恥ではないことを思い出してほしい。足りなかったところを見きわめて改善しようとしないことこそ、恥だ。失敗するたびに、私たちは反省会を開き、慎重に考えた計画がうまくいかなかった理由と経緯を分析する。あなたも次のような質問をして反省することができる。

・どの時点で過度に感情的になってしまったか？
・どの時点でコントロールを失いつつあるとわかったか？
・どんな発言が相手に理解されなかったか？　自分の考えをどう表現すればよかったか？
・何か嫌なこと、皮肉なこと、人を傷つけるようなことを言わなかったか？
・相手のどんな要求や要望を考慮に入れ損ねたか？
・相手のほうが会話をうまく仕切っていたか？
・もう一度会話をする必要があるか？　あきらめたほうがいいか？
・会話を相手が気分よく終えるために、こちらは何ができたか？

計画が成功した場合にも、反省は忘れないこと。自分にとって何がうまく作用したのか？　ほかにどんなやり方があったか？　今回のやり方はこれまでのハッキングと比べてどうか？　重要な分野で進歩が見られたか？　どの分野でまだ改善の余地があるか？　次はどんな特別なスキルを用いるべきか？　どんなやりとりでも、自分を知り、ハッキングのスキルを改善し、着実な進歩を刻む貴重な機会となる。練習を積み、人との交流が円滑で効果的になっても、かならず成長と改善の余地はある。ハッカーの訓練に終わりはない。

共感が人の心を動かす

アドバイスをもうひとつ。出会いの計画を立てるために会話のアウトラインを作るときには、実際に何をしているのか、じっくり考えてみてほしい。これは、本書で紹介したすべてのハッキングの原則やテクニックにも言えることだ。事前にきちんと調査し、会話の計画を立てることによって、つまるところ**私たちは、ほかの人々のことや彼らとのやりとりを、もっと意識しようとしているのだ。**そこまでしない日常的なやりとりで、無意識にハッキングのテクニックを用いるときも同じだ。基本的にヒューマン・ハッキングは、まわりの人々をよく観察し、彼らについて考え、彼らの要求や要望を満たせるようにふるまい、その見返りとしてこちらの力にもなってもらう訓練だ。完全に利他的なものではないが、それによって相手の人生を大きく変えることはできる。

人間関係で持ち上がる問題の多くは、私たちが自分の行動に無頓着で、行動をコントロールしようとしないために起きるということを憶えておこう。私たちはみな、自分は親切で思いやりのある人間だと思いがちだ。大事なところでは実際にそうなのだろうが、それでもほとんどの人は、他者とのやりとりの多くで、相手の気持ちや受け止め方、要望や期待に、完全または部分的に注意を払わず、やみくもに突き進んでつまずいている。そのときには自分が正しいと感じたり、気分がよかったりするので、冗談を言い、おしゃべりし、声を張り上げ、その他さまざまな行動をとるが、それが相手を不快にしたり、遠ざけたりすることに気づかない。自分の感情に支配され、感情のままの言動をしてしまうのだ。

初心者が初めてヒューマン・ハッキングを実践すると、人との交流で自分に欠けていたものをふいに悟る。それまでより相手や相手の気持ちに注意を向け、共感し、敏感になるだけでなく、自分の行動やそれが相手に与える影響を意識するようになるのだ。想像したこともないほど自分の行動をコントロールするのが楽しいことに気づき、相手にもっと受け入れられようと自分の言動を改善しはじめる。時とともに訓練を重ね、その場で自然に相手を観察し、相手に共感し、自分の行動をコントロールできるようになる。まわりの人々の感情に敏感になり、共感することが慎重な行動へとつながる。本書で示したハッキングのスーパーパワーの真髄はそこにある。

最悪の犯罪者ハッカーのように、このスーパーパワーを邪悪な目的に用いることも可能だろう。しかし、あなたはそうしないと私は確信している。本書の冒頭で厳かな誓いに署名してくれたのだから。偶然にしろ、そうでないにしろ、背いたらきっと後悔し、修正してくれるだろう。私がそうだったように、心理操作がもたらすダメージを一度でも目にしたら怖ろしいと思い、善良な側にしっかりとどまろうと最大限努めるはずだ。逆に、相手の得になるようにハッキングのスキルを用いることがどれほど満足のいくものかわかれば、まちがいなく、もっとそうする機会を探すようになる。最初はハッキングのテクニックを学んでいたのに、やがて人の力になろうと新たに人生の方向を決め、恒久的な変身をとげた人を私は大勢目にしてきた。

ハッキングは、私の受講生のダグを大きく変えた。大柄でこわもてのバイク野郎を想像してほしい――剃り上げた頭、突き出たビール腹、荒々しい態度、ヽヽヽヽカラフルなことば、長く白いひげ、完璧にそろっている。初めて私の講座に参加したときのダグがそれだった。暗い路地でこちらへ向かって歩いてきたら、みなまわれ右して逃げる。一週間の講座の最初の日には、彼が私から学べるものがもしあるとしたら何だろうと思わずにいられなかった。よく言っても、あざ笑うような態度に見えたからだ。ところがそれは完全な誤解だった。その週の終わりごろ、ダグは個人面談を希望して、ハッキングのテクニックを学ぶことから大きな影響を受けたと私に語った――自分の行動と人とのやりとりに対する見方がすっかり変わった、と。「これからは、会う人みんながおれに会ってよかったと思うようにするつもりです。それと、毎日少なくとも誰かひとりに何かいいことをする」

ダグはすでに新たな決意を実行しはじめていた。その朝、ホテルのレストランで朝食をとっているときに、客のひとりが、サービスが悪いと言ってウェイトレスを怒鳴りつけたのだという。彼女はそんな扱いをされるようなことは何もしていなかったので、見るからに動揺していた。ダグはウェイトレスの感情を思いやり、何かしなければならないと感じた。その客のそばへ行って叱りつけ、この馬鹿とかなんとか、ひどいことばを浴びせてもよかった。あるいは、ウェイトレスに近寄って、あの客は横柄でデブで……（カラフルなことばを挿入）……と同情してもよかった。しかし、ダグは耳をそばだてているまわりの人たちの感情にも敏感になり、どちらのやり方でも、自分と会ったことで彼らの気分はよくならないと思った。むしろ、ネガティブなやりとりを目にして気分を害し、朝食を楽しめなくなったことだろう。

しばらく考えてから、ダグはウェイトレスに近寄り、ほほ笑みかけて、小さな声で「ちょっといいかな。おれはあなたのサービスのすべてがすばらしいと思っている」と言った。それだけだった。利己的な目的は何もなく、プロとしても人としても彼女を肯定し、やさしいことばの贈り物をしたのだ。その週ずっと、ダグは自分の心の知能指数を高めることに集中していた――他人に共感し、心のつながりを持つためによく考えて行動する。参加した講座で得たスーパーパワーに感銘を受け、それを悪いことではなく、よいことのために使わなければならないと感じたのだ。

ヒューマン・ハッキングのテクニックを練習し、マスターしたあかつきには、新たに得た力をまわりの人のために使ってほしい。彼らが何を望んでいるかを考え、何を感じているかを察知する。ラポート構築にとりわけ努力する。「影響」のテクニックを用いるときには、相手の気分もよくしてこちらの望みにしたがってもらう。ありのままの自分で人々と向き合い、できるだけ真実を話す。要求を断られても、礼儀正しく反応する。ハッキングは、メディアでよく言われるようにすべて邪悪なものではない。いいハッカーもいて、世界をよりよい場所にしている。そんな私たちの一員になってほしい。自分の望みをかなえたければ、まわりの人の気分をよくすることがもっとも円滑で、効果的で、満足のいく方法なのだ。私はそれを使ってセキュリティの厳しい建物やＩＴシステムに侵入している。あなたはそれを用いて、仕事をうまく進め、家族との関係を強化し、どんな状況においても効果的に対処できるだろう。かならず――つねに――相手があなたに会ってよかったと思うようにすること。共感が人の心を動かすのだ！

謝辞

友人のジョー・ナヴァロがじつにすばらしいエージェントのスティーヴ・ロスに引き合わせてくれ、スティーヴが私に賭けてみようと思ったからこそ、私は自分の考えをここに記すことができた。ありがとう、ジョー、スティーヴ。

共同執筆者のセス・シュールマンにも感謝する。並はずれた能力の持ち主で、ことばや考えや感情をしっかりとらえて本書のなかで活き活きと表現してくれた。セスとの共同作業は楽しく、学ぶことが多く、喜びそのものだった。

ホリス・ハイムバウチには、このプロジェクトの可能性に気づいてくれたことに感謝する。執筆の過程で意見や情報を提供し、協力してくれたことは本当にすばらしく、心から謝意を表したい。ハーパーコリンズ社の担当チームのみなさんや、セスの同僚にも、調査、事実確認、入稿整理などで力を貸してくれたことに感謝したい。疲れ知らずのみなさんの努力が本書の誕生を可能にしてくれた。

本書で紹介した概念は、大勢の人が何年もかけて形作ってきたものだ。とくにポール・エクマン博士、ロビン・ドリーク、ジョー・ナヴァロ、ライアン・マクドゥーガルに感謝する。みな課題をくれて、私の向上を助けてくれた。〈ソーシャル・エンジニアリング・ヴィレッジ〉の創設と運営を助けてくれた中心メンバーにも感謝する――ジム・マンリー、クリス・ロバーツ、ビリー・ボートライト、ウェイン・ロナルドソン、クリス、クリス、ハンナのシルヴァーズ一家、その他のSEヴィレッジのスタッフに。ジェイミソン・シーレスにも感謝する。彼のまいた種が育って、SECOMや私の会社になった。また、長年にわたって私の講座を受けてくれた大勢のセキュリティ専門家や一般市民のかたがたにも感謝する。私は教えた分だけ、あなたたちから学ばせてもらった。

〈イノセント・ライブズ基金〉にかかわったことは、私に大きな影響を及ぼした。ティム・マロニー、あなたのおかげで私は絶えず地平線を広げ、愛情と思いやりに満ちた人間になることを学んでいる。ニール・ファァロン、あなたは世界最高の音楽を生み出すだけでなく、本書の精神を体現し、人とその気持ちに注意を向けることをいつも思い出させてくれる。

地球上でもっともすばらしい友人たちにも謝意を表したい。ニックとクレアのフルノー夫妻、ベンとセリーナのバーンズ夫妻、カズユキとアマンダのニシ夫妻、ニールとマリリンのヴィターレ夫妻、マークとティアナのハマン夫妻。きみたちは私にずっと寄り添い、私が与える以上のものを与えてくれている。ありがとう。

最後に、決して少なくない感謝を家族に。神への深い信仰と、驚くべき私の家族が、ここまで私を導いてくれた。私がヒューマン・ハッキングに特化した世界初の会社を創設したときにも、家族は変わらず支えてくれた。アリーサ、コリン、アマヤ、私がよき夫、父、人間になれるよう力を貸してくれたことに感謝する。きみたちは誰にも増して、会ってよかったと思える人たちだ。

8. Jessica Bennett, "I'm Not Mad. That's Just My RBF," *New York Times*, August 1, 2015, https://www.nytimes.com/2015/08/02/fashion/im-not-mad-thats-just-my-resting-b-face.html?_r=0&module=ArrowsNav & contentCollection=Fashion% 20% 26% 20Style & action=keypress & region=FixedLeft & pgtype=article
9. 『メリアム・ウェブスター英英辞典』「contempt」の項より。
10. "Throwing Shade: The Science of Resting Bitch Face," Test Your RBF, accessed April 4, 2020, https://www.testrbf.com/content/throwing-shade-science-resting-bitch-face
11. Tomas Chamorro-Premuzic, "The Upside to Being Angry at Work," *Fast Company*, February 25, 2020, https://www.fastcompany.com/90467448/the-upside-to-being-angry-at-work
12. Preston Ni, "4 Types of Anger and Their Destructive Impact," *Psychology Today*, May 19, 2019, https://www.psychologytoday.com/us/blog/communication-success/201905/4-types-anger-and-their-destructive-impact
13. L. R. Mujica-Parodi, H. H. Strey, B. Frederick, R. Savoy, D. Cox, et al., "Chemosensory Cues to Conspecific Emotional Stress Activate Amygdala in Humans," PLoS ONE 4, no. 7(2009): e6415. doi:10.1371/journal.pone.0006415
14. Ellie Lisitsa, "The Four Horsemen: Contempt," Gottman Institute, May 13, 2013, https://www.gottman.com/blog/the-four-horsemen-contempt/?rq=contempt

8　見せ方に磨きをかける

1. George Lakoff, *The All New Don't Think of an Elephant! Know Your Values and Frame the Debate* (White River Junction, VT: Chelsea Green, 2014), xi-xii
2. 同上。
3. Oliver Burkeman, "This Column Will Change Your Life: The Beauty in Imperfection," *Guardian*, April 23, 2010, https://www.theguardian.com/lifeandstyle/2010/apr/24/change-your-life-beauty-imperfectionに引用あり。
4. Sarah Todd, Hanna Kozlowska, and Marc Bain, " 'Aspirational Realness,' the Instagram Cool-Girl Look, Disguises Advertising as Authenticity," Quartz, October 12, 2019, https://qz.com/quartzy/1722511/how-brands-like-glossier-sell-aspirational-realness-on-instagram/

7　体に語らせる

1. チャールズ・ダーウィンが1872年に出版した『人及び動物の表情について』（岩波書店）はノンバーバル・コミュニケーションを探求した初期の著作のひとつ。
2. 参考資料のなかにはポール・エクマン『暴かれる嘘――虚偽を見破る対人学』（誠信書房）、ポール・エクマン、ウォレス・V・フリーセン『表情分析入門』（誠信書房）、David Matsumoto, Mark G. Frank, and Hyi Sung Hwang, eds., *Nonverbal Communication: Science and Applications* (Los Angeles: Sage, 2013)、ジョー・ナヴァロ『FBI捜査官が教える「しぐさ」の心理学』（河出書房新社）、ジョー・ナヴァロ『FBI捜査官が教える「しぐさ」の実践解読辞典　407』（河出書房新社）、ダニエル・ゴールマン『EQ　こころの知能指数』（講談社）、ポール・J・ザック『経済は「競争」では繁栄しない――信頼ホルモン「オキシトシン」が解き明かす愛と共感の神経経済学』（ダイヤモンド社）、エイミー・カディ『〈パワーポーズ〉が最高の自分を創る』（早川書房）がある。私の著書、*Unmasking the Social Engineer: The Human Element of Security* (Indianapolis: Wiley, 2014)も参照。
3. ジョー・ナヴァロ『FBI捜査官が教える「しぐさ」の心理学』
4. マクロ表情と微表情に加え、人間は会話中の仕種、顔の表情、その他のボディランゲージを使って、感情ではなく、考えを示すこともある。たとえば、あなたがペットとして飼っているアフリカ産のインコの交尾について話したとしたら、私は眉を上げ、うなずいて「それに興味がある」という考えを示すかもしれない。
5. ミラーリング効果について言及している研究として、Costanza Navarretta, "Mirroring Facial Expressions and Emotions in Dyadic Conversations," conference paper, Language Resources and Evaluation Conference (LREC 2016), Portoroz, Slovenia, vol. 10, 469-74, https://www.researchgate.net/publication/311588919_Mirroring_Facial_Expressions_and_Emotions_in_Dyadic_Conversations; and Robert W. Levenson, Paul Ekman, and Wallace V. Friesen, "Voluntary Facial Action Generates Emotion-Specific Autonomic Nervous System Activity, " *Psychophysiology* 27, no. 4(1990): 363-84, https://bpl.berkeley.edu/docs/36-Voluntary% 20Facial% 20Action90.pdfを参照。
6. Sourya Acharya and Samarth Shukla, "Mirror Neurons: Enigma of the Metaphysical Modular Brain," *Journal of Natural Science, Biology, and Medicine* 3, no. 2 (July-December 2012): 118-24, https://doi.org/10.4103/0976-9668. 101878
7. Daniele Marzoli et al., "Sun-Induced Frowning Fosters Aggressive Feelings," *Cognition and Emotion* 27, no. 8(May 2013): 1513-21, https://doi.org/10.1080/02699931.2013.801338

上もっとも高度な実験」であると評した神経科学者のマーク・ルイスの論文から (Marc Lewis, "Why We're Hardwired to Hate Uncertainty," *Guardian*, April 4, 2016, https://www.theguardian.com/commentisfree/2016/apr/04/uncertainty-stressful-research-neuroscience)。

19. Lewis, "Why We're Hardwired to Hate Uncertainty."
20. 同上。
21. 同上。
22. 同上。ルイスは、車で職場に向かって遅刻しそうになった従業員が感じる不安についても同様の仮説を立てている。
23. Susan Weinschenk, "Why Having Choices Makes Us Feel Powerful," *Psychology Today*, January 24, 2013, https://www.psychologytoday.com/us/blog/brain-wise/201301/why-having-choices-makes-us-feel-powerful
24. Lauren A. Leotti, Sheena S. Iyengar, and Kevin N. Ochsner, "Born to Choose: The Origins and Value of the Need for Control," *Trends in Cognitive Sciences* 14, no. 10 (October 2010): 457-63, https://doi.org/10.1016/j.tics.2010.08.001
25. 同上。
26. Diane Hoskins, "Employees Perform Better When They Can Control Their Space," *Harvard Business Review*, January 16, 2014, https://hbr.org/2014/01/employees-perform-better-when-they-can-control-their-space
27. Ranjay Gulati, "Structure That's Not Stifling," *Harvard Business Review*, May-June 2018, https://hbr.org/2018/05/structure-thats-not-stifling
28. ここで述べたセリグマンのプロフィールはMaria Konnikova, "Trying to Cure Depression, but Inspiring Torture," *New Yorker*, January 14, 2015, https://www.newyorker.com/science/maria-konnikova/theory-psychology-justified-tortureから引用。
29. Michael Shermer, "We've Known for 400 Years That Torture Doesn't Work," *Scientific American*, May 1, 2017, https://www.scientificamerican.com/article/we-rsquo-ve-known-for-400-years-that-torture-doesn-rsquo-t-work/
30. 同上。うまく加えられた拷問（もしくは「軽い拷問」）の効き目についての別の意見は、Mark Bowden, "The Dark Art of Interrogation," *Atlantic*, October 2003, https://www.theatlantic.com/magazine/archive/2003/10/the-dark-art-of-interrogation/302791/を参照。

"Magazine Trends Study Finds Increase in Advertisements Using Sex," *University of Georgia Today*, June 5, 2012, https://news.uga.edu/magazine-trends-study-finds-increase-in-advertisements-using-sex/)

10. ファストフード店の〈カールス・ジュニア〉を展開するCKEレストランズは、長年低俗な宣伝をしてきたが、2019年後半、ハンバーガー・チェーンの広告にセックスに代わるもの（彼らの場合は食べ物）を用いることにした。Tiffany Hsu, "Carl's Jr.'s Marketing Plan: Pitch Burgers, Not Sex," *New York Times*, November 13, 2019, https://www.nytimes.com/2019/11/13/business/media/new-carls-jr-ads.html
11. 〈リガーディング・ヒューマニティ〉の共同創設者であるリンダ・ラフトリーはそれを「貧困ポルノ」と呼び、慈善が目標とするものを支えるというより貶めることになると強く主張している。Aimee Meade, "Emotive Charity Advertising-Has the Public Had Enough?," *Guardian*, September 29, 2014, https://www.theguardian.com/voluntary-sector-network/2014/sep/29/poverty-porn-charity-adverts-emotional-fundraising
12. Meade, "Emotive Charity Advertising"
13. このプロフィールは、Bruce Grierson, "What if Age Is Nothing but a Mind-Set?," *New York Times Magazine*, October 22, 2014, https://www.nytimes.com/2014/10/26/magazine/what-if-age-is-nothing-but-a-mind-set.htmlから拝借した。
14. エレン・ランガー『ハーバード大学教授が語る「老い」に負けない生き方』（アスペクト）
15. Carol Rosenberg, "What the C.I.A.'s Torture Program Looked Like to the Tortured," *New York Times*, December 4, 2019, https://www.nytimes.com/2019/12/04/us/politics/cia-torture-drawings.html
16. Editorial Board, "Don't Look Away," *New York Times*, December 5, 2019, https://www.nytimes.com/2019/12/05/opinion/cia-torture-drawings.html; James Risen and Sheri Fink, "Trump Said 'Torture Works.' An Echo Is Feared Worldwide," *New York Times*, January 5, 2017, https://www.nytimes.com/2017/01/05/us/politics/trump-torture-guantanamo.html
17. ただし、うつや摂食障害より不安に結びつくほうがずっと多い。Julie Beck, "How Uncertainty Fuels Anxiety," *Atlantic*, March 18, 2015, https://www.theatlantic.com/health/archive/2015/03/how-uncertainty-fuels-anxiety/388066/
18. Archy O. de Berker et al., "Computations of Uncertainty Mediate Acute Stress Responses in Humans," *Nature Communications* 7 (March 2016), https://doi.org/10.1038/ncomms10996 この研究についての評価は、「不確実性とストレスの関係についての史

6　邪悪な心理操作を阻止する

1. Justin Bariso, “What Is an Emotional Hijack? How Learning the Answer Made Me a Better Husband, Father, and Worker,” *Inc.*, July 11, 2018, accessed April 4, 2020, https://www.inc.com/justin-bariso/what-is-an-emotional-hijack-how-emotional-intelligence-made-me-a-better-husband-father-worker.html
2. これはほんの一部にすぎない。カジノが人々を操ってもっと賭けさせようとする数多くの手管については、Mark Griffiths and Jonathan Parke, “The Environmental Psychology of Gambling,” in *Gambling: Who Wins? Who Loses?*, ed. Gerda Reith (New York: Prometheus Books, 2003), 277-92を参照。
3. Humayun Khan, “How Retailers Manipulate Sight, Smell, and Sound to Trigger Purchase Behavior in Consumers,” *Shopify Retail Marketing Blog*, April 25, 2016, https://www.shopify.com/retail/119926083-how-retailers-manipulate-sight-smell-and-sound-to-trigger-purchase-behavior-in-consumers
4. John Leyden, “Romanian ‘Ransomware Victim’ Hangs Self and 4-Year-Old Son-Report,” *Register*, March 18, 2014, https://www.theregister.co.uk/2014/03/18/romania_ransomware_murder_suicide/
5. J. Stuart Ablon, *Changeable: How Collaborative Problem Solving Changes Lives at Home, at School, and at Work* (New York: TarcherPerigee, 2018), 119
6. Stephen Little, “Beware Holiday Villa Scams That Could Cost You £5,000,” *Moneywise*, January 17, 2019, https://www.moneywise.co.uk/news/2019-01-17%E2%80%8C%E2%80%8C/beware-holiday-villa-scams-could-cost-you-ps5000
7. この詐欺についてくわしくは、“Virtual Kidnapping Ransom Scam,” National Institutes of Health Office of Management, accessed April 4, 2020, https://www.ors.od.nih.gov/News/Pages/Beware-of-Virtual-Kidnapping-Ransom-Scam.aspxを参照。
8. “Terrifying Kidnapping Scam Targets Families with Hoax Calls from Loved Ones' Phones,” NBC Chicago 5, March 18, 2019, https://www.nbcchicago.com/news/local/virtual-kidnapping-scam-reported-in-indiana/162372/
9. 「広告業者がセックスを用いるのは非常に有効だからだ」とジョージア大学のグレイディ・カレッジ・オブ・ジャーナリズム・アンド・マス・コミュニケーションズで広告・広報学部教授・学部長を務める研究者のトム・ライカートは言う。しかし、こう警告もする。「銀行のサービスや機械や小型トラックのようなハイリスクで多くの情報を必要とする製品を売る際には、セックスは有効とは言えない」(April Reese Sorrow,

4. Sharon Stone, "Michigan State Police Tweet Warning Signs for Terrorism," *Tri-County Times*, April 22, 2019, https://www.tctimes.com/news/michigan-state-police-tweet-warning-signs-for-terrorism/article_65d7c0fc-653c-11e9-904c-bb92d94c6056.html
5. 68パーセントというのは架空の数字である。ここで述べた統計や新聞について正確なことは思い出せないが、実際の新聞記事で見つけた本物の統計を用いたのは確かだ。興味があれば、2010年のガーディアン紙に、5人にひとりが誕生日を暗証番号に使っているという記事がある(Sceaf Berry, "One in Five Use Birthday as PIN Number," *Telegraph*, October 27, 2010, https://www.telegraph.co.uk/finance/personalfinance/borrowing/creditcards/8089674/One-in-five-use-birthday-as-PIN-number.html)。また、2012年の同紙には、全体の10.7パーセントが1234を暗証番号にしているという記事もある(Nick Berry, "The Most Common Pin Numbers: Is Your Bank Account Vulnerable?" *Guardian*, September 28, 2012, https://www.theguardian.com/money/blog/2012/sep/28/debit-cards-currentaccounts)。
6. 他者を説得する上での明確さ、正確さ、競争力を主題とする学問について、テキサス大学オースティン校で心理学とマーケティング論を担当するアナベル・イリオン・ウォーシャム生誕100年記念講座教授アート・マークマンがこう述べている。「総じて自分の態度に確信を持っていれば、自分が正しいと相手を説得する際に役立つ。とくに、自分の態度が正しいと信じていればいるほど、他者を納得させることに集中できる」(Art Markman, "Why We Need Everyone to Believe We're Correct," *Psychology Today*, July 14, 2014, https://www.psychologytoday.com/us/blog/ulterior-motives/201407/why-we-need-everyone-believe-were-correct)。こうした傾向は学者たちの言う「説明深度の錯覚」によって悪化する可能性がある(つまり、人間は自分が実際にどのくらい理解しているかを高く見積もりすぎる傾向がある)。Leonid Rozenblit and Frank Keil, "The Misunderstood Limits of Folk Science: An Illusion of Explanatory Depth," *Cognitive Science* 26, no. 5(September 2002): 521-62, https://doi.org/10.1207/s15516709cog2605_1
7. 研究や調査が回答の数字を限定して訊く代わりに範囲を設ける(たとえば、収入や年齢など)理由のひとつは、回答の確率が上がるからだ。Joachim K. Winter, "Bracketing Effects in Categorized Survey Questions and the Measurement of Economic Quantities," *Sonderforschungsbereich 504, Rationalitätskonzepte, Entscheidungsverhalten und Ökonomische Modellierung/Universität Mannheim*, discussion paper, 2002, 35, https://epub.ub.uni-muenchen.de/19729/

nextgov.com/cio-briefing/2019/07/scammers-are-impersonating-government-agencies-more-ever/158165/

12. Adam J. Hampton, Amanda N. Fisher Boyd, and Susan Sprecher, "You're Like Me and I Like You: Mediators of the Similarity-Liking Link Assessed before and after a Getting-Acquainted Social Interaction," *Journal of Social and Personal Relationships* 36, no. 7(July 2019): 2221-44, https://doi.org/10.1177/0265407518790411

5　相手を話したい気分にさせる

1. マサチューセッツ・アムハースト大学の心理学と脳科学の名誉教授スーザン・クラウス・ウィットボーンは、自己開示の一般的な特徴を次のように説明している。「自己開示のある理論によると、人は誰かが秘密を明かしてくれると、その人に好かれ、信頼されていると考えるため、恩返しをしようと思いがちだ。お返しに自己開示をすれば、いっそう相手に好かれ、信頼されるので、さらに自己開示しようとする。これが自己開示の相互関係における社会的誘引・信頼仮説である。もうひとつの仮説は、社会的交換理論にもとづくもので、互いの関係のバランスを保つためにお返しとして自己開示するという。あなたが明かしてくれたから、私も明かすというわけだ」(Susan Krauss Whitbourne, "The Secret to Revealing Your Secrets," *Psychology Today*, April 1, 2014, https://www.psychologytoday.com/us/blog/fulfillment-any-age/201404/the-secret-revealing-your-secrets)
さらに基本的な理論として、社会的動物である人間は生来、他者を信じる(「信じるのがデフォルトである」)と主張する学者もいる。「トゥルース・デフォルト理論」と人間のだまされやすさの帰結については、Timothy R. Levine *Duped: Truth-Default Theory and the Social Science of Lying and Deception* (Tuscaloosa: University of Alabama Press, 2020) and Gladwell, *Talking to Strangers*を参照。
2. Jeff Stone, "LinkedIn Is Becoming China's Go-to Platform for Recruiting Foreign Spies," CyberScoop, March 26, 2019, https://www.cyberscoop.com/linkedin-china-spies-kevin-mallory-ron-hansen/;Anthony Cuthbertson, "China Is Spying on the West Using LinkedIn, Intelligence Agency Claims," *Newsweek*, December 11, 2017, https://www.newsweek.com/china-spying-west-using-linkedin-743788
3. この筋書きは、"Elicitation," National Counterintelligence and Security Center, accessed December 16, 2019, https://www.dni.gov/files/NCSC/documents/campaign/Elicitation.pdfより。

2. ロバート・B・チャルディーニ『影響力の正体　説得のカラクリを心理学があばく』（SBクリエイティブ）

3. Dave Kerpen, *The Art of People: 11 Simple People Skills That Will Get You Everything You Want* (New York: Crown Business, 2016); Peter Economy, "How the Platinum Rule Trumps the Golden Rule Every Time," *Inc.*, March 17, 2016, https://www.inc.com/peter-economy/how-the-platinum-rule-trumps-the-golden-rule-every-time.html

4. Mama Donna Henes, "The Universal Golden Rule," Huffington Post, updated December 23, 2012, https://www.huffpost.com/entry/golden-rule_b_2002245; W. Patrick Cunningham, "The Golden Rule as Universal Ethical Norm," *Journal of Business Ethics* 17, no. 1 (January 1998): 105-9

5. Jonathan L. Freedman and Scott C. Fraser, "Compliance without Pressure: The Foot-in-the-Door Technique," *Journal of Personality and Social Psychology* 4, no. 2 (1966): 195-202, https://doi.org/10.1037/h0023552

6. Michael Lynn, "Scarcity Effects on Value: A Quantitative Review of the Commodity Theory Literature," *Psychology & Marketing* 8, no. 1 (1991), 43-57; Luigi Mittone and Lucia Savadori, "The Scarcity Bias," *Applied Psychology* 58, no. 3 (July 2009): 453-68, https://doi.org/10.1111/j.1464-0597.2009.00401.x

7. Paul Dunn, "The Importance of Consistency in Establishing Cognitive-Based Trust: A Laboratory Experiment," *Teaching Business Ethics* 4 (August 2000): 285-306, https://doi.org/10.1023/A:1009870417073

8. Alfonso Pulido, Dorian Stone, and John Strevel, "The Three Cs of Customer Satisfaction: Consistency, Consistency, Consistency," McKinsey & Company, March 2014, https://www.mckinsey.com/industries/retail/our-insights/the-three-cs-of-customer-satisfaction-consistency-consistency-consistency

9. Robert B. Cialdini et al., "Compliance with a Request in Two Cultures: The Differential Influence of Social Proof and Commitment/Consistency on Collectivists and Individualists," *Personality and Social Psychology Bulletin* 25, no. 10 (October 1999): 1242-53, https://doi.org/10.1177/0146167299258006

10. Stanley Milgram, "Behavioral Study of Obedience," *Journal of Abnormal and Social Psychology* 67, no. 4 (1963): 376, https://doi.org/10.1037/h0040525

11. Brandi Vincent, "The Federal Trade Commission Warns That Criminals' 'Favorite Ruse' Is Pretending to Be from a Government Agency," *Next Gov*, July 2, 2019, https://www.

182-89, https://doi.org/10.1111/j.1749-6632.2009.04504.xも参照。

3. たとえば、Clint Berge, "Barron Co. Residents Scammed out of $100K as Sheriff Gives Warning, " WQOW News 18, June 24, 2019, https://wqow.com/news/top-stories/2019/06/24/barron-co-residents-scammed-out-of-100k-as-sheriff-gives-warning/を参照。
4. ヒューマン・ハッキングの倫理規定については、"The Social Engineering Framework," Security Through Education, accessed November 13, 2019, https://www.social-engineer.org/framework/general-discussion/code-of-ethics/を参照。
5. Ewa Jacewicz et al., "Articulation Rate across Dialect, Age, and Gender," *Language Variation and Change* 21, no. 2 (July 2009): 233-56, doi:10.1017/S0954394509990093
6. Yanan Wang, "These Are the States with the Fastest Talkers (New York Isn't One of Them)," *Washington Post*, February 4, 2016, https://www.washingtonpost.com/news/morning-mix/wp/2016/02/04/these-are-the-states-with-the-fastest-talkers-new-york-isnt-one-of-them/; Marchex Marketing Team, "America's Speech Patterns Uncovered," *Marchex* (blog), February 2, 2016, https://www.marchex.com/blog/talkative
7. David Cox, "Is Your Voice Trustworthy, Engaging or Soothing to Strangers?," *Guardian*, April 16, 2015, https://www.theguardian.com/science/blog/2015/apr/16/is-your-voice-trustworthy-engaging-or-soothing-to-strangers
8. このテーマについて書かれた資料は膨大な数に及ぶ。たとえば、Will Storr, "The Metamorphosis of the Western Soul," *New York Times*, August 24, 2018, https://www.nytimes.com/2018/08/24/opinion/the-metamorphosis-of-the-western-soul.htmlを参照。
9. Sidney Kraus, *Televised Presidential Debates and Public Policy* (New York and London: Routledge, 2000), 66
10. Thomas R. Zentall, "Reciprocal Altruism in Rats: Why Does It Occur?," *Learning & Behavior* 44 (March 2016): 7-8, https://doi.org/10.3758/s13420-015-0201-2
11. Janelle Weaver, "Monkeys Go Out on a Limb to Show Gratitude," *Nature*, January 12, 2010, https://doi.org/10.1038/news.2010.9
12. Hajo Adam and Adam D. Galinsky, "Enclothed Cognition," *Journal of Experimental Social Psychology* 48, no. 4 (July 2012): 918-25, doi:https://doi.org/10.1016/j.jesp.2012.02.008

4　影響力を手にする

1. Mathukutty M. Monippally, *Business Communication: From Principles to Practice* (New Delhi: McGraw Hill Education, 2013), 137

7. このルースティヒの逸話については、"The Most Notorious Financial Frauds in History," *Telegraph,* June 6, 2016, https://www.telegraph.co.uk/money/consumer-affairs/the-most-notorious-financial-frauds-in-history/victor-lustig/ と、Jeff Maysh, "The Man Who Sold the Eiffel Tower. Twice," *Smithsonian Magazine,* March 9, 2016, https://www.smithsonianmag.com/history/man-who-sold-eiffel-tower-twice-180958370/から引用。
8. 報道されたが、裏づけは取れていないこの引用は、Maysh, "The Man Who Sold the Eiffel Tower. Twice"から。
9. David J. Dance, "Pretexting: A Necessary Means to a Necessary End?" *Drake Law* Review 56, no. 3 (Spring 2008): 807, https://lawreviewdrake.files.wordpress.com/2015/06/lrvol56-3_dance.pdf
10. William Safire, "Pretexting," *New York Times*, September 24, 2006, https://www.nytimes.com/2006/09/24/magazine/pretexting.html
11. Art Markman, "How Your Personality Shines Through," *Psychology Today,* August 5, 2010, https://www.psychologytoday.com/us/blog/ulterior-motives/201008/how-your-personality-shines-throughを参照。この論文では、Ryne A. Sherman, Christopher S. Nave, and David C. Funder, "Situational Similarity and Personality Predict Behavioral Consistency," *Journal of Personality and Social Psychology* 99, no. 2 (August 2010): 330-43に言及している。
12. Christopher Soto, "Personality Can Change Over a Lifetime, and Usually for the Better," NPR, June 30, 2016, https://www.npr.org/sections/health-shots/2016/06/30/484053435/personality-can-change-over-a-lifetime-and-usually-for-the-better
13. この逸話は秘密保持のため、多少事実とは異なる点がある。

3　アプローチを成功させる

1. 専門家が「同類性」と呼ぶものである。くわしくは、Alessandro Di Stefano et al., "Quantifying the Role of Homophily in Human Cooperation Using Multiplex Evolutionary Game Theory," *PLOS One* 10, no. 10 (2015), doi:10.1371/journal.pone.0140646を参照。
2. Amos Nadler and Paul J. Zak, "Hormones and Economic Decisions" in *Neuroeconomics*, ed. Martin Reuter and Christian Montag (Berlin:Springer-Verlag, 2016), 41-66. Jorge A. Barraza and Paul J. Zak, "Empathy toward Strangers Triggers Oxytocin Release and Subsequent Generosity," *Annals of the New York Academy of Sciences* 1667, no. 1 (June 2009):

Cooperative Work & Social Computing (February 2016): 260-73, https://doi.org/10.1145/2818048.2819979を参照。余談だが、私の会社が使用している一般向けのDISCテスト・サービスは、DISCが信頼に足る有効なテストであることを示す独自の研究結果も提供してくれた。

5. "Everything DiSC: A Wiley Brand," Everything DiSC, accessed April 3, 2020, https://www.everythingdisc.com/EverythingDiSC/media/SiteFiles/Assets/History/Everything-DiSC-resources-historyofdisc-timeline.pdf
6. Stan Phelps, "Five Lessons on Delivering Breakaway CX from Forrester's CXNYC Conference," Forbes, July 19, 2017, https://www.forbes.com/sites/stanphelps/2017/07/19/five-lessons-on-delivering-breakaway-cx-from-forresters-cxnyc-conference/#63af4dce4f9d
7. "Avista Warns of Scammers Continuing to Target Utility Customers," KHQ – TV, June 18, 2019, https://www.khq.com/news/avista-warns-of-scammers-continuing-to-target-utility-customers/article_ed857844-91df-11e9-a6f2-2b08fc7d4d40.html

2　必要な役柄を演じる

1. "100 Funny Jokes and Quotes about Love, Sex and Marriage," *Telegraph*, December 14, 2018, https://www.telegraph.co.uk/comedy/comedians/100-funny-jokes-quotes-love-sex-marriage/richard-jeni/
2. マルコム・グラッドウェル『トーキング・トゥ・ストレンジャーズ　「よく知らない人」について私たちが知っておくべきこと』(光文社)
3. 同上。
4. Brittany Taylor, "Scam Caught on Camera: Man Accused of Impersonating West U. Public Works Employee," KPRC-TV, January 22, 2019, https://www.click2houston.com/news/scam-caught-on-camera-man-accused-of-impersonating-west-u-public-works-employee
5. Clifford Lo, "Scammers Swindle Hong Kong Man out of HK$430,000 in the Space of Four Hours on WhatsApp," *South China Morning Post*, January 17, 2019, https://www.scmp.com/news/hong-kong/law-and-crime/article/2182575/scammers-swindle-hong-kong-man-out-hk430000-space-four
6. Kathy Bailes, "Two Parents Fall Prey to St. Lawrence College Fees Email Scam," *Isle of Thanet News*, January 8, 2019, https://theisleofthanetnews.com/2019/01/08/two-parents-fall-prey-to-st-lawrence-college-fees-email-scam/

原注

はじめに――いま手にするスーパーパワー

1. Rod Scher, “Is This the Most Dangerous Man in America?,” *Computer Power User*, July 2011, https://www.social-engineer.org/content/CPU-MostDangerousMan.pdf
2. クリストファー・ハドナジー『ソーシャル・エンジニアリング』（日経BP）
3. Simon Baron-Cohen, *The Science of Evil: On Empathy and the Origins of Cruelty* (New York: Basic Books, 2011)
4. たとえば、Shahirah Majumdar, “Why Empathy Is Bad,” *Vice*, December 21, 2016, https://www.vice.com/en_us/article/78bj8a/why-empathy-is-bad 、Paul Bloom, *Against Empathy: The Case for Rational Compassion* (New York: HarperCollins, 2016)を参照。

1　まず自分のことを知ろう

1. これは実話にもとづいている。Jon Willing, “City Treasurer Was Victim of a ‘Whaling’ Scam, Transferred $100K to Phoney Supplier,” *Ottawa Citizen*, April 8, 2019, https://ottawacitizen.com/news/local-news/city-treasurer-was-victim-to-a-whaling-scam-transferred-100k-to-phoney-supplier
2. Andrew Duffy, “Florida Man Named as Suspect in City of Ottawa Fraud Case Faces Trial in U.S. Email Scam,” *Ottawa Citizen*, April 10, 2019, https://ottawacitizen.com/news/local-news/florida-man-named-as-suspect-in-city-of-ottawa-fraud-case-faces-trial-in-u-s-email-scam/
3. たとえば、歯科医は患者が定期的にフロスを使ったり、歯を磨いたりするよううながすために、DISCを用いる。Mark Scarbecz, “Using the DISC System to Motivate Dental Patients,” *Journal of the American Dental Association* 138, no. 3 (March 2007): 381-85, doi:10.14219/jada.archive.2007.0171を参照。
4. たとえば、ある研究では、チーム編成の際にDISCを用いることでチームの創造性が改善され、メンバーたちが以前より協力し合うようになったことがわかった。Ioanna Lykourentzou et al., “Personality Matters: Balancing for Personality Types Leads to Better Outcomes for Crowd Teams,” *Proceedings of the 19th ACM Conference on Computer-Supported*

参考図書

ロバート・B・チャルディーニ『影響力の正体　説得のカラクリを心理学があばく』（SBクリエイティブ） 影響力を定義し、科学的に分析した最初の本。

エイミー・カディ『〈パワーポーズ〉が最高の自分を創る』（早川書房） 人とやりとりするまえの緊張をボディランゲージがゆるめ、態度がコミュニケーションを円滑にするとハッカーに理解させてくれる本。

Robin Dreeke, It's Not All about Me: The Top Ten Techniques for Building Quick Rapport with Anyone（Robin K. Dreeke, 2011） ドリークは長年FBIでヒューマン・ハッカーとして活躍してきた。相手とラポートをすばやく築く方法について書かれた本のなかで最高の一冊。

ポール・エクマン『顔は口ほどに嘘をつく』（河出書房新社） ノンバーバル・コミュニケーションについて、エクマンほど有名な科学者はいない。この本は人間の感情とその顔への表れ方を説明している。

ダニエル・ゴールマン『EQ　こころの知能指数』（講談社） 扁桃体とそれが心理と行動に与える影響について有力な研究を提示している。

Christopher Hadnagy, Paul F. Kelly, and Dr. Paul Ekman, Unmasking the Social Engineer: The Human Element of Security（Wiley, 2014） 日常生活でのノンバーバルの感情表現の用い方について、くわしく述べている。

Ellen J. Langer, On Becoming an Artist: Reinventing Yourself through Mindful Creativity（Ballantine, 2006） すべてのヒューマン・ハッカーの役に立つスキル、マインドフルネスの役割に焦点を当てた本。

ジョー・ナヴァロ『FBI捜査官が教える「しぐさ」の心理学』（河出書房新社） 爪先から頭のてっぺんまでのボディランゲージについて書かれた最高の本のひとつ。ヒューマン・ハッカー必読の書。

ポール・J・ザック『経済は「競争」では繁栄しない――信頼ホルモン「オキシトシン」が解き明かす愛と共感の神経経済学』（ダイヤモンド社） オキシトシンについてのザックの研究は、信頼と関係構築に関するわれわれの理解を変えた。

人《ひと》の心《こころ》をハックする

（善《よ》い目的《もくてき》のために）他人《たにん》を動《うご》かし、望《のぞ》みのものを手《て》に入《い》れる方法《ほうほう》

2023年10月30日　初版1刷発行

著者 ──── クリストファー・ハドナジー

訳者 ──── 依田卓巳《よだたくみ》

カバーデザイン ──── 坂野公一（welle design）

発行者 ──── 三宅貴久

組版 ──── 新藤慶昌堂

印刷所 ──── 新藤慶昌堂

製本所 ──── 国宝社

発行所 ──── 株式会社光文社

〒112-8011　東京都文京区音羽1-16-6

電話 ──── 翻訳編集部 03-5395-8162

書籍販売部 03-5395-8116

業務部 03-5395-8125

落丁本・乱丁本は業務部へご連絡くだされば、お取り替えいたします。

ISBN978-4-334-10104-6 Printed in Japan